ALMUTH SCHULZ-PRIESSNITZ

Einheit von Forschung und Lehre

Schriften zum Öffentlichen Recht

Band 391

Einheit von Forschung und Lehre

Von

Dr. Almuth Schulz-Prießnitz

DUNCKER & HUMBLOT / BERLIN

D 6

Gedruckt 1981 bei Buchdruckerei A. Sayffaerth - E. L. Krohn, Berlin 61
Printed in Germany
ISBN 3 428 04874 1

Vorwort

Diese Untersuchung hat dem Fachbereich Rechtswissenschaft der Westfälischen Wilhelms-Universität zu Münster im Sommersemester 1980 als Dissertation vorgelegen. Referent war Professor Dr. Christian-Friedrich Menger, das Korreferat übernahm Professor Dr. Edzard Schmidt-Jortzig. Das Manuskript wurde Anfang Juni 1980 abgeschlossen.

Meinem verehrten Doktorvater, Herrn Professor Dr. Christian Friedrich Menger, sei an dieser Stelle für stets wohlwollende Förderung herzlichst gedankt.

Ferner bin ich Herrn Ministerialrat a. D. Professor Dr. Johannes Broermann für die Aufnahme dieser Abhandlung in sein Verlagsprogramm zu Dank verpflichtet.

Saarbrücken, im April 1981

Almuth Schulz-Prießnitz

Inhaltsverzeichnis

Abkürzungsverzeichnis

ABl.	= Amtsblatt
a. d. Gl.	= an der Glan
ALR	= Allgemeines Landrecht für die preußischen Staaten vom 5. Februar 1794
a.M.	= am Main
AöR	= Archiv des öffentlichen Rechts (seit 1886)
Art.	= Artikel
AUE	= Arbeitskreis Universitäre Erwachsenenbildung, e. V.
badVerf.	= Verfassung des Landes Baden vom 19. Mai 1947 (Regierungsblatt der Landesregierung Baden, 2. Jahrg., Nr. 21 vom 28. Mai 1947, Seite 129 - 140)
BAK	= Bundesassistentenkonferenz
bayBS	= Bereinigte Sammlung des bayerischen Landesrechts (1802 bis 1956)
bayErwachsBG	= (bayerisches) Gesetz zur Förderung der Erwachsenenbildung vom 24. Juli 1974 (GVBl. S. 368)
BayHSchG	= Bayerisches Hochschulgesetz in der Fassung der Bekanntmachung vom 7. November 1978 (GVBl. S. 791), ber. S. 958
BayVBl.	= Bayerische Verwaltungsblätter (N. F. seit 1955)
bayVerf.	= Verfassung des Freistaates Bayern vom 2. Dezember 1946 (bayBS I S. 3), geändert durch Gesetz vom 22. Juli 1968 (GVBl. S. 235), vom 15. Juni 1970 (GVBl. S. 239) und vom 18. Juli 1973 (GVBl. S. 389)
BayVGH	= Verfassungsgerichtshof für den Freistaat Bayern
bayVoSchG	= (bayerisches) Volksschulgesetz i. d. F. der Bekanntmachung vom 2. Mai 1977 (GVBl. S. 239), geändert durch Gesetz vom 25. Juli 1978 (GVBl. S. 498)
ber.	= bereinigt
BerlHG	= Gesetz über die Hochschulen im Lande Berlin vom 22. Dezember 1978 (GVBl. S. 2449)
BGBl.	= Bundesgesetzblatt
BGH	= Bundesgerichtshof
blnSchulVerfG	= (berlinisches) Gesetz über die Schulverfassung für die Schulen des Landes Berlin vom 11. Juli 1974 (GVBl. S. 1537) i. d. F. vom 5. Februar 1979
Br.	= Breisgau
BremHG	= Bremisches Hochschulgesetz vom 14. November 1977 (GBl. S. 317), ber. 1978 (GBl. S. 74)
BremJAG	= Bremisches Juristenausbildungsgesetz vom 3. Juli 1973 (GBl. S. 177)
breVerf.	= Landesverfassung der Freien Hansestadt Bremen vom 21. Oktober 1947 (GBl. S. 251)
breWBg.	= Gesetz über Weiterbildung im Lande Bremen vom 26. März 1974 (GBl. S. 155)
BT-Drs.	= Bundestagsdrucksache
BVerfGE	= Entscheidungen des Bundesverfassungsgerichts, amtliche Sammlung
BVerwGE	= Entscheidungen des Bundesverwaltungsgerichts, amtliche Sammlung

bwSchG	=	Schulgesetz für Baden-Württemberg i. d. F. vom 23. März 1976 (GBl. S. 410), zuletzt geändert durch Gesetz vom 3. April 1979 (GBl. S. 134)
bwUG	=	(baden-württembergisches) Universitätsgesetz vom 22. November 1977 (GBl. S. 473), geändert durch Gesetz vom 30. Mai 1978 (GBl. S. 286)
bwVerf.	=	Verfassung des Landes Baden-Württemberg vom 11. November 1953 (GBl. S. 173), zuletzt geändert durch Gesetz vom 3. März 1976 (GBl. S. 176)
bwWBG	=	(baden-württembergisches) Gesetz zur Förderung der Weiterbildung und des Bibliothekswesens vom 16. Dezember 1975 (GBl. S. 853)
DA	=	Deutsche Arbeit
DIFF	=	Deutsches Institut für Fernstudien an der Universität Tübingen
Diss.	=	Dissertation
Disz.hof Rhld.-Pf.	=	Disziplinarhof des Landes Rheinland-Pfalz
DÖV	=	Die öffentliche Verwaltung (Zeitschrift seit 1947)
Drs.	=	Drucksache
DUZ	=	Die Deutsche Universitätszeitung vereinigt mit Hochschuldienst (seit 1946)
DVBl.	=	Deutsches Verwaltungsblatt (Fortsetzung des Reichsverwaltungsblattes seit 1950)
EuGRZ	=	Europäische Grundrechtezeitschrift (seit 1974)
e.V.	=	eingetragener Verein
FAZ	=	Frankfurter Allgemeine Zeitung (seit 1949)
FN	=	Fußnote
FU	=	Freie Universität
GBl.	=	Gesetzblatt
GG	=	Grundgesetz für die Bundesrepublik Deutschland vom 23. Mai 1949 (BGBl. I S. 1)
GVBl.	=	Gesetz- und Verordnungsblatt
GV NW	=	Gesetz- und Verordnungsblatt für das Land Nordrhein-Westfalen
HdbDStR	=	Handbuch des Deutschen Staatsrechts, hrsg. von Gerhard Anschütz und Richard Thoma, Bd. 1 und 2
heEBG	=	(hessisches) Gesetz zur Förderung von Einrichtungen der Erwachsenenbildung vom 24. Juni 1974 (GVBl. I S. 295)
heSchVG	=	(hessisches) Gesetz über die Unterhaltung und Verwaltung der öffentlichen Schulen und die Schulaufsicht i. d. F. vom 4. April 1978 (GVBl. I S. 231)
heVerf.	=	Verfassung des Landes Hessen vom 11. Dezember 1946 (GVBl. S. 229), geändert durch Gesetz vom 22. Juli 1950 (GVBl. S. 131) und vom 23. März 1970 (GVBl. I S. 281)
heVHG	=	(hessisches) Gesetz über Volkshochschulen vom 12. Mai 1970 (GVBl. I S. 341)
HHG	=	Hessisches Hochschulgesetz vom 6. Juni 1978 (GVBl. I S. 319)
HmbHG	=	Hamburgisches Hochschulgesetz vom 22. Mai 1978 (GVBl. S. 109)
HRG	=	Hochschulrahmengesetz vom 26. Januar 1976 (BGBl. I S. 185), zuletzt geändert durch Gesetz vom 6. März 1980 (BGBl. I S. 269)
HUG	=	Gesetz über die Universitäten des Landes Hessen vom 6. Juni 1978 (GVBl. I S. 348)

i. d. F.	=	in der Fassung
i. V. m.	=	in Verbindung mit
JA	=	Juristische Arbeitsblätter (Zeitschrift seit 1969)
Jb.	=	Jahrbuch
Jg.	=	Jahrgang
JöR (N. F.)	=	Jahrbuch des öffentlichen Rechts (Neue Folge seit 1951)
JuS	=	Juristische Schulung (Zeitschrift seit 1961)
JZ	=	Juristenzeitung (Fortsetzung der Deutschen Rechtszeitschrift und der Süddeutschen Juristenzeitung seit 1951)
KMK	=	Kultusministerkonferenz
MDR	=	Monatsschrift für deutsches Recht (seit 1947)
MittHV	=	Mitteilungen des Hochschulverbandes (seit 1952)
m. w. N.	=	mit weiteren Nachweisen
ndsGFördErwB	=	(niedersächsisches) Gesetz zur Förderung der Erwachsenenbildung vom 13. Januar 1970 (GVBl. I S. 7)
N. F.	=	Neue Folge
NHG	=	Niedersächsisches Hochschulgesetz vom 1. Juni 1978 (Niedersächs. GVBl. S. 473), geändert durch Gesetz vom 1. Dezember 1978 (Niedersächs. GVBl. S. 801)
NJW	=	Neue Juristische Wochenschrift (seit 1947)
NSchG	=	Niedersächsisches Schulgesetz i. d. F. vom 18. August 1975 (Niedersächs. GVBl. S. 255), zuletzt geändert durch § 4 des Gesetzes vom 10. März 1978 (Niedersächs. GVBl. S. 249)
NW	=	Nordrhein-Westfalen
nwFHG	=	Gesetz über die Fachhochschulen im Lande Nordrhein-Westfalen vom 20. November 1979 (GV NW S. 964)
nwFUEG	=	Gesetz über die Errichtung einer Fernuniversität in Nordrhein-Westfalen vom 26. November 1974 (GV NW S. 1470), aufgehoben durch Gesetz vom 20. November 1979 (GV NW S. 926)
nwGHEG	=	Gesetz über die Errichtung und Entwicklung von Gesamthochschulen im Lande Nordrhein-Westfalen vom 30. Mai 1972 (GV NW S. 134), geändert durch Gesetz vom 31. Juli 1974 (GV NW S. 769), aufgehoben durch Gesetz vom 20. November 1979 (GV NW S. 926)
nwSchVG	=	(nordrhein-westfälisches) Schulverwaltungsgesetz i. d. F. der Bekanntmachung vom 16. August 1978 (GV NW S. 516), ber. (GV NW 1978 S. 548)
nwVerf.	=	Verfassung für das Land Nordrhein-Westfalen vom 18. Juni 1950 (GV NW S. 127), zuletzt geändert durch Gesetz vom 19. Dezember 1978 (GV NW S. 632)
nwWBG	=	Erstes Gesetz zur Ordnung und Förderung der Weiterbildung im Lande Nordrhein-Westfalen in der Fassung der Bekanntmachung vom 8. Februar 1980 (GV NW S. 156)
nwWissHG	=	Gesetz über die wissenschaftlichen Hochschulen des Landes Nordrhein-Westfalen vom 20. November 1979 (GV NW S. 926)
OVG	=	Oberverwaltungsgericht
OVGE	=	Entscheidungen der Oberverwaltungsgerichte für das Land Nordrhein-Westfalen in Münster sowie für die Länder Niedersachsen und Schleswig-Holstein in Lüneburg mit Entscheidungen des Verfassungsgerichtshofes Nordrhein-Westfalen und des Niedersächsischen Staatsgerichtshofes

pr.	= print
RdJB	= Recht der Jugend und des Bildungswesens (Zeitschrift seit 1973; von 1965 - 1973 als Recht und Wirtschaft der Schule)
Rdn.	= Randnummer(n)
RGBl.	= Reichsgesetzblatt
rpHochSchG	= Landesgesetz über die wissenschaftlichen Hochschulen im Lande Rheinland-Pfalz vom 21. Juli 1978 (GVBl. S. 507)
rpSchulG	= Landesgesetz über die Schulen in Rheinland-Pfalz vom 6. November 1974 (GVBl. S. 487)
rpVerf.	= Die Verfassung für Rheinland-Pfalz vom 18. Mai 1947 (GVBl. S. 209), zuletzt geändert durch Landesgesetz vom 7. Februar 1975 (GVBl. S. 49)
rpWeitBiG	= Landesgesetz zur Neuordnung und Förderung der Weiterbildung in Rheinland-Pfalz vom 14. Februar 1975 (GVBl. S. 77)
rsp.	= respektive
RW TH	= Rheinisch-westfälische Technische Hochschule
SaBl.	= Sammelblatt für Rechtsvorschriften des Bundes und der Länder (seit 1950)
saEBG	= Gesetz Nr. 910 zur Förderung der Erwachsenenbildung im Saarland vom 8. April 1970 (ABl. 1970 S. 338)
saSchOG	= Saarländisches Gesetz Nr. 812, Schulordnungsgesetz 1965 i. d. F. vom 27. November 1969 (SaBl. 1970 S. 614)
saVerf.	= Verfassung des Saarlandes vom 15. Dezember 1947 (ABl. S. 1077, zuletzt geändert durch Gesetz vom 6. November 1974 (ABl. S. 978)
shHSG	= Gesetz über die Hochschulen im Lande Schleswig-Holstein vom 2. Mai 1973 (GVBl. S. 153), zuletzt geändert durch Drittes Gesetz zur Änderung des Hochschulgesetzes vom 22. Dezember 1978 (GVBl. S. 356)
shLS	= Landessatzung für Schleswig-Holstein vom 13. Dezember 1949 (GVBl. 1950 S. 3) in der Fassung vom 15. März 1962 (GVBl. S. 123) und vom 12. Dezember 1969 (GVBl. S. 279)
SUG	= Gesetz Nr. 1093, Saarländisches Universitätsgesetz vom 14. Dezember 1978 (ABl. S. 1085)
Ts.	= Taunus
TU	= Technische Universität
v. d. H.	= vor der Höhe
Verf.	= Verfasser, Verfassung
VerwArch.	= Verwaltungsarchiv (1893 - 1942 und seit 1957)
VOBl.	= Verordnungsblatt
VVDStRL	= Veröffentlichungen der Vereinigung der Deutschen Staatsrechtslehrer (seit 1924)
VwGO	= (Bundes-)Verwaltungsgerichtsordnung vom 21. Januar 1960 (BGBl. I S. 17)
WissR	= Wissenschaftsrecht, Wissenschaftsverwaltung, Wissenschaftsförderung (Zeitschrift seit 1968)
WRK	= Westdeutsche Rektorenkonferenz
WRV	= Die Verfassung des Deutschen Reichs vom 11. August 1919 (Weimarer Reichsverfassung) (RGBl. I S. 1383 mit späteren Änderungen)
wü-badVerf.	= Verfassung für Württemberg-Baden vom 28. November 1946 (Regierungsblatt der Regierung Württemberg-Baden 1946 Nr. 25, vom 30. November 1946, S. 277 - 290)

wü-hzVerf.	= Verfassung für Württemberg-Hohenzollern vom 20. Mai 1947 (Regierungsblatt für das Land Württemberg-Hohenzollern 1947, Nr. 1 vom 31. Mai 1947, S. 1 - 12)
ZBR	= Zeitschrift für Beamtenrecht (seit 1953)
ZevKiR	= Zeitschrift für evangelisches Kirchenrecht (seit 1951)
ZRP	= Zeitschrift für Rechtspolitik (seit 1968)

Einleitung

Zu den positiven Ergebnissen der universitären Entwicklung der letzten Jahre ist sicherlich die erhöhte Aufmerksamkeit zu zählen, mit der alle Veränderungen des Strukturmodells der klassischen deutschen Universität Humboldtscher Prägung in der öffentlichen Meinung verfolgt und mit zustimmenden oder ablehnenden, in jedem Fall kritischen Kommentierungen bedacht worden sind.

Dieser Bedeutungszuwachs hochschulorganisatorischer Problematik findet seine gesellschafts- und bildungspolitischen Ursachen in den in Fluß geratenen Entwicklungen des tertiären Bildungsbereiches, für den Tendenzen zu einer ständig weiter ausgreifenden wissenschaftlichen Grundausbildung und die Forderung nach lebenslangem Lernen bestimmend geworden sind.

Zunächst förderte die generelle Annahme, die wissenschaftliche Hochschule werde dank des an ihr institutionalisierten Sachverstandes in der Lage sein, ausreichende Problemlösungen für gesellschaftlich akute Fragen anzubieten, das öffentliche Interesse an ihrer Leistungsfähigkeit und die Bereitschaft, durch strukturelle Reformmaßnahmen die Effizienz ihrer Aufgabenerledigung zu erhöhen.

Wenngleich sich in der Gegenwart allenthalben unverhohlen Skepsis und Resignation ausbreiten, die wissenschaftliche Hochschule werde die in sie gesetzten Erwartungen enttäuschen, bleiben auch unter Berücksichtigung des veränderten gesellschaftspolitischen Klimas Fragen nach dem grundrechtlichen Schutz des einzelnen Wissenschaftlers und nach den Möglichkeiten und Grenzen staatlicher Regelungsbefugnis in bezug auf die Gestaltung wissenschaftlicher Hochschulen im Brennpunkt des juristischen Fachinteresses. Rechtlicher Problemstoff erwächst nicht mehr zuvörderst aus der Notwendigkeit der Bewältigung des Massenandranges zu den wissenschaftlichen Hochschulen[1], der Rechtsprechung[2] und Schrifttum[3] in der nahen Vergangenheit Gelegenheit geboten hat,

---

[1] Zur Numerus-clausus-Problematik vgl. statt vieler nunmehr *Hirtschulz*, Numerus clausus und Verfassungsverwirklichung mit erschöpfenden weiteren Nachweisen, S. 71 ff.

[2] Zu nennen sind vor allem die Entscheidungen des Bundesverfassungsgerichts in Bd. 33, S. 303 ff., besprochen durch *von Mutius*, in: VerwArch. Bd. 64 (1973), S. 183 ff., und in Bd. 35, S. 79 ff., besprochen von *Menger*, in: VerwArch. Bd. 65 (1974), S. 75 ff.

mit mehr oder weniger vorsichtiger Zurückhaltung in diesem Rahmen den Versuch zu unternehmen, aus den Grundrechten objektive Leitlinien zur Begrenzung gesetzlicher Regelungsbefugnisse zu gewinnen. Die heute in den Vordergrund gerückte Neustrukturierung des gesamten tertiären Bildungsbereiches, welche an den Grundfesten der wissenschaftlichen Hochschule rüttelt, sorgt für die unveränderte Aktualität der verfassungsrechtlichen Frage nach den Grenzen gesetzgeberischer Wirkungsmöglichkeiten.

Die vorliegende Untersuchung soll sich in den insoweit bereits abgesteckten Problemrahmen einfügen.

Viele der im Hochschulrahmengesetz vorgesehenen und in der Hochschulgesetzgebung der Bundesländer bereits verwirklichten Veränderungen in Struktur, Organisation und Aufgabenstellung der wissenschaftlichen Hochschule lassen Bedenken auftauchen, ob die historisch gewachsene typische Verknüpfung von Forschung und Lehre nicht einem schleichenden Auflösungsprozeß anheimgefallen ist, an dessen Ende eine strikte Abkoppelung der Forschung von der Lehre zu verzeichnen wäre. Da Art. 5 Abs. 3 Satz 1 GG ausdrücklich die Freiheit der Wissenschaft, Forschung und Lehre gewährleistet, erhebt sich die Frage, ob einer solchen Entwicklung verfassungsrechtlich Einhalt geboten werden kann und muß.

Es ist mithin das Grundanliegen dieser Untersuchung, das vielfach zur Beschwörungsformel degradierte Schlagwort der „Einheit von Forschung und Lehre" auf seine verfassungsrechtliche Relevanz zu überprüfen.

Der Erfolg eines solchen Vorhabens setzt eine volle, unter Ausschöpfung aller hermeneutischen Mittel vorzunehmende, interpretative Entfaltung des Gewährleistungsgehaltes freier Wissenschaft, Forschung und Lehre in bezug auf die Einheit von Forschung und Lehre voraus.

Dem methodologischen Aspekt dieses interpretativen Bemühens können der andersgestalteten Problemstellung der Untersuchung entsprechend nicht umfangreiche Überlegungen gewidmet werden. Ob mit einer Mindermeinung einem topischen Verfahren[4] der Vorzug gegeben wird oder ob — wie vorliegend — der Savignysche Methodenkanon erweitert um das teleologische Element[5] als Grundlage der Interpre-

---

[3] Zur Reaktion der Rechtswissenschaft auf die angeführten Urteile des Bundesverfassungsgerichts vgl. die Übersicht bei *Hermann Weber*, Rechtsprechung zum Verfassungsrecht, Bd. 1, Art. 5 Abs. 3 Nr. 4, S. 230 ff., und Bd. 2, Art. 12 Nr. 15, S. 75 ff.

[4] Zu dieser Lehre allgemein und wegweisend *Viehweg*, Topik und Jurisprudenz, passim, und *Struck*, Topische Jurisprudenz, passim.

[5] Vgl. allerdings die an dieser Methode von *Kriele*, Theorie der Rechtsgewinnung, entwickelt am Problem der Verfassungsinterpretation, S. 67 ff., geübte Kritik.

tation gewählt wird, in jedem Fall muß die Schwierigkeit behoben werden, unter Berücksichtigung der Eigenart der Materie den vernünftigerweise gewollten Normzweck[6] zu ermitteln. Eine vernünftige, d. h. dem Willen des Gesetzes und dem Problem gerechte Auslegung muß erkennen lassen, welches die mit der gesetzlichen Regelung verfolgten Zwecke sind, mit anderen Worten, sie muß die in der Norm angestrebten Lösungen konkreter, realer Art und ihre ideellen Zielsetzungen benennen. Die Feststellung dieser inneren Zweckmäßigkeit, dieses inneren Sinnes des untersuchten Rechtssatzes verbietet ein rein deduktives Verfahren. Sie ist wie jedes interpretatorische Verfahren insofern topisch, als sie das widerspruchsfreie Ergebnis der Abwägung einer Reihe von Auslegungsgesichtspunkten sein muß[7]. Dieser Aspekt geht über den Inhalt des systematischen Auslegungselementes hinaus und entspricht dem von *Konrad Hesse* als Prinzip der Einheit der Verfassung[8] bezeichneten Kanon, auf den sich auch das Bundesverfassungsgericht in seiner Rechtsprechung des öfteren ausdrücklich berufen hat[9].

Ein weiterer Gesichtspunkt tritt hinzu. Die Schwierigkeit, aus Art. 5 Abs. 3 Satz 1 GG normative Leitlinien für die Tätigkeit des Staates auf dem Gebiet des Hochschulwesens zu entwickeln, wird nicht zuletzt durch die immer noch schwelende Krise potenziert, von der das grundrechtstheoretische Methodengefüge geschüttelt wird. Diese Zusammenhänge können hier freilich nicht im einzelnen verfolgt werden. Insoweit aber die gewählte grundrechtstheoretische Ausgangsposition sachliche Bindungswirkung für die Interpretation des Grundrechts entfaltet[10], wird die Untersuchung in die schwebende Diskussion schon durch ihre Themenstellung hineingezogen.

Obgleich es sich bei dem hier gewählten Thema keinesfalls um ein Randproblem handelt, fehlen doch unter der Geltung des Grundgesetzes

[6] *Larenz*, Methodenlehre der Rechtswissenschaft, S. 305 ff.

[7] *Coing*, Juristische Methodenlehre, S. 8.

[8] Grundzüge des Verfassungsrechts der Bundesrepublik Deutschland, § 2 III 2. c) aa), S. 28.

[9] z. B. in Bd. 1, S. 14 (32) f.); Bd. 3, S. 225 (231 f.); Bd. 6, S. 309 (361).

[10] Zu den möglichen grundrechtstheoretischen Ausgangspositionen vgl. statt aller *Böckenfördes* synoptische Darstellungen in: NJW 1974, S. 1529 ff., und in: NJW 1976, S. 2089 ff. — Zur Entschärfung des verfassungsrechtlichen Methodenkonflikts hat in neuerer Zeit *Friedrich Müller* mit umfangreichen methodologischen Studien beigetragen, vgl. u. a. sein das Verhältnis von Recht und Wirklichkeit in der juristischen Hermeneutik behandelndes grundlegendes Werk „Normstruktur und Normativität" und die auf dieser Schrift aufbauenden Abhandlungen „Juristische Methodik", „Arbeitsmethoden des Verfassungsrechts", in: Enzyklopädie der geisteswissenschaftlichen Arbeitsmethoden, S. 123 ff., und „Einheit der Verfassung". — Den nunmehrigen Endpunkt der verfassungsrechtlichen Methodendiskussion markieren die Gedanken von *Häberle*, Die Verfassung des Pluralismus, S. 45 ff., der potentiell jedermann die Aufgabe der Verfassungsinterpretation zuweist. — Zum Stand der Methodendiskussion vgl. ferner die kürzlich erschienene kritische Würdigung von *Schlink*, in: Der Staat, Bd. 19 (1980), S. 73 ff.

verfassungsrechtliche Studien zu diesem Themenbereich[11]. Stellungnahmen in der rechtswissenschaftlichen Literatur aus der Zeit der vor Ende der sechziger Jahre einsetzenden Hochschulreform konnten sich aus der damaligen Sicht einer allgemein anerkannten institutionellen Verbürgung der wissenschaftlichen Hochschule[12] mit dem Hinweis begnügen, die gewährleistete Einrichtung solle in ihrem „Wesen“[13] unverändert bleiben. Zu einer eingehenden Würdigung dessen, was das Wesen der Universität im Hinblick auf ihre Aufgabenstellung im einzelnen ausmacht, bestand kein Anlaß, weil eine Lockerung der traditionellen Verbindung von Forschung und Lehre nicht vorstellbar erschien.

Erst das Zusammentreffen eines veränderten Wissenschaftsverständnisses mit den kontinuierlich wachsenden Aufgaben der wissenschaftlichen Hochschule und den hierdurch erzwungenen organisatorischen Neuerungen im Hochschulbereich läßt die Frage nach den grundgesetzlichen Maßstäben für die Einheit von Forschung und Lehre und die staatliche Disposition über sie aktuell und konkret werden.

Indessen bedarf der gewählte Untersuchungsgegenstand zunächst einer Präzisierung.

Sieht man von der Möglichkeit der gänzlichen Verbannung der mit der Formel „Einheit von Forschung und Lehre“ verbundenen Inhalte aus dem Normbereich des Art. 5 Abs. 3 Satz 1 GG ab, kann das Prinzip der Einheit von Forschung und Lehre in verschiedenen Sinnvarianten verfassungsrechtlichen Überlegungen zugeführt werden:

Zum einen bedeutet es die in der Person des Grundrechtsträgers vorausgesetzte Verknüpfung der Wahrnehmung beider Aufgaben — Forschung und Lehre —.

Des weiteren ist es darüber hinaus für die institutionell-organisatorische Struktur der wissenschaftlichen Hochschule in mehrfacher Hinsicht von Belang:

Einheit von Forschung und Lehre als Struktur- und Organisationsprinzip der wissenschaftlichen Hochschule kann mit der Vorstellung

---

[11] Die neueren Untersuchungen von *Ingo Richter*, Bildungsverfassungsrecht, *Schrödter*, Die Wissenschaftsfreiheit des Beamten, *Pieroth*, Störung, Streik und Aussperrung an der Hochschule, und *Bauer*, Wissenschaftsfreiheit in Lehre und Studium, enthalten zwar Interpretationsversuche zu Art. 5 Abs. 3 GG, sind aber wegen der abweichenden Untersuchungsinteressen für die Themenstellung der vorliegenden Abhandlung nur begrenzt aussagefähig. Einschlägig ist lediglich der jüngst erschienene Kurzbeitrag von *Wussow*, in: WissR Bd. 13 (1980), S. 1 ff.

[12] Umfassende Nachweise bei *Waibel*, Die Rechtsprechung auf dem Gebiet des Hochschulrechts seit 1945, S. 28 ff., und bei *Werner Weber*, Neue Aspekte der Freiheit von Forschung und Lehre, S. 3 ff., und S. 10 FN 20, zugleich veröffentlicht in: Festschrift für Felgentraeger, S. 225 ff., und S. 232 FN 20.

[13] So insbesondere *Hans H. Klein*, in: AöR Bd. 90 (1965), S. 129 (139).

einer verfassungsrechtlichen Verbürgung der wissenschaftlichen Hochschule als Stätte wissenschaftlicher Lehre in der Weise verknüpft sein, daß der Kontakt zur Forschung in der Person des Lehrenden durch organisatorische Mechanismen sichergestellt wird (institutionell-organisatorische Einheit von Forschung und Lehre im engen Sinne).

Noch weitergehend kann das Prinzip der Einheit von Forschung und Lehre als umfassendes Strukturprinzip im Sinne einer institutionell-organisatorischen Verbindung der beiden Sachbereiche an der Institution wissenschaftliche Hochschule aufzufassen sein, wobei die innigste Form der Verknüpfung die Gestalt der wechselbezüglichen Mitwirkung von Forschung und Lehre annehmen würde (institutionell-organisatorische Einheit von Forschung und Lehre im weiten Sinne).

Trotz des notwendig breiten Ansatzes soll die vorliegende Darstellung insofern zu praktischen Detailergebnissen vordringen, als sie im Hinblick auf den gewählten Themenkreis eine qualifizierte Anregung für die verfassungsrechtliche Überprüfung organisatorischer Neuerungen im Hochschulbereich bietet.

Die Untersuchung beginnt mit einer begrifflichen und geschichtlichen Betrachtung des Grundrechts freier Wissenschaft, die den Ausgangspunkt jeder Überlegung nach der verfassungsrechtlichen Verortung des Prinzips der Einheit von Forschung und Lehre zu bilden hat (Teil I). Nach einer auf Wesen und Funktion der wissenschaftlichen Hochschule von heute abgestimmten Schilderung des Sachbereiches Wissenschaft (Teil II) wird sodann der individualrechtliche Kern des Grundrechts freier Forschung und Lehre und ihr Verhältnis zueinander aufgedeckt (Teil III 1. Abschnitt). Nachdem in einem weiteren Abschnitt der objektivrechtliche Gehalt der Norm des Art. 5 Abs. 3 Satz 1 GG behandelt worden ist (Teil III 2. Abschnitt), wendet sich die Untersuchung in Teil IV der Erarbeitung von Grundlinien und Lösungsansätzen zur Erhellung des verfassungsrechtlich gebotenen Minimums der Einheit von Forschung und Lehre als Struktur- und Organisationsprinzip der wissenschaftlichen Hochschule zu.

TEIL I

Der begriffliche und geschichtliche Auslegungsrahmen

1. Abschnitt: Der begriffliche Gehalt des Art. 5 Abs. 3 Satz 1 GG

Für die Problemstellung der vorliegenden Untersuchung ist der Wortlaut des Art. 5 Abs. 3 Satz 1 GG wesentlich, soweit er lautet: „Wissenschaft, Forschung und Lehre sind frei"[1].

Weder die Einheit von Forschung und Lehre noch die wissenschaftliche Hochschule als Einrichtung haben in den Text der Bestimmung Eingang gefunden. Der Verfassungsexeget muß daher der Frage nähertreten, ob die synthesenartige Nennung der Begriffe „Forschung und Lehre" oder ob der Begriff „Wissenschaft" nach seinem sprachgebräuchlichen Sinn einen Bezug zum Thema aufweist.

I. Die Wendung „Forschung und Lehre"

1. *Die Begriffe „Forschung" und „Lehre"*

Mit der Aufnahme der Begriffe „Forschung" und „Lehre" übernimmt das Grundgesetz zwei Begriffe in den Normtext, denen durchaus ein allgemeingebräuchlicher Sprachsinn eignet. So läßt sich das Wesenselement von „Forschung" als „schöpferisch-geistige Tätigkeit einzelner"[2]

---

[1] Die Interpretation von Normtexten und insbesondere von Verfassungsnormen kann zunächst nach den herkömmlichen Auslegungsregeln zur Interpretation von Texten im allgemeinen erfolgen. Hierdurch wird eine über die bloße Normtextanalyse hinausreichende, rechtsstaatskonforme Verfassungskonkretisierung genauso wenig ausgeschlossen wie eine Festlegung auf eine wie auch immer zu präzisierende, geisteswissenschaftliche Methode bewirkt wird. Zur juristischen Hermeneutik vgl. *Gadamer*, Wahrheit und Methode, S. 307; zur geisteswissenschaftlichen Methode vgl. *Coing*, Juristische Methodenlehre, Vorwort zur 2. Aufl., S. 4, und die kritischen Bemerkungen *Friedrich Müllers*, Juristische Methodik, S. 63 ff. — Grundlage der Auslegung bildet daher die Beschreibung des Wortsinnes der in der Norm enthaltenen Begriffe nach ihrem Inhalt und ihrem Umfang, vgl. hierzu statt aller *Larenz*, Methodenlehre der Rechtswissenschaft, S. 307 ff.; *Engisch*, Einführung in das juristische Denken, S. 77 ff. — Die verfassungsrechtliche Gewährleistung der Kunstfreiheit bleibt im Rahmen dieser Untersuchung unberücksichtigt, es sei denn, aus der gleichgeordneten Erwähnung von Kunst und Wissenschaft im Text des Art. 5 Abs. 3 Satz 1 GG ließen sich interpretative Aufschlüsse für die Freiheit der Wissenschaft erzielen.

[2] Vgl. *Brockhaus* Enzyklopädie, 6. Bd., S. 417.

eingrenzen, für den Begriff „Lehre“ kann als minimal konsensfähiger Inhalt gelten, daß es sich um eine Tätigkeit oder deren Produkt handelt, die die Vermittlung von Wissen oder Fertigkeiten eines Lehrenden an einen oder mehrere Lernende zum Gegenstand hat[3]. Diese am allgemeinen Sprachgebrauch orientierte Auslegung ist geeignet, die Bedeutung des Normtextes insoweit aufzuhellen, als sich der Schutzbereich der Norm auf menschliche Tätigkeiten erstrecken kann, so daß die Vorschrift trotz objektivrechtlicher Formulierung („Wissenschaft, Forschung und Lehre sind frei“) individualrechtlichen Grundrechtsschutz für denjenigen Personenkreis vorsehen kann, der einer Forschungs- oder Lehrtätigkeit nachgeht.

Wird ferner die objektiv formulierte Satzaussage, die erwähnten Sachbereiche seien „frei“ (im Gegensatz etwa zu Art. 5 Abs. 1 GG „jeder“ oder zu Art. 12 Abs. 1 GG „jeder Deutsche“), in dem Sinne verstanden, die aufgezählten Sachbereiche *sollen* frei sein[4], so erhält der adressatlose Aussagesatz des Art. 5 Abs. 3 Satz 1 GG Normqualität im Sinne einer generalisierten, objektivierten Verhaltenspotentialität[5] etwa des Inhaltes: „Die in Forschung und Lehre tätigen Personen sollen in dieser ihrer Tätigkeit frei sein“[6].

Als mögliches Teilergebnis der Wortlautinterpretation ist daher festzuhalten, daß die entpersonalisierte Fassung des Art. 5 Abs. 3 Satz 1 GG weder eine Deutung der Vorschrift als individual-subjektives Abwehrrecht noch eine Deutung als objektives, institutionell verbürgtes Rechtsprinzip[7] ausschließt.

---

[3] So im wesentlichen die Umschreibung des Verbs „lehren“ in: Der Große Duden, Synonymwörterbuch, S. 423.

[4] Für die Freiheit der Kunst *Knies*, Schranken der Kunstfreiheit als verfassungsrechtliches Problem, S. 57; *Erbel*, Inhalt und Auswirkungen der verfassungsrechtlichen Kunstfreiheitsgarantie, S. 47; für die Freiheit der Wissenschaft z. B. *Roellecke*, in: JZ 1969, S. 726 (727) mit der allerdings hier nicht mitvollzogenen weitergehenden Schlußfolgerung, frei sein könne *nur* der einzelne Künstler, Wissenschaftler, Forscher und Lehrer; ähnlich *Klein*, in: von Mangoldt/Klein, Das Bonner Grundgesetz, Bd. 1, Art. 5 Anm. X. 2. b), S. 253; OVG Münster, in: JZ 1959, S. 716 (718).

[5] *Ryffel*, Grundprobleme der Rechts- und Staatsphilosophie, S. 139.

[6] Explikationen des Freiheitsbegriffes müssen an dieser Stelle unterbleiben, da ein Hinübergleiten in philosophische Denkkategorien und grundrechtstheoretische Überlegungen nur schwerlich zu vermeiden wäre. Allein soviel sei angemerkt: Der Begriff der Freiheit bezeichnet eine formale Relation eines Seienden zu einem anderen, sei es in negativer (libertas a coactione, „frei sein von“), sei es in positiv-absoluter (dominium super se ipsum, „frei sein zu“) Hinsicht, vgl. *Max Müller*, Staatslexikon, Bd. 3, Stichwort Freiheit, Sp. 528, 529. Sowohl dem philosophischen als auch dem allgemeinen Sprachgebrauch („Gedanken sind frei“) ist die Verwendung des Freiheitsbegriffes für Seiendes verschiedenster Art und Gattung, also auch für abstracta, zumindest im Sinne negativer Freiheit, d. h. Freiheit von Ingerenzen, nicht fremd.

2. Die sprachliche Verknüpfung von „Forschung" und „Lehre"

Eine vom übrigen Aussagegehalt des Art. 5 Abs. 3 Satz 1 GG isolierte, am allgemeinen Wortsinn der Begriffe „Forschung" und „Lehre" ausgerichtete Betrachtung gibt auch über den Charakter der Lehre im Sinne ihrer Forschungsbezogenheit keine Auskunft. Eine solche sprachliche Verknüpfung zweier Begriffe kann lediglich eine Aufzählung enthalten, ohne jede notwendige inhaltliche Korrelation der durch die Begriffe gekennzeichneten Inhalte. Aus diesem Grunde kann der mögliche Wortsinn des Wortes „Lehre" nicht einschränkend als Lehre der Forschung und sonach als sachimmanente Verklammerung der beiden Bereiche „Forschung" und „Lehre" gedeutet werden.

Die Verwendung des Begriffspaares „Forschung und Lehre" neben „Wissenschaft und Kunst" im Normtext des Art. 5 Abs. 3 Satz 1 GG verleitet zugegebenermaßen zu gedanklichen Assoziationen mit dem Prinzip der Einheit von Forschung und Lehre entsprechend dem Verständnis deutscher Universitätstradition. Unter ausdrücklicher Berufung auf den Wortlaut des Art. 5 Abs. 3 Satz 1 GG und mit Rücksicht auf die sicherlich im allgemeinen zutreffende Erwägung, daß die Verfassung keine entbehrlichen Normierungen aufstellt, möchte sich daher *Dietrich Küchenhoff* in der Annahme bestätigt wissen, „daß das Grundgesetz die Einheit von Forschung und Lehre als Organisationsprinzip der wissenschaftlichen Hochschule anerkannt hat"[8]. Den Schlußfolgerungen Dietrich Küchenhoffs wäre beizupflichten, wenn ein Abweichen von seiner Normtextinterpretation zur Folge hätte, daß bei jeder anderen Auslegungsvariante die Begriffe „Forschung" und „Lehre" leerliefen, d. h. keinen normrelevanten Sinn ergäben. Wie im einzelnen noch zu zeigen sein wird, stellt jedoch die textliche Einfügung der Begriffe „Forschung" und „Lehre" keine entbehrliche Floskel dar, und zwar auch dann nicht, wenn man Dietrich Küchenhoffs Wortinterpretation nicht folgt[9]. Der Wortlaut des Art. 5 Abs. 3 Satz 1 GG schließt nämlich nicht aus, den Begriffen „Forschung" und „Lehre" einen erläuternden Sinngehalt insofern zu entnehmen, als sie den Normbegriff „Wissenschaft" näher umschreiben. Sprachlich nicht abwegig ist ferner eine Auslegung, die den Begriff „Lehre" auch auf den Bereich der Kunst bezieht, um ange-

---

[7] Diese von *Scholz,* in: Maunz/Dürig/Herzog/Scholz, Grundgesetz, Kommentar, Bd. 1, Art. 5 Abs. 3 Rdn. 1, neuerdings entwickelte Terminologie entspricht im wesentlichen der bisher mit den Begriffen Grundrecht und institutionelle Garantie erläuterten Gegenüberstellung von subjektivem öffentlichen Recht und institutionellem Rechtsgehalt der Norm; vgl. zu dieser bis zum Hochschulurteil des Bundesverfassungsgerichts (BVerfGE Bd. 35, S. 79 ff.) üblichen Differenzierung auch *Ingo Richter,* Bildungsverfassungsrecht, S. 155 ff.

[8] In: DÖV 1964, S. 601 (603).

[9] Gegen Dietrich Küchenhoffs Begründung jetzt auch *Wussow,* in: WissR Bd. 13 (1980), S. 1 (3 f.).

sichts der historisch realen und typischen Gefährdungen der Lehre als Verkündung schöpferischer Leistungen auf beiden Gebieten — Wissenschaft *und* Kunst — Umfang und Tragweite des Grundrechts besonders hervorzuheben[10].

Für die verfassungsrechtliche Verortung des Prinzips der Einheit von Forschung und Lehre könnte die sprachliche Fassung des Art. 5 Abs. 3 Satz 1 GG allerdings insofern einen Hinweis liefern, als die miteinander verbundene Erwähnung von Forschung und Lehre dem begrifflichen Instrumentarium entlehnt wurde, das mit der formelhaften Abbreviatur des Strukturprinzips der Humboldtschen Universität identisch ist.

Unter all diesen Umständen ist die sprachliche Verknüpfung von Forschung und Lehre im Normtext des Art. 5 Abs. 3 Satz 1 GG im Hinblick auf das gesetzte Untersuchungsziel mehrdeutig.

3. Das sprachlogische Verhältnis der Begriffe „Wissenschaft", „Kunst", „Forschung", „Lehre" zueinander

Aber auch die Beziehung des Begriffspaares „Forschung und Lehre" zu dem anderen Begriffspaar „Wissenschaft und Kunst" in derselben Vorschrift hat keinen Indizwert für die Feststellung, Wissenschaft bezeichne den geistig-schöpferischen Lebensbereich, während die Formulierung „Forschung und Lehre", sofern sie nicht lediglich zur Erläuterung des Normbegriffes „Wissenschaft" eingefügt ist, für die institutionell-organisatorisch zu verstehende Einheit von Forschung und Lehre reserviert sein müßte. Aus der jeweiligen Verknüpfung der Begriffe „Wissenschaft" und „Kunst" und „Forschung" und „Lehre" durch die Konjunktion „und" läßt sich nämlich nicht folgern, daß der Normbereich vier gleichgewichtig zu schützende, voneinander getrennte Bereiche — Wissenschaft, Kunst, Forschung, Lehre — umfaßt. Eine solche Auslegung wäre sprachlich nur vertretbar, wenn allein das letzte Glied der aufgezählten Reihe mit der Konjunktion „und" angeschlossen worden wäre, Art. 5 Abs. 3 Satz 1 GG demnach lauten würde: „Wissenschaft, Kunst, Forschung und Lehre sind frei."

Die von dieser letzten Variante abweichende tatsächliche Fassung des Art. 5 Abs. 3 Satz 1 GG streitet sonach eher für die allgemein übliche Deutung der Begriffe „Forschung" und „Lehre" als Unterbegriffe von Wissenschaft zur erschöpfenden Charakterisierung wissenschaftlicher Handlungsmodalitäten[11].

---

[10] Für die Freiheit der Lehre im Bereich der Kunst ausdrücklich *Mallmann*, in: Festschrift für Jahrreiß, S. 247 (264).

[11] *Klein*, in: von Mangoldt/Klein, Das Bonner Grundgesetz, Bd. 1, Art. 5 Anm. X. 5. a), S. 254; *Hamann/Lenz*, Das Grundgesetz für die Bundesrepublik Deutschland, Art. 5 Anm. B 14, S. 200; *von Münch*, Grundgesetz-Kommentar, Bd. 1, Art. 5 Rdn. 66 und 79; *Bettermann*, in: Universitätstage 1963, S. 56 (67);

II. Der Begriff „Wissenschaft"

Es kommt also entscheidend auf die Auslegung des Begriffes „Wissenschaft" an. Hier versagt die Anknüpfung an einen allgemein geläufigen Wortsinn, weil der Normtext einen komplexen metajuristischen Begriff rezipiert[12], dessen Untersuchung fast zwangsläufig die Grenze einer vom Normzweck abstrahierenden, beschreibenden Analyse überschreitet. Obgleich der Begriff „Wissenschaft" eine rechtsexogene Seinsgegebenheit[13] kennzeichnet, muß die Analyse der Wirkungselemente dieses Begriffes berücksichtigen, daß der Begriff als Rechtsbegriff im Normengefüge eines ohne Vorbehalt gewährleisteten Grundrechts Verwendung findet, mit anderen Worten, schon die juristisch-definitorische Begriffs-

Köttgen, in: Neumann u. a. (Hrsg.), Die Grundrechte, Bd. 2, S. 291 (299); *Hauck/Lüthje*, Wissenschaftsfreiheit durch Mitbestimmung, S. 10 f.; *Mallmann/Strauch*, Verfassungsgarantie der freien Wissenschaft als Schranke der Gestaltungsfreiheit des Hochschulgesetzgebers, S. 4; *Pieroth*, Störung, Streik und Aussperrung an der Hochschule, S. 87; *Schmitt Glaeser*, in: WissR Bd. 7 (1974), S. 107 (108); *Ekkehart Stein*, Staatsrecht, S. 198, dessen Interpretation strenggenommen über eine Wortinterpretation hinausgeht, wenn er dem Komma hinter „Wissenschaft" die Bedeutung von „d. h." gibt und so zu einer grundgesetzlichen Legaldefinition von Wissenschaft als „Forschung und Lehre" kommt. Ähnlich *Knemeyer*, Lehrfreiheit, S. 23; Knemeyers Äußerung, in: JZ 1969, S. 780 (782 FN 19), Forschung sei im 19. Jahrhundert und in der ersten Hälfte des 20. Jahrhunderts durch den Begriff „Wissenschaft" mitgarantiert, unter der Geltung des Grundgesetzes hingegen als selbständiger Bereich vom verfassungsrechtlichen Schutz erfaßt, wirkt irreführend, weil sie zu Mutmaßungen über inhaltliche Veränderungen im geschützten Sachbereich Anlaß gibt.

[12] Auf das Phänomen hingewiesen zu haben, daß der Verzicht des Verfassunggebers auf „Konstitutionaldefinitionen" zum Einfallstor gesellschaftlicher Einflußnahme auf das Grundrecht wird und zudem durch den der metajuristischen Begriffsbildung eigenen Bedeutungsgehalt eine immanente Schranke des Grundrechts errichtet wird, ist das dogmatische Verdienst *Achterbergs*, vgl. dens. in: Recht und Gesellschaft, Festschrift für Schelsky, S. 1 (15 f.). Achterberg legt hierbei die rechtsimmanente Betrachtungsweise Kelsens und Merkls zugrunde, nach welcher die Rechtsordnung sich zwar als ein metarechtliche Quellen ausschließendes System von Rechtserzeugungsstufen darstellt, gleichwohl auf jeder Rechtserzeugungsstufe — einschließlich der obersten Stufe der Verfassung — autonome Determinanten vorsieht, die gerade für die Induzierung des Metajuristischen in die Rechtsordnung Bedeutung gewinnen, vgl. neben dem soeben erwähnten Festschriftbeitrag dens. in: Rechtstheorie Bd. 1 (1970), S. 147 (149 f.), dgl. in: DÖV 1974, S. 445 (454), und neuerdings in: Rechtstheorie Bd. 9 (1978), S. 385 (406), unter ausdrücklicher Bezugnahme auf *Kelsen*, Allgemeine Staatslehre, § 35 G, S. 243, und dens., Reine Rechtslehre, S. 238 ff., und auf *Merkl*, in: Gesellschaft, Staat und Recht, Untersuchungen zur Reinen Rechtslehre, Festschrift für Hans Kelsen, S. 252 (253, 259, 272 ff.), veröffentlicht auch in Klecatsky u. a. (Hrsg.), Die Wiener rechtstheoretische Schule, Bd. 2, S. 1311 ff. (1312, 1333 ff.). Zu den Konsequenzen autonomer Determinanten vgl. ferner die Ausführungen von *Behrend*, Untersuchungen zur Stufenbaulehre Adolf Merkls und Hans Kelsens, S. 7 ff.

[13] *Rupp*, in: VVDStRL Heft 27 (1969), S. 113 (119), unter Hinweis auf Köttgen, Das Grundrecht der deutschen Universität, S. 52, und Friedrich Müller, Normstruktur und Normativität, S. 221. — Das bedeutet jedoch nicht, daß die sozialen Bereiche des Wissenschaftsbetriebes staats- oder rechtsexogen wären, so richtig *Schlink*, Abwägung im Verfassungsrecht, S. 202.

untersuchung muß auf die wechselbezügliche Durchdringung des Rechtsbegriffes und der Normenaussage im Ganzen Bedacht nehmen[14].

1. Die Lehre vom Definitionsverbot

Am nachhaltigsten und am deutlichsten kommt das Dilemma einer freiheitsbetonten Feststellung des Normsinnes von „Wissenschaft" zum Ausdruck, wenn man die radikale These vom Definitionsverbot heranzieht. Ihre Vertreter[15] sehen die freiheitssichernde Funktion des Grundrechts am ehesten dadurch gewährleistet, daß die zur Beachtung des Grundrechts der Wissenschaftsfreiheit berufenen Instanzen — im wesentlichen Gesetzgeber und Gerichte — sich gegenüber einer begrifflich-definitorischen Festlegung des Rechtsbegriffes „Wissenschaft" abstinent verhalten.

Für die Frage nach dem noch möglichen Wortsinn des in Art. 5 Abs. 3 Satz 1 GG verwendeten Begriffes „Wissenschaft" gewinnt diese Ansicht besondere Bedeutung, weil sich für den Verfassungsinterpreten, dessen Aufgabe u. a. auch die wissenschaftlich fundierte Interpretationsanleitung für die die Verfassung anwendenden Staatsorgane ist[16], bei Richtigkeit eines Definitionsverbotes eine solche Begriffsbestimmung erübrigen würde. Uneingelöst bliebe bei dieser Betrachtungsweise der einer geschriebenen Verfassung zugewiesene Auftrag, mit Hilfe der in den einzelnen Normen enthaltenen Begriffe die Geltungsbereiche der Grundrechte dem Gebot der Rechtssicherheit entsprechend festzulegen. Um diese unerwünschte Folge des Definitionsverbotes auszuschließen, soll es nach dem Willen seiner Befürworter nicht generell gelten: Trotz der prinzipiellen Offenheit des Lebenssachverhaltes Wissenschaft möchten auch sie nicht gänzlich unbestimmt lassen, welche Vorstellungen mit dem Begriff „Wissenschaft" zu verbinden sind. Da sich aber der Be-

[14] *Engisch*, in: Ferid (Hrsg.), Beiträge zur Rechtsforschung, S. 59 f.; ferner schon *Julius Binder*, System der Rechtsphilosophie, S. 8 ff.; dgl. *Triepel*, Staatsrecht und Politik, S. 19 f.

[15] *Leibfried*, in: RdJB 1970, S. 180 (182); ders. (Hrsg.), Wider die Untertanenfabrik, S. 340 (348); *Azzola*, Freiheit der Wissenschaft, S. V, 3 ff., zitiert nach *Schlink*, Abwägung im Verfassungsrecht, S. 202 FN 14; wohl auch *Roellecke*, in: JZ 1969, S. 726 (730). *Denninger*, Das Hochschulrahmengesetz — Kernstück einer Bildungsreform?, S. 62, 72, wird von *Scholz*, in: Maunz/Dürig/Herzog/Scholz, Grundgesetz, Kommentar, Bd. 1, Art. 5 Abs. 3 Rdn. 88 FN 6, zu Unrecht für eine Lehre vom Definitionsverbot in Anspruch genommen. Das folgt aus dessen klarer Einschränkung, S. 62: „Grenzoffenheit in dem genannten Sinne bedeutet aber nicht Beliebigkeit der Verhaltensweisen und damit die Möglichkeit subjektiver ‚Anmaßung' (im doppelten Wortsinne) von wissenschaftlicher Erkenntnis an die Willkür des Subjektes."

[16] Zu dieser Hauptaufgabe dogmatischer Rechtswissenschaft vgl. *Dreier* in der Einleitung zu: ders. und Schwegmann (Hrsg.), Probleme der Verfassungsinterpretation, S. 13 (20 f.); generell zur Kontrollfunktion der Wissenschaft auf Verfassungsebene *Achterberg*, in: Rechtstheorie Bd. 1 (1970), S. 147 (152).

griffsinhalt nicht objektivieren läßt, auch ein Konsens aller Wissenschaftler gerade in Grenzfällen utopisch erscheint[17], verbleibt dieser Lehre allein die Möglichkeit, den jeweils Betroffenen selbst bestimmen zu lassen, ob seine Tätigkeit als wissenschaftlich zu bezeichnen ist oder nicht. Der einzelne wird auf diese Weise „zum Richter in eigener Sache".

Geht man weiter davon aus, daß die Anhänger des Definitionsverbotes an der interindividuellen Gültigkeit der Grundrechtsnorm festhalten, so umfaßt das postulierte Definitionsverbot nichts anderes, als die verschleierte Einführung eines subjektivierten Begriffes von Wissenschaft[18], dessen innere Rechtfertigung sich nicht aus einer im Vergleich zu Versuchen objektiver Begriffsbestimmung gesteigerten Bewältigung des Problems der Bestimmung und der Begrenzung des Grundrechts der Wissenschaftsfreiheit ergibt. Im Gegenteil: In praxi könnte bei Zugrundelegung dieser Lehre der Betroffene jegliche Verletzung geistiger Freiheiten, sei es der Meinungsfreiheit, der Bekenntnisfreiheit u. a. m., in das Gewand der Verletzung der Wissenschaft kleiden.

Dieser Lehre ist daher die Gefolgschaft zu versagen[19].

2. *Versuche einer technisch-formalen Begriffsbestimmung*

In der Erkenntnis, daß der Begriff im Kontext der Norm und im Gesamtgefüge der grundgesetzlichen Bestimmungen, abgesehen von der negativen Funktion der Abgrenzung zu den übrigen Normen, die positive Aufgabe der Ermittlung des mit dem Begriff (rechtlich) Gemeinten zu erfüllen hat, sind im neueren Schrifttum immer wieder Versuche

---

17 Zum Konsensproblem s. die plastisch veranschaulichenden Zitatbeispiele für den Bereich der Kunst bei *Achterberg*, in: Recht und Gesellschaft, Festschrift für Schelsky, S. 1 (17 FN 49). Für den Bereich der Wissenschaft hält *Luhmann*, in: Jb. f. Sozialwissenschaft Bd. 19 (1968), S. 147 (160 ff.), eine solche Konsensfindung, gesteuert durch das Medium der Reputation, für möglich. Daß eine egalitäre, demokratische Einstellung unter Wissenschaftlern vorherrsche und auf diese Weise Konsensfindung erleichtere, entspricht auch der Auffassung von *Merton*, Social Theory and Social Structure, S. 529 ff. — Die Konsequenz wäre die alleinige Entscheidungserheblichkeit von fachwissenschaftlichen Gutachten mit für die staatlichen Instanzen bindender Wirkung. Die Praktikabilität eines derartigen Entscheidungsverfahrens bleibt aber unausgewiesen. Dennoch optimistisch in dieser Richtung *Pieroth*, Störung, Streik und Aussperrung an der Hochschule, S. 126.

18 Zur Kritik vgl. auch *Schrödter*, Die Wissenschaftsfreiheit des Beamten, S. 42 ff.

19 In der Ablehnung übereinstimmend *Bauer*, Wissenschaftsfreiheit in Lehre und Studium, S. 27, 37; Verf. setzt sich jedoch dabei mit seiner eigenen Auffassung in Widerspruch, nach der „das Selbstverständnis der jeweils betroffenen Wissenschaftsauffassung" über die Anwendbarkeit des Grundrechts entscheidet, vgl. S. 51. Dies bedeutet letzten Endes doch eine unzulässige Verlagerung der Definitionskompetenz auf den insoweit nichtlegitimierten Wissenschaftler.

zu verzeichnen, die im Begriff „Wissenschaft" angelegten, Raum und überdauernden identitätsbegründenden Funktionselemente abschließend zu umschreiben. In Anbetracht der Unmöglichkeit, das nicht rechtserzeugte Phänomen Wissenschaft nach dem Kanon der wissenschaftlichen Disziplinen oder nach endgültig festliegenden Tätigkeitsmerkmalen und Vorgehensweisen und auch nicht im Sinne der Begrenzung der durch Wissenschaft geschaffenen Produkte nach Art und Gattung[20] endgültig definitorisch zu erfassen, wird der Begriff als formale Kategorie angesehen.

Diese Beschränkung auf den formalen Aspekt besagt nicht mehr, als daß der so verstandene Begriff „Wissenschaft" immer und überall derselbe bleibt, unberührt von den wechselnden, materiellen, dem metajuristischen Begriff „Wissenschaft" jeweils zugerechneten Inhalten. Dennoch muß auch ein als formal gekennzeichneter Begriff den wesentlichen, insoweit materialen Sinngehalt wie eine hermetisch abschließende Hülle umkleiden und — wenngleich nur schemenhaft — alle im Begriff selbst angelegten wesensnotwendigen, für die rechtliche Wertung generell bedeutsamen Merkmale aufweisen.

Die durch den Gesetzeszweck umfassenden Grundrechtsschutzes angeleitete Auswahl der begriffsbildenden Merkmale[21] bewirkt sodann eine relative Vagheit und Inhaltsleere der weitgehend abstrahierten Begriffe, die ohne Inbezugnahme ihrer möglichen Auffüllung durch die dem gegenwärtigen Wissensstand entsprechenden Emanationen der einzelnen Wissenschaften unbefriedigend erscheinen mag.

Ob die im Schrifttum entwickelten „technisch-formalen" Begriffsumschreibungen von Wissenschaft die konstitutiven Merkmale des Begriffes „Wissenschaft" erschöpfen und ob sie den vorgeblich formalen Charakter tatsächlich tragen, soll im folgenden beispielhaft an der von *Knemeyer* vorgelegten Begriffsbestimmung[22] gewürdigt werden.

Knemeyer vermeidet eine strikte Definition des Begriffes „Wissenschaft"[23] und bemüht sich, Wissenschaft als eine zweck- und wertfreie Gegebenheit vorzustellen. Der Kern seiner Ausführungen geht dahin, dem Begriff „Wissenschaft" allgemeine Ausdrucks- oder Tätigkeitsformen zu erschließen, die durch „weisungsunabhängiges planmäßiges Vor-

---

[20] Die Bestimmung des Normbereiches der Kunst nach Werkbereich und Wirkbereich, wie sie von *Friedrich Müller*, Freiheit der Kunst, passim, unternommen wurde, gelingt insoweit besser.

[21] Zu funktionsbestimmten Rechtsbegriffen allgemein vgl. *Larenz*, Methodenlehre der Rechtswissenschaft, S. 466 ff.

[22] Lehrfreiheit, S. 25 f.

[23] Ungenau daher *Schrödter*, Die Wissenschaftsfreiheit des Beamten, S. 60, der Knemeyers Ausführungen als Definition des Wissenschaftsbegriffes wertet.

gehen" „sachorientiert", d. h. im Wege „kritisch in Frage stellender Untersuchung" und „in Orientierung an der Wahrheit" nach „Erkenntnis" streben[24]. Die begriffliche Umschreibung genügt dem postulierten, formalen Charakter, soweit sie auf das wissenschaftliche Verfahren abhebt, das als unabhängig und planmäßig skizziert wird, und die Eigengesetzlichkeit der Wissenschaft im allgemeinen — und zwar auch gegenüber dem Recht — durch den Verzicht auf detailliertere Angaben sicherstellt. Mit der formalen Kategorie wissenschaftlicher Vorgehensweise ist jedoch nur ein einziges Merkmal des Begriffes „Wissenschaft" gewonnen, nicht die umfassende Spezifizierung, die dem Rechtsbegriff „Wissenschaft" zu eigen sein müßte, um die Differenzierung zwischen der Wissenschaftsfreiheit und anderen Grundrechtsnormen zu erreichen.

Seine wesentliche Deutung erfährt der Begriff „Wissenschaft" darum auch bei Knemeyer erst durch die Kennzeichnung als an Wahrheit orientiertes Erkenntnisstreben. Es bedarf zwar keiner näheren Begründung, daß dieser Teil der begrifflichen Umschreibung ein unerläßliches Merkmal aller Wissenschaft treffend wiedergibt; aber es unterliegt ferner keinem Zweifel, daß eine derartige Formulierung den Bereich rein formaler Begriffsbestimmung bereits verlassen hat.

Des weiteren muß man seiner Formulierung entschieden die technisch-formale Eigenschaft absprechen, weil sie das subjektive Moment des „Strebens" nach Wahrheitserkenntnis zum Kernpunkt der gesuchten Begriffsbestimmung erheben möchte, und sich jede Anerkennung von Tätigkeitsformen als wissenschaftlich von diesem Standpunkt aus folgerichtig dem Problem gegenübergestellt sieht, diesen Willen zur Wahrheitserkenntnis im Einzelfall nachzuweisen.

Knemeyers Begriffserklärung wird demnach der vorausgesetzten „technisch-formalen"[25] Kategorie selbst untreu[26].

---

[24] S. 25 f.

[25] Der Zusatz „technisch" ist der Begriffsklärung nicht förderlich. Um ihm überhaupt im vorliegenden Zusammenhang einen Sinn zu geben, wird man ihn als Erläuterung des Versuches zu verstehen haben, Wissenschaft durch äußerlich wahrnehmbare Begriffsmerkmale zu beschreiben.

[26] Unbefriedigend bleibt auch die formale Begriffsbestimmung von *Bruno Binder*, WissR Bd. 6 (1973), S. 1 (4 f.), der die charakterisierenden Merkmale von Wissenschaft in der „ziel-, plan- und akt-adäquaten Systematisierung und Interpretation von Erkenntnisinhalten" erblickt. Seine näheren Unterscheidungskriterien wissenschaftlicher Erkenntnistätigkeit sind die folgenden:

1. Forschungstätigkeit mit den Teilbereichen (S. 5)
   — Auswahl des Erkenntniszieles (= Forschungsziel)
   — Auswahl und Koordinierung der Erkenntnismittel (= Forschungsplan)
   — Systematisierung der Erkenntnisinhalte (= Forschungsdarstellung)
   — Interpretation der Erkenntnisinhalte (= Forschungsauslegung)

Auch *Schrödters* Bestreben, durch in den Begriff „Wissenschaft" projizierte phänomenologische Betrachtungen dessen Inhalt zu analysieren, ist nicht geeignet, das gesteckte Ziel einer formalen Begriffsbestimmung zu erreichen. Weder definiert Schrödter „Wissenschaft" nach formalen Kriterien, wie er es sich ausdrücklich vorgenommen hat[27], noch entwirft er ein zumindest in Umrissen deutbares Bild vom durch den Begriff „Wissenschaft" angezeigten Geltungsbereich der Norm, wie es bei einer phänomenologischen Darstellungsweise zu erwarten wäre. Schrödter begnügt sich mit einer Aufteilung der Lehre in die Sachgruppen — Wortlehre und Schriftlehre und deren Untergliederungen —, die er dem Art. 5 Abs. 3 Satz 1 GG zuschlägt, soweit sie als Kathederlehre an wissenschaftlichen Hochschulen oder an anderen wissenschaftsbezogenen Bildungseinrichtungen stattfindet. Zur entscheidenden, vorgelagerten Frage, wodurch sich wissenschaftliche Lehre von anderen Formen der Lehre unterscheidet, nimmt er nicht Stellung.

Ferner vermag die zur Begriffserklärung von Forschung angebotene Dreiteilung — Grundlagenforschung—Auftragsforschung—Zweckforschung[28] — keine begriffliche Klarheit darüber zu verschaffen, was nun das wesenstypische Merkmal dieser als wissenschaftlich qualifizierten Tätigkeit im Vergleich zu anderen Tätigkeitsformen ausmacht. Eine bloße Aufzählung von Teilbereichen oder Unterbegriffen von „Wissenschaft" stellt im Grunde genommen einen Verzicht auf jegliche begriffliche Begrenzung des Untersuchungsgegenstandes dar[29].

3. *Versuche einer materialen Begriffsbestimmung*

Hat sich demnach bei näherer Untersuchung die Unmöglichkeit erwiesen, den Normbegriff „Wissenschaft" mit formalen Elementen tauglich zu umschreiben, so fragt sich, ob einer über die formale Betrachtungsweise hinausreichenden materialen Analyse des Begriffes Strukturelemente entnommen werden können, die auf eine wesensnotwendige Verbindung von Forschung und Lehre hindeuten[30].

---

2. Wissenschaftliche Lehrtätigkeit mit den Teilbereichen (S. 6)
   - Auswahl von (durch Forschungsergebnisse belegten) Lehrinhalten (= Lehrziel)
   - Auswahl und Koordinierung der Lehrmittel (= Lehrmethode)
   - Einsatz der Lehrmittel (= Vermittlungsakt).

Der Begriff „Wissenschaft" wird aber nicht dadurch formal beschrieben, daß „Wissenschaft" durch den Begriff „Forschung" und „Forschung" durch den Begriff „Erkenntnis" ersetzt wird.

[27] Die Wissenschaftsfreiheit des Beamten, S. 63.

[28] S. 85.

[29] Zutreffend daher die Kritik *Pieroths*, Störung, Streik und Aussperrung an der Hochschule, S. 122.

[30] Auf die in § 3 Abs. 2 und 3 HRG wenigstens zum Teil erfolgte Inhalts-

Bis heute hat die von *Smend* entwickelte Formel zur Bestimmung des Gehaltes von Wissenschaft breite Resonanz gefunden. Nach ihr umfaßt Wissenschaft[31] alles, „was sich als ernsthafter Versuch zur Ermittlung oder zur Lehre der wissenschaftlichen Wahrheit darstellt"[32]. Mit der Hervorhebung des Kriteriums der Wahrheitssuche ist Smend die materiale Beschreibung der Kernsubstanz aller wissenschaftlichen Betätigung gelungen, die gerade infolge ihrer Offenheit und relativen Inhaltsleere der Gefahr entgeht, den Grundrechtsschutz durch Identifikation mit einem außerrechtlichen Wissenschaftsbegriff zu verkürzen[33].

---

beschreibung des Grundrechts kann an dieser Stelle nicht zurückgegriffen werden, weil dem einfachen Gesetzgeber eine authentische Interpretation der Grundrechte verwehrt ist, vgl. *Thieme*, in: Hamburg, Deutschland, Europa, Festschrift für Ipsen, S. 189 (193); *Leibholz/Rinck*, Grundgesetz, Einf. Rdn. 10. — Die Unzulässigkeit authentischer Interpretation verhindert jedoch nicht, daß die relativ offenen Verfassungsrechtssätze durch niederrangige Rechtssätze konkretisiert werden können, vgl. *Achterberg*, in: Recht und Gesellschaft, Festschrift für Schelsky, S. 1 (16), und *Kirchhof*, in: Bundesverfassungsgericht und Grundgesetz, Festgabe aus Anlaß des 25jährigen Bestehens des Bundesverfassungsgerichts, Bd. 2, S. 50 (64). — Zum Verständnis der Wissenschaftsfreiheit in den neuen Hochschulgesetzen vgl. *Avenarius*, in: WissR Bd. 13 (1980), S. 43 ff.; zur Interpretation des § 2 Abs. 2 - 4 HRG vgl. vor allem *Hailbronner*, in: Großkreutz/Hailbronner/Ipsen/Walter, Kommentar zum Hochschulrahmengesetz, § 3 Rdn. 21 ff.

31 Die Begriffsbestimmung war ursprünglich entwickelt zu Art. 142 WRV.

32 VVDStRL Heft 4 (1928), S. 44 (67).

33 Über ein derartiges Identifikationsverbot besteht im rechtswissenschaftlichen Schrifttum weitgehende Einigkeit, vgl. die zahlreichen Nachweise bei *Pieroth*, Störung, Streik und Aussperrung an der Hochschule, S. 109 FN 265. Nicht immer wird jedoch deutlich erkannt, daß dem Interpreten des Art. 5 Abs. 3 Satz 1 GG nicht nur jede einseitige Fixierung auf vergangene wissenschaftliche Strömungen, sondern auch die ungeprüfte Übernahme gegenwärtig vorherrschender Wissenschaftsrichtungen verwehrt ist. Der Smendschen am Wahrheitskriterium ausgerichteten Deutung immanent ist das Gebot der Voraussetzungslosigkeit der Wissenschaft, die darin besteht, daß jede einzelne inhaltliche Voraussetzung in Frage gestellt werden kann, Wissenschaftlichkeit somit auch Unabhängigkeit von religiösen und politischen Dogmen umfaßt. Der Begriff der Voraussetzungslosigkeit geht zurück auf *Mommsen*, in: Reden und Aufsätze, S. 434, und wird wieder aufgegriffen von *Jaspers*, in: Jaspers/Rossmann, Die Idee der Universität, S. 49, und von *von Kempsky*, Brechungen, S. 140 ff. — Von der Voraussetzungslosigkeit der Wissenschaft zu unterscheiden ist das seit *Max Webers* Schrift „Wissenschaft als Beruf", in: Gesammelte Aufsätze zur Wissenschaftslehre, S. 585 ff. (601), immer wieder erhobene und heftig umstrittene Postulat der Wertfreiheit aller Wissenschaften. Die berühmt gewordene Textstelle bei *Max Weber*, S. 601, lautet: „Nun kann man niemanden wissenschaftlich vordemonstrieren, was seine Pflicht als akademischer Lehrer sei. Verlangen kann man von ihm nur die intellektuelle Rechtschaffenheit: einzusehen, daß Tatsachenfeststellung, Feststellung mathematischer oder logischer Sachverhalte oder der inneren Struktur von Kulturgütern, einerseits, und andererseits die Beantwortung der Frage nach dem *Wert* der Kultur und ihrer einzelnen Inhalte und danach: wie man innerhalb der Kulturgemeinschaft und der politischen Verbände *handeln* solle, — daß dies beides ganz und gar *heterogene* Probleme sind. Fragt man dann weiter, warum er nicht beide im Hörsaal behandeln solle, so ist darauf zu antworten: weil der Prophet und der Demagoge nicht auf das Katheder eines Hörsaals gehören" (Hervorhebungen im Original). — Zum heutigen Diskussionsstand in dieser Frage vgl. *von Ferber*, in: Topitsch

Die Smendsche Formel ist jedoch ergänzungsbedürftig, weil sich die Unschärfe des Begriffes „Wahrheit“ in Verbindung mit dem willensbestimmten Moment des „ernsthaften Versuches“ zu ihrer Auffindung dahin auswirkt, andere, nichtwissenschaftliche Formen der Wahrheitssuche, beispielsweise auf religiösem Gebiet, nicht mehr eindeutig aus dem Schutzbereich der Norm auszuschließen. Um die Wahrheitssuche auf Wissenschaft hinzuordnen, erscheint ein Rückgriff auf formale Kriterien erlaubt, ja sogar geboten. Brauchbare identitätsbegründende und keineswegs nur vordergründige Faktoren zur Erfassung des Wesens der Wissenschaft sind — bezogen auf den Ablauf wissenschaftlicher Arbeitsprozesse — durchaus vorhanden. Dabei wäre es wiederum ungenügend, bei dem von Knemeyer herausgestellten Teilaspekt der Weisungsunabhängigkeit und Planmäßigkeit der Vorgehensweise[34] stehenzubleiben. Wissenschaftlichen Verfahren ist darüber hinaus das methodische, mit Mitteln der Logik[35] arbeitende Denken, mit dem entweder neue Erkenntnisse vermittelt oder alte Erkenntnisse gefestigt werden[36], wesenseigen.

(Hrsg.), Logik der Sozialwissenschaften, S. 165 ff.; *Albert*, in: Topitsch (Hrsg.), Logik der Sozialwissenschaften, S. 181 ff.; *Topitsch*, Die Freiheit der Wissenschaft und der politische Auftrag der Universität, S. 8 ff.; *Habermas*, in: Merkur 1969, S. 597 ff. (601); *Marcuse*, Der eindimensionale Mensch, S. 125 ff.

[34] Lehrfreiheit, S. 25.

[35] Welche Arten von Logik der jeweiligen wissenschaftlichen Disziplin oder Richtung entsprechend zur Anwendung gelangen, ob insbesondere eine über das „tertium non datur“ hinausreichende, z. B. in Bereichen der Physik geltende Logik der Nichtentscheidbarkeit zu den Gesetzen der Wissenschaft zählt, ist im Rahmen der hier behandelten normativen Begriffsanalyse nicht von Belang.

[36] Ähnlich die Formulierungen bei *Klein*, in: von Mangoldt/Klein, Das Bonner Grundgesetz, Bd. 1, Art. 5 Anm. X. 4. a), S. 254. Entgegen *Klein* wird aber die Beschränkung auf den Versuch der Einordnung der Erkenntnisse in gedachte Systeme des Seins nicht zu den fächerübergreifenden konstitutiven Merkmalen von Wissenschaft gerechnet, weil sie zu Mißverständnissen über einen etwa hiermit behaupteten Systemcharakter aller Wissenschaft Anlaß geben könnte. — Diese formalen und materialen Gesichtspunkte kehren in den meisten heutigen Begriffsbestimmungen von Wissenschaft wieder, vgl. *Badura* u. a., Universitätsreform — Alternativen der Vernunft, S. 9: „Wissenschaft — die methodisch geordnete Suche nach objektiv wahren und in einen Begründungszusammenhang eingeordneten Erkenntnissen“; ferner *Ernst Wolf*, in: WissR Bd. 3 (1970), S. 193 (209): „Wissenschaftliches Forschen ist methodisches Suchen nach einer neuen wissenschaftlichen Erkenntnis oder methodisches Prüfen der Wahrheit oder des Beweises eines wissenschaftlichen Urteils, dessen Voraussetzungen durch wissenschaftliche Erkenntnis widerlegt oder fragwürdig geworden sind.“ Auch *Dietrich Küchenhoff*, in: DÖV 1964, S. 601 (603). *Köttgen* hingegen löst seinen Anspruch, Wissenschaft qualitativ-material zu bestimmen, nicht ein, vgl. dens. in: Neumann u. a. (Hrsg.), Die Grundrechte, Bd. 2, S. 293 (294). Er verlegt sich statt dessen auf eine pragmatische Aufzählung gegenständlich abgegrenzter Handlungsausschnitte, die nach seiner Auffassung aus dem Grundrechtsschutz auszuscheiden sind — z. B. Vorarbeiten (S. 296), Zweckforschung (S. 301) und die Inanspruchnahme bestimmter publizistischer Mittel (S. 302). — Unter ausdrücklicher Bezugnahme auf Smend (VVDStRL Heft 4 [1928], S. 44 [67]), Walter

Immer wieder wurde in neuerer Zeit die Leistungsfähigkeit eines solchen umrißhaften Begriffes als Grundlage der Norminterpretation bezweifelt. Manche Interpreten haben es sich deshalb zur Aufgabe gemacht, die relative Abstraktionshöhe des Begriffes durch Anleihen bei heute vorherrschenden wissenschaftstheoretischen Positionen zu senken[37].

Vor allem die einem wissenschaftspluralistischen Denkansatz verbundene und darum offene Wissenschaftstheorie des kritischen Rationalismus[38] hat dazu verleitet, eine wissenschaftstheoretische Standortfixierung vorzunehmen, die für die Verfassungsinterpretation des Art. 5 Abs. 3 Satz 1 GG zu eng[39] ist, weil sie das Postulat der Falsifizierbarkeit jeder Theorie zur einzig möglichen theoretischen Ausgangsbasis wissenschaftlicher Untersuchungsweisen erhebt.

Die Festlegung auf eine bestimmte wissenschaftstheoretische Ausrichtung ist jedoch ebenso unrichtig wie die Verpflichtung der Normbegriffsanalyse auf bestimmte materiale Wissenschaftsbegriffe.

Fragwürdig erscheint es auch, zur Konstitution des verfassungsrechtlichen Wissenschaftsbegriffes das zusätzliche Bestimmungselement der kommunikativen Grundstruktur aller Wissenschaft heranzuziehen[40]. Zwar ist wissenschaftliche Lehre ihrer Natur nach auf Vermittlung von Erkenntnisinhalten angelegt. Für die Forschung ist diese Feststellung aber nur bedingt zutreffend, da schöpferisch-geistige Akte auch ohne Kommunikation existent sein können und ohne die Anknüpfung an kommunikativ ermittelte Forschungsergebnisse denkmöglich sind. Ist

---

A. E. Schmidt, Die Freiheit der Wissenschaft, S. 116, Köttgen, Deutsches Universitätsrecht, S. 111 f., und unter Betonung der kulturhistorischen Komponente des Wissenschaftsbegriffes *Thieme,* Deutsches Hochschulrecht, S. 48 f. — Eindeutig Smend verpflichtet auch BVerfGE Bd. 35, S. 79 (113); nicht zutreffend deshalb die Qualifizierung von *Avenarius,* Hochschulen und Reformgesetzgebung, S. 27, ders., in: WissR Bd. 13 (1980), S. 43 (44), welcher die Auffassung des Bundesverfassungsgerichts im 35. Band insoweit in die Kategorie technisch-formaler Begriffsbestimmung einreiht.

[37] So etwa *Watrin,* in: Ordo Bd. 23 (1972), S. 153 ff.

[38] Hierzu vgl. vor allem *Popper,* Logik der Forschung, S. 14 f., 47 ff., und *Albert,* Traktat über kritische Vernunft, S. 37 ff.

[39] In dieser Bewertung übereinstimmend *Peter Schneider,* in: DUZ 1971, S. 381 (382); *Denninger,* Das Hochschulrahmengesetz — Kernstück einer Bildungsreform?, S. 74.

[40] So *Scholz,* in: Maunz/Dürig/Herzog/Scholz, Grundgesetz, Kommentar, Bd. 1, Art. 5 Abs. 3 Rdn. 87, 101. Am letztgenannten Ort die zusammenfassende Begriffsbestimmung: „Wissenschaft heißt der autonome geistige Prozeß planmäßiger, methodischer und eigenverantwortlicher Suche nach Erkenntnissen sachbezogen-objektiver Wahrheit — sowie *kommunikativer Vermittlung solcher Erkenntnisse*" (Hervorhebung nicht im Original). — Die hier erhobene Kritik an einer bereits begrifflichen Verankerung der kommunikativen Struktur von Wissenschaft impliziert nicht, daß die Wissenschaftsfreiheit nicht aus systematischen Überlegungen in den Kreis der Kommunikationsgrundrechte eingereiht werden könnte.

diese Aussage über die kommunikative Struktur von Wissenschaft nicht normativer oder definitorischer Art, sondern als Aussage über tatsächlich so ablaufende Prozesse zu begreifen, dann muß es auch möglich sein, sie in Frage zu stellen, und d. h., daß sie nicht zu den identitätsbegründenden Strukturmerkmalen von Wissenschaft zu zählen ist.

Mit der Negation einer durchgängig kommunikativen Struktur aller Wissenschaft wird zugleich das gewichtigste Argument gegen die begrifflich notwendige Verbindung von Forschung und Lehre ins Feld geführt[41].

Daß Forschung und Lehre von der herrschenden Meinung als einzige Handlungsmodalitäten von Wissenschaft anerkannt werden, wurde schon betont. Solange Forschung und Lehre nicht auf wechselbezügliche Sinnvermittlung in der Weise angewiesen sind, daß auch die Forschung erst durch Weitergabe der Resultate an die Lehre existent wird, und nicht nur die Lehre in ihren Inhalten auf Forschungsergebnisse rekurrieren muß, ist es unzulässig, die vom Wortlaut markierte Grenze enger zu stecken, als es das Ziel umfassenden Grundrechtsschutzes gebietet.

Die erweiterte Smendsche Formel zur Bestimmung des Begriffes von Wissenschaft löst zwar die Frage nach der verfassungsrechtlichen Gewährleistung der Einheit von Forschung und Lehre nicht auf einfache Weise. Sie bildet jedoch in ihrer eigentümlichen Weite und Offenheit den beherrschenden Gesichtspunkt, unter dem mit Hilfe der weiteren Interpretationsmethoden eine konkretisierende Antwort zu suchen ist.

2. Abschnitt: Argumente aus der Systematik

Ob sich aus den Geboten der systematischen Auslegung der Gewährleistungsnorm freier Wissenschaft, Forschung und Lehre innerhalb des Ersten Abschnittes „Die Grundrechte" und innerhalb des die allgemeine Meinungsfreiheit konstituierenden Artikels Leitgedanken für das hier untersuchte Einzelproblem der Einheit von Forschung und Lehre entwickeln lassen, bildet den Gegenstand der nachfolgenden Überlegungen.

Systematische Erwägungen hat vor allem *Roellecke* angestellt[42]. Seine gegen die bislang vorherrschende Auffassung gerichtete, aufrüttelnde These lautet: Art. 5 Abs. 3 GG enthalte im Gegensatz zu Art. 142 WRV keine institutionelle Garantie.

Aus der Stellung des Art. 5 Abs. 3 GG im Abschnitt „Die Grundrechte" im Vergleich zur Weimarer Reichsverfassung, deren Art. 142 den Vier-

[41] Dies ist vor allem der Auffassung von *Wussow*, in: WissR Bd. 13 (1980), S. 1 (6), entgegenzuhalten.

[42] In: JZ 1969, S. 726 ff.

ten Abschnitt betreffend „Bildung und Schule" einleitete, könne man zweifelsfrei folgern, daß der Verfassunggeber die institutionelle Ausprägung der Wissenschaftsfreiheit, wie sie die Rechtslehre der Weimarer Zeit schließlich einhellig befürwortete, nicht übernommen hätte. In dieser Bewertung werde man bestätigt durch das Fehlen einer dem Satz 2 des Art. 142 WRV entsprechenden Bestimmung, der ausdrücklich die Pflicht des Staates zu Schutz und Pflege der Wissenschaft statuierte.

Träfen diese aus der Systematik der Vorschrift mitherangezogenen Argumente[43] zu, wäre die einen wesentlichen Teil der vorliegenden Untersuchung betreffende Frage nach den Auswirkungen des Grundrechts der Wissenschaftsfreiheit für die Organisation der wissenschaftlichen Hochschule und insbesondere die Frage nach den möglichen Ausstrahlungswirkungen des Grundrechts in bezug auf eine institutionell-organisatorische Verknüpfung von Forschung und Lehre zumindest aus dem Gesichtspunkt der grundrechtlichen systematischen Zusammenhänge einwandfrei negativ zu beantworten. Deshalb ist ein kurzes Referat der von Roellecke des weiteren vorgetragenen Argumente angezeigt und berechtigt.

Roellecke betont die systematische Einordnung der Wissenschaftsfreiheit im Artikel über die Meinungsfreiheit, um daraus die Wissenschaftsfreiheit als Unterfall der allgemeinen Meinungsfreiheit zu begründen, ein Resultat, das man mit einem Seitenblick auf außerdeutsche Verfassungen zu belegen versucht sein könnte, die ein besonderes Grundrecht der Wissenschaftsfreiheit auf Grund abweichender Verfassungstraditionen nicht vorzuweisen vermögen[44]. Wäre das Grundrecht der Wissenschaftsfreiheit aber ein Teil der Meinungsfreiheit, würde es als Individualfreiheitsrecht wegen der Positivierung der allgemeinen Meinungsfreiheit in Art. 5 Abs. 1 Satz 1 GG leerlaufen. Diese Konsequenz seiner Auslegung vermeidet Roellecke, indem er Art. 5 Abs. 3 GG zum Sondergrundrecht für alle im staatlichen Kulturbetrieb Beschäftigten deklariert[45], um auszuschließen, daß dieser Personenkreis auf Grund des beamtenrechtlichen Dienst- und Treueverhältnisses bzw. des arbeitsrechtlichen Direktionsrechts angewiesen werden kann, welche Meinung dienstlich in wissenschaftlichen und künstlerischen Angelegenheiten zu vertreten ist. Für Wissenschaftler und Kunstschaffende außerhalb der staatlichen Einrichtungen genüge der Schutz des Art. 5 Abs. 1 Satz 1 GG, im übrigen seien die Kommunikationsbedürfnisse der Künstler und

---

[43] Zur Begründung aus der Entstehungsgeschichte vgl. ebenfalls *Roellecke*, in: JZ 1969, S. 726 ff.

[44] Eine Ausnahme bildet Art. 17 des österreichischen Staatsgrundgesetzes (RGBl. 1867/142), der nach dem Vorbild des § 152 der Frankfurter Reichsverfassung geschaffen wurde. Dessen Absatz 1 lautet: „Die Wissenschaft und ihre Lehre ist frei."

[45] In: JZ 1969, S. 726 (733).

Wissenschaftler durch die Pressefreiheit (Art. 5 Abs. 1 Satz 2 GG) hinreichend abgeschirmt[46].

Im Ausgangspunkt ist Roellecke zuzustimmen.

Wissenschaftsfreiheit und allgemeine Meinungsfreiheit sind verwandte Grundrechtsverbürgungen, die der großen Familie der geistigen Ausdrucksfreiheiten angehören und deshalb trotz aller Selbständigkeit inhaltlich aufeinander abgestimmt bleiben müssen[47].

Für die Freiheit der Lehre ist der innere Zusammenhang zur freien Gedankenäußerung besonders deutlich, weil die Weitergabe von Wissen und dessen kritische Beurteilung traditionsgemäß im mündlichen Vortrag, durch Verkündung und in offener Diskussion erfolgte, sich also von allgemeiner Meinungsäußerung nur durch die Art der mitgeteilten Inhalte abhob und abhebt.

Aber auch im Grundrecht der Forschungsfreiheit treten die Bezüge zur freien Meinungsäußerung klar hervor. Zu den wesentlichsten Ausübungsbedingungen der Forschung in allen Disziplinen gehören die unbegrenzten Erfassungsmöglichkeiten wissenschaftlicher Daten und freie wissenschaftliche Kommunikation unter Fachkollegen, um dem einzelnen Wissenschaftler eine kritische Gesamtschau der gesellschaftlichen Wirklichkeit zu eröffnen, Fortschritte in der Erkenntnis herbeizuführen und kostenintensive Doppelspurigkeit der Forschung weitestgehend auszuschließen.

Zutreffend ist auch die Auffassung Roelleckes, daß Wissenschaft und Kunst dank besonderer historischer Entwicklungen in Deutschland in staatlichen Einrichtungen betrieben werden.

Gleichwohl erheben sich gegen Roelleckes jede institutionelle Verbürgung zurückweisende Interpretation Bedenken. Wortlaut des Art. 5 Abs. 3 GG und systematischer Zusammenhang von Wissenschaftsfreiheit und Meinungsfreiheit verlangen nicht nach einer Auslegung, die gedanklich und geschichtlich zusammengehörige Gewährungen trennt. Der Wortlaut des Art. 5 Abs. 3 Satz 1 GG bestimmt zum Gegenstand grundrechtlichen Schutzes u. a. den bestimmten Lebensbereich Wissenschaft und differenziert nicht zwischen den in der Universität Forschenden und Lehrenden und den übrigen Wissenschaftlern.

Daß Art. 5 Abs. 1 Satz 2 GG die Freiheit bestimmter Organisationen, eben der Massenmedien, gewährleistet, gesteht Roellecke zu; daß hinter dieser institutionellen Sicherung die generelle Notwendigkeit zum Vorschein kommt, auch freie Wissenschaft durch staatliche Vorsorge und Institutionalisierung erst zu ermöglichen und aus dem Grundrecht ver-

---

[46] S. 733 FN 2.

[47] So auch *Scheuner*, in: VVDStRL Heft 22 (1965), S. 1 (12).

fassungsrechtliche Grenzen und Bindungen für die Organisation der wissenschaftlichen Hochschulen abzuleiten, will er indessen nicht gelten lassen[48].

Ein weiterer tragender Gesichtspunkt gegen Roelleckes Interpretation liegt in der Unterschiedlichkeit der Schranken. Wenn das Grundrecht der Wissenschaftsfreiheit keinen anderen Sinn hat als den der Gleichstellung der im Staatsdienst wissenschaftlich und künstlerisch Tätigen mit den sonstigen Bürgern, was den Grundrechtsschutz der allgemeinen Meinungsfreiheit anbelangt, bleibt unbegreiflich, warum die gleiche Tätigkeit bei Staatsbediensteten lediglich den Schranken des Art. 5 Abs. 3 Satz 2 GG, bei den übrigen Wissenschaftlern und Künstlern hingegen den Schranken des allgemeinen Gesetzes gem. Art. 5 Abs. 2 GG unterliegen sollte.

Auch bei einer den Systemzusammenhang des Grundgesetzes berücksichtigenden Betrachtungsweise muß Roelleckes Beschränkung des Grundrechtsinhaltes auf ein Individualgrundrecht für Staatsbedienstete deshalb eine Anerkennung versagt werden. Obgleich mit ihm die den Ersten Abschnitt des Grundgesetzes kennzeichnende Überschrift „Die Grundrechte" dahingehend auszulegen ist, die folgenden Bestimmungen würden in der Tat Grundrechte normieren, ist die weitere Schlußfolgerung, damit seien inzidenter für jede einzelne Gewährleistung institutionelle Verbürgungen präkludiert, nicht zwingend.

Ähnliches gilt auch für den Gedanken, aus der Einheit der Rechtsordnung insgesamt Aufschlüsse für die Interpretation des Art. 5 Abs. 3 Satz 1 GG zu erzielen. So läßt sich die Tatsache, daß einige Bundesländer in ihren Verfassungen den Hochschulen ein Selbstverwaltungsrecht garantieren[49], zur Begründung des ausschließlich individualrechtlichen Charakters des Art. 5 Abs. 3 Satz 1 GG heranziehen[50], aber auch tendenziell umgekehrt als Argument dafür verwerten, daß „in der übergeordneten Vorschrift von Art. 5 Abs. 3 des Bonner Grundgesetzes alles beschlossen liege"[51], demnach gerade die institutionalisierte Form

---

48 In: JZ 1969, S. 726 (727).

49 Vgl. Art. 12 und Art. 30 der badVerf. vom 19. Mai 1947; Art. 108 und Art. 138 der bayVerf. vom 2. Dezember 1946; Art. 11 und Art. 34 der breVerf. vom 21. Oktober 1947; Art. 10 und Art. 60 der heVerf. vom 11. Dezember 1946; Art. 9 und Art. 39 der rpVerf. vom 18. Mai 1947; Art. 12 und Art. 40 der wü-badVerf. vom 28. November 1946; Art. 10 und Art. 116 der wü-hzVerf. vom 20. Mai 1947; Art. 16 Abs. 1 nwVerf. vom 28. Juni 1950. Die Verfassungen von Baden, Württemberg-Baden und Württemberg-Hohenzollern sind abgedruckt bei *Wegener* (Hrsg.), Die neuen Verfassungen, S. 260 ff., rsp. S. 101 ff., rsp. S. 281 ff.

50 Vgl. *Roellecke*, in: JZ 1969, S. 726 (728): „Denn sie (das sind: die Länder) haben die Selbstverwaltung *neben* der Wissenschaftsfreiheit garantiert und die Wissenschaftsfreiheit den individuell-persönlichen Grundrechten zugeordnet."

akademischer Selbstverwaltung sachbezogene Ausprägung freier Wissenschaft gem. Art. 5 Abs. 3 Satz 1 GG ist.

Eine auf die Interpretationsmaxime des systematischen Regelungszusammenhanges des Art. 5 Abs. 3 Satz 1 GG zu den ihn umgebenden Bestimmungen und zur Verfassung im ganzen tatsächlich begrenzte Ausdeutung muß sich ehrlicherweise die Unmöglichkeit eingestehen, das grundsätzliche Problem institutioneller „Umhegung" des Individualgrundrechts zu klären[52].

Ein gewisses Mindestmaß an interpretativer Aufhellung des individualrechtlichen Grundrechtsgehaltes der Wissenschaftsfreiheit vermag die systematische Betrachtung indessen durchaus zu liefern.

Zunächst ist die Regelung des Art. 5 Abs. 3 Satz 2 GG insofern aussagekräftig, als das Grundrecht der Lehrfreiheit, dessen verfassungsrechtliche Begrenzung Art. 5 Abs. 3 Satz 2 GG vorsieht, den Bereich der wissenschaftlichen, forschungsbezogenen Hochschullehre betreffen kann. Die Normierung einer besonderen Verfassungstreue deutet nämlich auf im übrigen fehlende staatliche Beeinflussungsmöglichkeiten hin, den Gegenstand der Lehre im Sinne des Art. 5 Abs. 3 Satz 1 GG unabhängig vom Vortragenden generell oder für den Einzelfall im voraus festzulegen[53]. Diese Situation markiert den prinzipiellen Unterschied zwischen wissenschaftlicher Lehre und dem Unterricht an Schulen mit einem extensiver Planung und Vorherbestimmung der vermittelten Inhalte unterworfenen Lehrstoff, wie er sich aus Rahmenrichtlinien und Lehrplänen ergibt.

Für diese Auslegung spricht ein zweites, aus der Systematik der Grundrechte abgeleitetes Kriterium.

Die Tatsache, daß das Verhältnis von Staat, Eltern und Schule in Art. 7 GG nicht im unmittelbaren Anschluß an das Grundrecht der Wissenschaftsfreiheit seine grundgesetzliche Konkretisierung erfahren hat, wirkt sich auf die Auslegung des Art. 5 Abs. 3 Satz 1 GG dahingehend aus, daß eine sachliche Gleichbehandlung von Lehrern und Hochschullehrern, wie sie gelegentlich im Hinblick auf die Gewährleistung des Grundrechts der Lehrfreiheit behauptet wird, keine unmittelbare Evidenz besitzt.

---

[51] So *Werner Weber*, Die Rechtsstellung des deutschen Hochschullehrers, S. 27; sinngemäß auch *Thieme*, Deutsches Hochschulrecht, S. 72.

[52] In methodischer Hinsicht daher nicht bedenkenfrei die Ausführungen *Schrödters*, Die Wissenschaftsfreiheit des Beamten, S. 51 f., der unter der Rubrik systematischer Argumentation historische Betrachtungen zum Grundrechtsinhalt der Wissenschaftsfreiheit anstellt.

[53] In dieser Richtung sehr weitgehend *Geck*, in: VVDStRL Heft 27 (1969), S. 143 (161).

Für die Beantwortung der Frage nach einer wesensmäßigen Verbindung von Forschung und Lehre an der wissenschaftlichen Hochschule ergeben sich indessen aus der systematischen Stellung des Art. 5 Abs. 3 GG keine weiterführenden Argumente.

3. Abschnitt: Der geschichtliche Bezugsrahmen der Formulierung des Art. 5 Abs. 3 Satz 1 GG

Zur Ermittlung des Sinngehaltes des Art. 5 Abs. 3 Satz 1 GG bietet sich ein Rückgriff auf Normvorläufer und deren Interpretationen sowie die Heranziehung der Entstehungsgeschichte des Grundgesetzes an um festzustellen, ob die Schöpfer des Grundgesetzes mit der gewählten Formulierung das „vorverfassungsmäßige Gesamtbild“[54] durch einen entsprechenden Willensentschluß in das Verfassungsrecht aufgenommen haben. In diesem Rahmen haben die Überlegungen besonders der Frage zu gelten, ob die Einheit von Forschung und Lehre, sei es als notwendiger Wesensbestandteil des individuellen Grundrechts der Forschung oder der Lehre, oder als organisatorische Gewährleistung der idealistischen Universitätsidee, oder sei es von beidem, in den Schutzbereich der Norm des Art . 5 Abs. 3 Satz 1 GG einzubeziehen ist.

I. Die Genese der Vorschrift

Daß es sich bei dem Grundrecht der Wissenschaftsfreiheit nicht um ein verfassungsrechtliches Novum handelt, zeigt bereits — ohne nähere Berücksichtigung der historischen Entwicklung — der Wortlaut des Art. 142 Satz 1 WRV, der folgendermaßen lautete:

„Die Kunst, die Wissenschaft und ihre Lehre sind frei[55].“

1. Der Verfassungsentwurf des Konventes

Art. 15 Abs. 1 des Herrenchiemseer Entwurfes stimmte mit Art. 142 Satz 1 WRV vollständig überein[56].

---

[54] Zu diesem Begriff vgl. *Schick*, in: AöR Bd. 94 (1969), S. 353 (356) m. w. N.

[55] Diese Bestimmung soll zwar in ihrem Bedeutungsgehalt erst im Rahmen der historischen Betrachtung aufgeschlüsselt werden. Die Anknüpfung aller Textfassungen des Grundgesetzes an sie setzt jedoch die Kenntnis ihres genauen Wortlautes bereits an dieser Stelle voraus. — Satz 2 des Art. 142 WRV lautete: „Der Staat gewährt ihnen Schutz und nimmt an ihrer Pflege teil.“

[56] Vgl. *Matz*, in: JöR N. F. Bd. 1 (1951), S. 89; Art. 15 Abs. 2 lautete: „Zum Schutz des menschlichen Zusammenlebens kann durch Gesetz die Benutzung wissenschaftlicher Erfindungen und technischer Einrichtungen unter staatliche Aufsicht gestellt, beschränkt oder untersagt werden.“

2. *Die Beratungen im Parlamentarischen Rat*

Auf diese Formulierung aufbauend, lautete die vom Grundsatzausschuß als Art. 10 Abs. 1 angenommene Fassung

„Die Kunst, Wissenschaft und Forschung und ihre Lehre sind frei[57]“, die abgesehen von der Weglassung des bestimmten Artikels[58] und des Wortes „ihre“[59] und der Einfügung des Wortes „und“ zwischen Kunst und Wissenschaft[60] unverändert in den endgültigen Entwurf aufgenommen wurde.

Aus den auf den ersten Blick reaktionell anmutenden, sukzessive und ohne Aussprache vorgenommenen Änderungen lassen sich nur wenige interpretative Schlußfolgerungen ableiten:

Als ein Anzeichen der gegenständlichen Erweiterung des Geltungsbereiches der Vorschrift könnte die Aufnahme des Begriffes „Forschung“ in den Normtext zu werten sein, wovon *Knemeyer,* wie schon erwähnt, unter Hinweis auf die Formulierungen aller Normvorläufer des Grundgesetzes offenbar ausgeht[61]. Hiergegen spricht aber, daß schon zur Zeit der Geltung der Weimarer Reichsverfassung Wissenschaft als Ausdruck der freien Forschung[62] begriffen, das Grundrecht also auch ohne ausdrückliche Erwähnung der Forschung nicht auf den Schutz wissenschaftlicher Lehre beschränkt wurde. Der Ansicht, das Grundrecht der Wissenschaftsfreiheit habe allein durch die Aufnahme des Begriffes „Forschung“ einen Bedeutungswandel erfahren, kann daher nicht zugestimmt werden.

Die ausdrückliche verfassungsmäßige Verbürgung freier Forschung braucht deshalb keineswegs als überflüssig beiseite gerückt zu werden. Sie ist möglicherweise zur wünschenswerten Klarstellung erfolgt, daß

---

[57] 6. Sitzung vom 5. Oktober 1948, vgl. *Matz,* ebd.

[58] In erster Lesung des Hauptausschusses, vgl. Parlamentarischer Rat, Verhandlungen des Hauptausschusses, 17. Sitzung vom 3. Dezember 1948, Drs. 378, S. 210.

[59] Auf Vorschlag des Fünferausschusses in dritter Lesung des Hauptausschusses, vgl. Parlamentarischer Rat, Verhandlungen des Hauptausschusses, 47. Sitzung vom 8. Februar 1949, Drs. 612, S. 614 f. Bei der Weglassung des Wortes „ihre“ handelt es sich offenbar um ein Versehen, da der Fünferausschuß bezüglich des Art. 7 Abs. 1 eine Abstimmung entsprechend der zweiten Lesung des Hauptausschusses empfahl, in der das Wort „ihre“ vor dem Wort „Lehre“ im Text enthalten war. Die Frage läßt sich nicht klären, weil über die Beratungen des Fünferausschusses keine Niederschriften vorliegen.

[60] Auf Vorschlag des Fünferausschusses für die dritte Lesung des Hauptausschusses, vgl. Parlamentarischer Rat, Verhandlungen des Hauptausschusses, 47. Sitzung vom 8. Februar 1949, Drs. 543, S. 615.

[61] Vgl. dens. in: JZ 1969, S. 780 (782 FN 19).

[62] *Anschütz,* Art. 142 WRV Anm. 3, S. 660, 14. Aufl. 1933; *Stier-Somlo,* in: AöR Bd. 54 (1928), S. 360 (386 f.); *Walter A. E. Schmidt,* Die Freiheit der Wissenschaft, S. 112 f.

der Schutzbereich der Norm Forschung neben Lehre gleichgewichtig umfaßt, um einer Überschätzung der inhaltlichen Bedeutung der Lehre entgegenzuwirken — eine Gefahr, die angesichts der Konzentration der wissenschaftlichen Auseinandersetzungen auf Fragen der Lehrfreiheit gegen Ende der Weimarer Republik[63] nicht gänzlich von der Hand zu weisen war.

Ein Vergleich der verschiedenen Textvarianten, die Art. 5 Abs. 3 Satz 1 GG im Laufe des Entstehungsprozesses erhalten hat, läßt deutlich erkennen, daß die Freiheit der Lehre einen sprachlichen — und daraus abzuleiten — auch einen inhaltlichen Bezug zu Wissenschaft rsp. zu Forschung vorzuweisen hat. Umgekehrt kann man nämlich nicht sagen, daß der Wegfall des Wortes „ihre" vor dem Wort „Lehre" ohne jegliche Diskussion von einer so grundlegenden Natur gewesen wäre, daß diese Tatsache den Schluß nahelegen würde, die durch die ursprüngliche sprachliche Gestalt eindeutig bezeichnete Verknüpfung der Lehre mit der Forschung sei nunmehr aufgehoben[64].

Die vorstehenden Ausführungen könnten berechtigter Kritik ausgesetzt sein, wenn allein aus der gleichgebliebenen Verwendung der überkommenen Begriffe der Fortbestand der durch diese Begriffe vermittelten Inhalte gefolgert würde. Mit den Vorstellungen des Verfunggebers im Einklang ist jedoch eine Interpretation, die bei im wesentlichen gleichbleibendem Wortlaut davon ausgeht, daß „die alten gleichen und unveräußerlichen Freiheitsrechte hier für unsere Zeit neu formuliert werden"[65], und sich für eine Tendenz zur Anknüpfung an den überkommenen Bestand aus der Entstehungsgeschichte selbst weitere Indizien in dieser Richtung finden lassen[66].

Trotz aller Dürftigkeit der Materialien zeigt doch die Schwerpunktbildung der im Parlamentarischen Rat geführten Diskussionen, bis zu

[63] Vgl. dazu im einzelnen unten Teil I 3. Abschn. II. 4.

[64] Wenn nicht gar ein Versehen vorliegt, Teil I FN 59.

[65] Abgeordneter von Mangoldt anläßlich der zweiten Lesung des Art. 1 im Grundsatzausschuß, vgl. *Matz*, in: JöR N. F. Bd. 1 (1951), S. 50 f. Er fährt fort: „Weil es sich danach um die Formulierung dieser alten Sätze handelt, sind sie auslegungsfähig in dem Sinne, in dem sie in der Vergangenheit gewachsen sind ... Und soweit die bisherige Auslegung der Grundrechte im Wandel der Zeit dem nicht mehr entspricht, läßt sie sich immer umgestalten."

[66] Ein eklatantes Beispiel für einen rigorosen Bedeutungswandel grundgesetzlicher Bestimmungen bei Identität des Wortlautes im Verhältnis zu Artikeln der Weimarer Reichsverfassung — vgl. Art. 140 GG, der die Art. 136, 137, 138, 139 und 141 WRV inkorporiert — bietet die im Staatskirchenrecht vertretene Koordinationslehre zur Bestimmung des Verhältnisses zwischen Staat und Kirchen, als deren wichtigste Vertreter *Smend*, in: ZevKiR Bd. 1 (1951), S. 4 ff., *Heckel*, in: Um Recht und Gerechtigkeit, Festgabe für Erich Kaufmann, S. 83 ff., *Konrad Hesse*, Der Rechtsschutz durch staatliche Gerichte, passim, und *Werner Weber*, VVDStRL Heft 11 (1953), S. 153 ff., erwähnenswert sind.

welchem Grade die Frage nach der Reichweite des Grundrechts innerhalb der wissenschaftlichen Hochschule und nach dem dortigen Zusammenhang von Forschung und Lehre ein zentrales Anliegen darstellte.

Ein fast leidenschaftlich zu nennender Kampf entbrannte nämlich um die Einführung der später so bezeichneten Treueklausel, die den Konflikt zwischen dem Interesse der Freiheit der Lehre und dem der demokratischen Staatsräson[67] entscheiden sollte und ihn dann schließlich durch die Aufnahme des Satzes 2 des Art. 5 Abs. 3 GG im Sinne der Beschränkung der Lehrfreiheit entschieden hat[68]. Verteidigern wie Gegnern der Treueklausel war bei den Erörterungen stets die Einsicht lebendig geblieben, daß die Wirkungen, die man sich von der Verpflichtung der Lehre zur Verfassungstreue versprach — wurden sie nun positiv oder negativ betrachtet — den Bereich der akademischen Lehre treffen mußten. Ganz deutlich ist das dem bildhaften Ausdruck des Abgeordneten *Schmid* zu entnehmen, der eindringlich davor warnte, daß „unter dem Vorwand einer *wissenschaftlichen* Kritik ein Mann *auf dem Katheder* nichts anderes treibt als hinterhältige Politik, um auf diese Weise „die Republik *wissenschaftlich*[69] zu unterlaufen"[70]. In mehr oder minder stark bewußter Übereinstimmung erscheint den Abgeordneten des Parlamentarischen Rates demnach die Geltung des Grundrechts der Lehrfreiheit an der wissenschaftlichen Hochschule und der wissenschaftliche Charakter dieser Lehre, die Herkunft der dort vermittelten Inhalte aus der Wissenschaft, als eine Selbstverständlichkeit. Da die Debatte in dieser Hinsicht keine grundsätzlichen Meinungsverschiedenheiten zutage förderte und einzig die Frage zum Gegenstand hatte, ob die Treueklausel die (in ihrer Geltung vorausgesetzte) Lehrfreiheit nicht in bedenklicher Weise beeinträchtigen würde, muß davon ausgegangen werden, daß an den gegen Ende der Weimarer Republik vorgefundenen Rechtszustand in bezug auf den grundsätzlich gewährleisteten grundrechtlichen Schutz der wissenschaftlichen Betätigung an der wissenschaftlichen Hochschule angeknüpft werden sollte.

---

[67] So die pointierte Gegenüberstellung bei *Thoma*, Die Lehrfreiheit der Hochschullehrer, S. 24.

[68] Das wechselvolle Schicksal der Treueklausel wird ausführlich beschrieben von *Matz*, in: JöR N. F. Bd. 1 (1951), S. 89 ff., dgl. von *Thoma*, einem entschiedenen Gegner der Treueklausel, vgl. dens. S. 22 ff., und s. ferner die detaillierte Zusammenstellung der zahlreichen kritischen Stimmen bei *Klein*, in: von Mangoldt/Klein, Das Bonner Grundgesetz, Bd. 1, Art. 5 Anm. X. 6. k), S. 263, von denen in besonderem Maße *Friesenhahns* Darlegungen in: Recht-Staat-Wirtschaft, Bd. 3 (1951), S. 57 ff., Beachtung verdienen.

[69] Wortführer waren die Abgeordneten Schmid und Bergsträsser (beide SPD), vgl. *Matz*, in: JöR N. F. Bd. 1 (1951), S. 89 f. und 92.

[70] Hier ist vor allem der Abgeordnete Heuß (FDP) zu nennen, der es für unerträglich hielt, „eine Mißtrauensaktion gegen einen einzigen Beruf verfassungsmäßig zu verankern", vgl. wiederum *Matz*, in: JöR N. F. Bd. 1 (1951), S. 92; dgl. *Thomas* „kritische Würdigung", referiert bei *Matz*, in: JöR N. F. Bd. 1 (1951), S. 89.

Der bei geringfügigen Änderungen mit Art. 142 Satz 1 WRV übereinstimmende Art. 5 Abs. 3 Satz 1 GG und im besonderen die aus der deutschen Hochschultradition entlehnten Begriffe „Forschung" und „Lehre" deuten auf ein grundsätzlich herrschendes Einverständnis hin, über die in Satz 2 erfolgte Beschränkung der Lehrfreiheit hinaus keine Veränderungen im überkommenen, durch die Staatsrechtslehre der Weimarer Republik näher erschlossenen Bedeutungsgehalt des Grundrechts der Wissenschaftsfreiheit herbeizuführen[71].

Über diese zugegebenermaßen nicht allzu ertragreiche Feststellung hinaus läßt die Entstehungsgeschichte keine gesicherten Schlußfolgerungen über den verfassungsrechtlichen Schutz der Einheit von Forschung und Lehre als Organisationsprinzip der wissenschaftlichen Hochschule zu.

II. Entwicklungslinien des Freiheitsschutzes für Wissenschaft bis in die Weimarer Zeit

Angesichts fehlender Debatten zum Thema der verfassungsrechtlichen Gewährleistung von Forschung und Lehre im Parlamentarischen Rat konzentriert sich das Interesse um so stärker auf die Frage, ob diese Zurückhaltung nicht einer allgemein geläufigen Grundübereinstimmung Ausdruck verleiht, die die Verbindung der Forschung zur akademischen Lehre zum selbstverständlichen, daher nicht mehr diskussionswürdigen Inhalt des Individualgrundrechts akademischer Lehrfreiheit rechnet und insofern zugleich die institutionelle Absicherung des traditionsgebundenen Typus der deutschen Universität durch Art. 5 Abs. 3 Satz 1 GG bedeutet.

Zu diesem Zwecke müßte sich im folgenden der Nachweis führen lassen, daß die historische Entwicklung tatsächlich im Sinne der Verwirklichung der Einheit von Forschung und Lehre, wie sie schon oben in der Einleitung umschrieben wurde, verlaufen ist. Auch in der rechtlichen Überzeugung müßte diese Gestaltungsform in allen wesentlichen Ausstrahlungen von der grundrechtlichen Garantie der Wissenschaftsfreiheit mit umschlossen sein. Allein unter diesen Voraussetzungen könnte die historische Entwicklung einen positiven Anhaltspunkt für

---

[71] a. A *Roellecke*, in: VVDStRL Heft 27 (1969), Diskussionsbeitrag S. 211 f., und ders. in: JZ 1969, S. 726 (728); gegen ihn mit jeweils unterschiedlichen Begründungen *Knemeyer*, in: JZ 1969, S. 780 ff.; *Rupp*, in: JZ 1970, S. 165 ff.; *Ingo Richter*, Bildungsverfassungsrecht, S. 171. — Die weiterführende Frage, ob Art. 5 Abs. 3 GG als institutionelle Garantie der Wissenschaftsfreiheit, der wissenschaftlichen Hochschule oder der akademischen Selbstverwaltung aufzufassen ist, wird hingegen nicht schon durch die in der Tat wenig aufschlußreiche Entstehungsgeschichte entschieden. — In der Ablehnung einer institutionellen Garantie mit Roellecke übereinstimmend, allerdings ohne nähere Begründung, bereits *Wernicke*, in: Kommentar zum Bonner Grundgesetz, Bd. 1, Art. 5 Anm. II. 3. a).

die Ausdeutung des Grundrechts in Richtung auf die verfassungsrechtliche Gewährleistung der Einheit von Forschung und Lehre bieten.

1. Das idealistische Wissenschaftsverständnis

In den Begründungen der Einheit von Forschung und Lehre ist die Berufung auf das idealistische Bild der Wissenschaft besonders auffällig. Für die notwendige Verknüpfung von Forschung und Lehre in der Person des Lehrenden, aber auch für eine institutionelle Verwirklichungsweise der Einheit von Forschung und Lehre an der wissenschaftlichen Hochschule, scheint es eine andere Herleitung als die aus dem Deutschen Idealismus bis in die Gegenwart kaum zu geben[72]. Es sei daher gestattet, etwas weiter auszuholen und die Beziehung dieser Wissenschaftsauffassung zur Garantie freier Wissenschaft eingehender darzulegen.

Die Denker des Deutschen Idealismus werden ungeachtet ihrer tiefen Verschiedenheiten, ja ihrer bewußten Gegensätze, zu einer einheitlichen Gruppe zusammengeschlossen, deren gemeinsames Ziel die Schaffung eines umfassenden, streng einheitlichen, auf letzten unumstößlichen Grundlagen basierenden Systems der Philosophie ist[73]. Dieser geschlossene Einheitsaspekt des Ganzen wird auf das Verständnis sämtlicher Wissenschaften übertragen. Bei aller Unterschiedlichkeit der Systementwürfe werden die einzelnen Wissenschaften durchgängig nicht als faktische Gegebenheiten hingenommen, sondern als Ausformungen einer allgemeinen Idee oder eines geschlossenen Systems verstanden, das durch menschliche Geistesleistungen konstituiert wird. Der Glaube, daß ein solches ideales System erkennbar sei, ist ihnen allen gemeinsam.

Bei der Vermittlung aller wissenschaftlichen Inhalte steht deshalb der Gedanke im Vordergrund, in der Darstellung des Besonderen das Allgemeine, die philosophische Grundidee, zu veranschaulichen. Besonders deutlich wird dies bei *Schelling:* „Da alles Wissen nur eines ist, und jede Art desselben nur als Glied eintritt in den Organismus des Ganzen, sind alle Wissenschaften und Arten des Wissens Theile der Einen Philosophie, nämlich des Strebens, an dem Urwissen theilzunehmen[74].“

---

[72] Für die Vergangenheit sei bereits an dieser Stelle beispielhaft verwiesen auf die entsprechenden Begründungen *Smends,* in: VVDStRL Heft 4 (1928), S. 44 (59 ff.), für die Gegenwart vgl. statt vieler *Schelsky,* Einsamkeit und Freiheit, S. 54, 76.

[73] Vgl. *Nicolai Hartmann,* Die Philosophie des deutschen Idealismus, 1. Teil, S. 1 f.

[74] Werke, 3. Hauptbd., S. 229 (240), Vorlesungen über die Methode des akademischen Studiums. Ähnlich *Fichte,* Sämmtliche Werke, Bd. 8, S. 184 f.: „Todt

Die systematische Durchdringung aller Wissenschaften durch die Philosophie bestimmt die volle Tragweite dieser Denktradition[75]. Sie rechtfertigt es, die Organisation der Universität bis in die Details der Gestaltung des universitären Unterrichtes hinein, in mehr oder weniger ausgeprägter Weise den Notwendigkeiten philosophischen Schaffens anzupassen.

Da *Schelling, Fichte, Schleiermacher* und vor allem *Wilhelm von Humboldt* in ihren Schriften die empirisch-praktischen Folgen ihrer Ideen für Struktur und Organisation der Universität selbst mitbedacht haben[76], genügt an dieser Stelle die Wiedergabe ihrer Thesen. Ihre Einbindung in das philosophische System des jeweiligen Autors ergibt sich aus der Authentizität der Aussage.

Reformziel ist die Umgestaltung der Universität zu einer allgemeinen Bildungsanstalt, in der nicht länger gelehrtes Fachwissen auf dem jeweiligen Status quo vermittelt wird.

Diese neue Ortsbestimmung der Universität bildet den Kern aller Erneuerungsversuche im 19. Jahrhundert. Sie wird ermöglicht durch ein die Unterschiede von Theorie und Praxis transzendierendes Verständnis von Wissenschaft, das die ungestörte philosophische Reflexion als geeignetes Mittel zum Zwecke allgemeiner Menschenbildung begreift. Mit der Herausbildung philosophischer Einsicht in das Ganze des Wissens und der Wissenschaften wird unmittelbar, d. h. ohne vorhergehende Kenntnis der Fachwissenschaften, ein Repertoire an sittlich

---

ist ein wissenschaftlicher Stoff, so lange er einzeln und ohne sichtbares Band mit einem Ganzen des Wissens dasteht und lediglich dem Gedächtnisse, in Hoffnung eines künftigen Gebrauches, anheimgegeben wird. Belebt und organisirt wird er, wenn er mit einem andern verknüpft, und so zu einem unentbehrlichen Theile eines entdeckten grösseren Ganzen wird."

[75] In der 1798 erschienenen Schrift „Der Streit der Fakultäten" (vgl. Werke, Bd. 7, S. 1 ff.) plädierte schon *Kant* für die Vorrangstellung der philosophischen, unteren Fakultät im Verhältnis zu den oberen Fakultäten — Theologie, Jurisprudenz und Medizin. Ihr allein sei unbedingte Freiheit der Wissenschaft einzuräumen: „Es muß zum gelehrten gemeinen Wesen durchaus auf der Universität noch eine Fakultät geben, die in Ansehung ihrer Lehren vom Befehle der Regierung unabhängig, keine Befehle zu geben, aber doch alle zu beurtheilen die Freiheit habe, die mit dem wissenschaftlichen Interesse, d. i. mit dem der Wahrheit zu thun hat, wo die Vernunft öffentlich zu sprechen berechtigt sein muß; weil ohne eine solche die Wahrheit (zum Schaden der Regierung selbst) nicht an den Tag kommen würde." (Werke, Bd. 7, S. 19 f.).

[76] Als die fünf Grundschriften der deutschen Universität werden im allgemeinen die folgenden Werke bezeichnet: *Fichte*, Deducirter Plan einer zu Berlin zu errichtenden höhern Lehranstalt; *von Humboldt*, Über die innere und äußere Organisation der höheren wissenschaftlichen Anstalten in Berlin; *Schleiermacher*, Gelegentliche Gedanken über Universitäten im deutschen Sinn; *Schelling*, Vorlesungen über die Methode des akademischen Studiums; *Steffens*, Vorlesungen über die Idee der Universitäten. — Sie sind bei *Anrich* (Hrsg.), Die Idee der deutschen Universität, abgedruckt.

vollkommenen Handlungsmöglichkeiten angelegt, die das ganze spätere Leben bestimmen und die ohne intensive Einübung in philosophisches Denken nur durch lebenslange Ansammlung von eigenen Erfahrungen zu erreichen wären[77]. Diese Ideen durchziehen wie ein roter Faden die Vorstellungen der zuvor genannten Universitätsreformer und reifen bei Wilhelm von Humboldt zu einer allgemeinen Bildungstheorie heran[78].

Es leuchtet ein, daß die Umsetzung eines solchen — Wissen und Handeln versöhnenden — Bildungsentwurfes in die Praxis auf das prinzipielle Einverständnis des Staates treffen mußte. Denn der durch die Beschäftigung mit philosophischer Wissenschaft nicht nur in seiner Intellektualität, sondern auch in der Ausbildung seiner sittlichen Kräfte vervollkommnete Mensch ist dann auch der beste Staatsdiener, weil Denken und Handeln von einem Punkt aus geleitet werden, der jenseits empirischer Zweckbestimmung liegt[79].

Mit der Annahme, der übereinstimmenden idealistischen Wissenschaftskonzeption müßten identische Organisationsmodelle für die Gestaltung der Universität entsprechen, würde man jedoch dem Ideenreichtum der damaligen Universitätsreformer nicht gerecht. Ein wesentliches Moment entspricht freilich allgemeiner Überzeugung: Daß geistreiche und in lebendiger Anschauung betriebene Wissenschaft abhängig ist vom schöpferischen Tun des einzelnen Wissenschaftlers, für das es keinen Ersatz gibt.

Über die Frage, an welchem Ort und in welcher Art und Weise philosophische Forschung und Lehre betrieben werden sollen, gehen die Auffassungen indessen weit auseinander. Die beiden extremen Positionen werden von Schleiermacher einerseits, Fichte und Wilhelm von Humboldt andererseits eingenommen.

---

[77] Dies wird im folgenden Zitat aus dem Werk *Schellings* deutlich: „Die Wissenschaft richtet gleich unmitttelbar den Sinn auf diejenige Anschauung, die, eine dauernde Selbstgestaltung, unmittelbar zu der Identität mit sich und dadurch zu einem wahrhaft seligen Leben führt. Langsam erzieht das Leben, nicht ohne vielen Verlust der Zeit und der Kraft. Dem, der sich der Wissenschaft weiht, ist es vergönnt, die Erfahrung sich vorauszunehmen, und das, was doch am Ende einziges Resultat des durchgebildetsten und erfahrungsreichsten Lebens seyn kann, gleich unmittelbar und an sich selbst zu erkennen." (Werke, 3. Hauptbd., S. 229 [260]).

[78] *Wilhelm von Humboldt*, Theorie der Bildung des Menschen, Werke, Bd. 1, S. 234 ff.

[79] Vgl. zu *Wilhelm von Humboldts* Staatsauffassung seine aus dem Jahre 1792 stammende Schrift „Ideen zu einem Versuch, die Gränzen der Wirksamkeit des Staates zu bestimmen", in: Werke, Bd. 1, S. 56 ff., auch enthalten in: Weber-Fas (Hrsg.), Der Staat, Bd. 2, S. 39 ff. Wilhelm von Humboldts Bildungstheorie ist im Zusammenhang mit seiner rationalistisch-liberalen Staatsauffassung zu sehen, nach welcher die staatliche Tätigkeit im wesentlichen darauf beschränkt ist, die Freiheit der menschlichen Persönlichkeit vor unrechtmäßigen Eingriffen des Staates zu schützen, vgl. hierzu *Menger*, Moderner Staat und Rechtsprechung, S. 13 f., und ausführlich dens., Deutsche Verfassungsgeschichte der Neuzeit, S. 118 f.

Im vorgeschlagenen Stufenbau des Bildungswesens nimmt bei *Schleiermacher* die Universität einen mittleren Rang zwischen Gymnasien und Akademien der Wissenschaften ein; sie wird „Nachschule“[80] oder „Vorakademie“[81], der jeder Forschungsauftrag zugunsten der wissenschaftlichen Akademien entzogen ist. Ihren wissenschaftlichen Bildungsauftrag erfüllt sie dennoch, indem sie durch entsprechende Vorbildung der Universitätslehrer dafür sorgt, daß alle Fakultäten vom philosophischen Geist durchdrungen sind[82]. Zwar befürwortet Schleiermacher die überkommene Unterrichtsform der Vorlesung als „Heiligtum des wissenschaftlichen Zusammenlebens“[83]. Aber sie ist für ihn nicht gegenseitig befruchtendes Gespräch, sondern Rede eines mit Sachautorität vortragenden Gelehrten, der seine Erkenntnisse ohne Mitwirkung der Studierenden gewonnen hat[84]. Wenn Schleiermacher gleichwohl vom Vortragenden fordert, er möge „sein eigenes Erkennen, die Tat selbst, reproduzieren“, damit seine Zuhörer „die Tätigkeit der Vernunft im Hervorbringen der Erkenntnis unmittelbar anschauen und anschauend nachbilden“[85], so indiziert dies nicht mehr als die Erwartung einer bestimmten Qualifikation, hebt also die Tatsache hervor, daß der Lehrende die im Zuge eigener Forschungen ohne Beteiligung der Studenten erlangten Erkenntnisse, nicht angelernten Wissensstoff, verbreiten soll.

Bei *Fichte* hingegen und ebenso deutlich bei *Wilhelm von Humboldt* scheint die Fortentwicklung einer produktiv waltenden philosophischen Wissenschaft[86], auf die es allein ankommt, durch die Verbindung von Forschenden und Lernenden an der Universität selbst gesichert[87].

Sie ziehen diesen Schluß aus dem Ablauf des philosophischen Erkenntnisprozesses. Ist Forschen Wissen, Wissen aber Reflexion, gerichtet auf die Ableitung des realen Erkenntnisgegenstandes aus dem Subjekt[88], so ist wissenschaftliche, philosophische Erkenntnis als ein Akt freien

---

80 Werke, Bd. 4, S. 533 (559), „Gelegentliche Gedanken über Universitäten im deutschen Sinn.“

81 S. 559.

82 S. 570.

83 S. 572.

84 Aus diesem Grunde nimmt es wenig wunder, daß von Schleiermachers idealistischem Gedankengut weitaus weniger folgenreiche Impulse ausgegangen sind als von den Ideen der übrigen Reformer, wie schon *René König*, Das Wesen der Universität, S. 187, zutreffend festgestellt hat.

85 S. 573.

86 Zu den Gegensätzen im Gedankenwerk der beiden Philosophen vgl. *Riedel*, in: Zeitschrift für Pädagogik, 14. Beiheft 1977, S. 231 (235 f.).

87 Zur notwendigen Einheit von Forschen, Lehren und Lernen bei Wilhelm von Humboldt vgl. *Riedel*, in: Recht und Gesellschaft, Festschrift für Schelsky, S. 419 (425 ff.); abweichend die Analyse von *Martin*, Idee und Wirklichkeit der deutschen Universität, S. 5 (16 ff.).

88 *Nicolai Hartmann*, Philosophie des deutschen Idealismus, 1. Teil, S. 73.

Denkens nicht allein Lehrenden vorbehalten. Von einem wissenschaftlichen Produktionsprozeß, der mit Kontemplation gleichzusetzen ist, kann man in der Tat erwarten, daß Universitätslehrer und Studierende in der Wechselwirkung des fachlichen Gespräches produktive, wenngleich unterschiedlich wertvolle Forschungsleistungen erbringen und daß der Akt des Lehrens mit dem Akt des Forschens zusammenfallen kann, aber nicht mit logisch zwingender Notwendigkeit zusammenfallen muß, wie die gerade auf eine organisatorische Trennung von Forschung und Lehre hinauslaufenden Pläne Schleiermachers ohne grundsätzlichen Verzicht auf philosophische Forschung beweisen und wie man den eher vorsichtigen Formulierungen Wilhelm von Humboldts selbst entnehmen kann. Er schreibt: „Das Verhältnis zwischen Lehrer und Schüler wird daher durchaus ein anderes als vorher. Der erstere ist nicht für den letzteren, Beide sind für die Wissenschaft da; sein Geschäft hängt *mit* an ihrer Gegenwart und würde, ohne sie, nicht *gleich* glücklich von statten gehen; er würde, wenn sie sich nicht von selbst um ihn versammelten, sie aufsuchen, um seinem Ziele näher zu kommen, durch die Verbindung der geübten, aber eben darum auch leichter einseitigen und schon weniger lebhaften Kraft mit der schwächeren und noch parteiloser nach allen Richtungen muthig hinstrebenden[89]."

Die Bedeutung der angeführten Textstelle steht insofern außer Zweifel, als das gegenseitige Gespräch zwischen Lehrenden und Lernenden zum typusbestimmenden, unabdingbaren Element des Hochschulunterrichtes erhoben wird. Sachgerechte Ausübung wissenschaftlicher Lehre ist abhängig von einer Atmosphäre der „allgemeinsten, regesten und freiesten Wechselwirkung"[90]. Auch der Entwicklung neuer philosophischer Erkenntnisse ist eine solche zwanglose Gemeinschaft von Lehrenden und Lernenden förderlich und nützlich, dringend erforderlich ist sie nicht. Ohne Anregungen aus dem Kreise der Studierenden verliefe der wissenschaftliche Arbeitsprozeß eben weniger „glücklich", er brauchte deswegen jedoch nicht abgebrochen zu werden.

In wesentlich gleicher Form wollte *Fichte* den Hochschulunterricht neu beleben[91]. Auch für ihn besteht die Hauptbedingung produktiver Geistestätigkeit in der Abgeschiedenheit universitärer Gemeinschaft, fern aller Ablenkungen des bürgerlichen Lebens[92]. Der wissenschaftliche Unterricht soll die Gestalt „einer fortlaufenden Unterredung" annehmen, sich „in die dialogische Form verwandeln", so daß eine

---

89 Werke, Bd. 4, S. 255 (256), Hervorhebungen nicht im Original.

90 Werke, Bd. 4, S. 255 f.

91 Zur inneren Wandlung der Universitäten unter dem Einfluß Fichtes und Schleiermachers vgl. *Paulsen*, Geschichte des gelehrten Unterrichts, Bd. 2, S. 255 ff.

92 Werke, Bd. 8, S. 97 (110), Deducirter Plan einer zu Berlin zu errichtenden Universität.

„wahrhafte Akademie im Sinne der Sokratischen Schule errichtet werde“[93]. Das Gespräch zwischen Professor und Studierenden, aber auch der Studierenden untereinander[94], ist nach seiner Meinung optimale Voraussetzung für jede schöpferische geistige Entfaltung.

Tatsächlich läßt sich nicht bestreiten, daß in der Diskussion philosophisch neue Gedanken auftauchen mögen. Man mag solche Fortschritte in der Betrachtung und Erkenntnis auch als Forschungsbeitrag anerkennen. Aber hinsichtlich der grundsätzlichen Beurteilung solcher wissenschaftlichen Ergebnisse muß hervorgehoben werden, daß sie, da es sich um individuelle Denkakte von einzelnen Menschen handelt, auch außerhalb der Gemeinschaft von Lehrenden und Lernenden entstehen können. Die Beteiligung der Lehre am Forschungsprozeß würde sich dann in ihrer Publizitätsfunktion erschöpfen. Das Zusammenwirken von Lehrenden und Lernenden ist demnach kein konstituierendes Merkmal philosophischer Erkenntnisfortschritte. Auch für die Effektivität der Hochschullehre dürfte es keinen qualitativen Unterschied bedeuten, ob der Lehrvortrag vorher oder anderen Ortes oder hic et nunc entwickelte Gedanken enthält. Selbst wenn man also, wie hier geschehen, einen Begriff von Forschung voraussetzt, dessen Allgemeingültigkeit sich auf den Bereich der Philosophie beschränkt und dessen auf alle Fakultäten ausufernde Anwendung nur bei Zugrundelegung der idealistischen Wissenschaftsauffassung gelingt, nach der alle Fachwissenschaften durch die Philosophie überhöht und umhegt werden, läßt sich keine stichhaltige Begründung dafür finden, die Einheit von Forschung und Lehre als Organisationsprinzip der Universität in dem Sinne ausschließlicher Wahrnehmung von Forschung und Lehre im Verbund von Lehrenden und Lernenden durchzusetzen.

Von diesem einschränkenden Teilaspekt abgesehen, ist bereits im Begriff der idealistischen Wissenschaft die personale Einheit von Forschung und Lehre als eine innerlich notwendige Form organisatorischer Gestaltung der Universität angelegt.

Der funktionale Schwerpunkt idealistischer Wissenschaft ruht in ihrer Bildungsaufgabe. Dieser nach heutigem Verständnis von außen an die Wissenschaft herangetragene und die Selbstzweckhaftigkeit wissenschaftlicher Betätigung überschreitende Auftrag führt gerade zu ihrer im Kulturbewußtsein der Zeit tief verwurzelten Unabhängigkeit des Geistes. Die positiv gestalterische Bildungswirkung der sich auf das Allgemeine und Theoretische konzentrierenden „reinen“ Wissenschaft stellt sich nur unter der Bedingung ein, daß ihre Vermittler im Bereich der Philosophie Schöpferisches leisten und die Ergebnisse ihres wissen-

[93] S. 97 (104).
[94] S. 97 (104).

schaftlichen Tuns in die Lehre einbringen. Die Verbindung von Forschung und Lehre in der Person des Hochschullehrers ist daher ein Wesenselement idealistischer Wissenschaft.

Den Gedanken der in der Person des Hochschullehrers verwirklichten Einheit von Forschung und Lehre mag abschließend und stellvertretend für die Ansicht aller idealistischen Universitätsreformer ein Ausspruch Schellings veranschaulichen:

„Zu einer geistreichen Überlieferung gehört aber ohne Zweifel, daß man imstande sei, die Erfindungen anderer aus der vergangenen und gegenwärtigen Zeit richtig, scharf und in allen Beziehungen aufzufassen. Viele derselben sind von der Art, daß ihr innerster Geist nur durch ein homogenes Genie, durch wirkliches Nacherfinden erfaßt werden kann. Jemand, der bloß überliefert, wird also in vielen Fällen in manchen Wissenschaften durchaus falsch überliefern... Aber überhaupt, wer in seiner Wissenschaft nur wie in einem fremden Eigenthume lebt, wer sie nicht persönlich besitzt, sich ein sicheres und lebendiges Organ für sie erworben hat, sie nicht in jedem Augenblick neu aus sich zu erzeugen anfangen könnte, ist ein Unwürdiger, der schon in dem Versuch, die Gedanken der Vorwelt oder Gegenwart bloß historisch zu überliefern, über seine Grenze geht und etwas übernimmt, das er nicht leisten kann[95]."

Mit dem staatlichen Interesse daran, „das Prinzip zu erhalten, die Wissenschaft als etwas noch nicht ganz Gefundenes und nie ganz Aufzufindendes zu betrachten und unablässig sie als solches zu suchen"[96], verbindet sich bei Wilhelm von Humboldt und Fichte die uneingeschränkte Forderung an den Staat, die Freiheit von Forschung und Lehre in ihrer vorgegebenen Einheit zum Konstitutionsprinzip der Universität zu erheben[97].

Der Weg für die Aufnahme eines Grundrechts wissenschaftlicher Lehre in die Verfassungen des 19. Jahrhunderts ist geebnet.

---

[95] Werke, 3. Hauptbd., S. 229 (255).

[96] *Wilhelm von Humboldt,* Werke, Bd. 4, S. 255 (257).

[97] *Fichte,* Sämmtliche Werke, Bd. 6, S. 451 (459), Rektoratsrede zum Thema: „Ueber die einzig mögliche Störung der akademischen Freiheit." — *von Humboldt:* Am besten könnten sich Wissenschaft und Bildung entfalten, wenn der Staat „Einsamkeit und Freiheit (als) die in ihrem Kreise vorwaltenden Principien" anerkennte und sich ständig vergegenwärtigte, „daß die Sache an sich ohne ihn unendlich viel besser gehen würde", vgl. Werke, Bd. 4, S. 255. — Allerdings sah Wilhelm von Humboldt in der staatlichen Auswahl der Professoren keine Freiheitsgefährdung für die Wissenschaft, sondern eher ein Mittel gegen Erstarrungen und freiheitsfeindliche Bestrebungen innerhalb der Gelehrtenkorporation, vgl. S. 255 (264). — Zur Begründung eines Rechtsanspruches gegen den Staat auf Schaffung der faktischen Voraussetzungen der sittlichen Freiheit, als deren Teil *Fichte* Bildungsanstalten begreift, vgl. *Hahn,* Staat, Erziehung und Wissenschaft bei J. G. Fichte, S. 137 ff.

2. *Verwirklichungschancen der idealistischen Universitätsidee im 19. Jahrhundert*

Gleichwohl ist es Wilhelm von Humboldt trotz seines Einflusses an der Spitze der preußischen Kultur- und Unterrichtsverwaltung nicht erspart geblieben mitanzusehen, wie seine liberalen bildungspolitischen Vorstellungen schon im zweiten Jahrzehnt des 19. Jahrhunderts in der Staatspraxis zurückgedrängt wurden.

Im Zuge der nach den Freiheitskriegen einsetzenden Reaktion sprach man den an den Universitäten beheimateten, im Geiste der Freiheit betriebenen Wissenschaften jegliche, den Staat positiv gestaltende Möglichkeit ab. Aus Furcht, die freiheitlichen Grundstrukturen des neuen Universitätstyps, wie Lehrfreiheit, Selbstverwaltung, Vorrangstellung der Philosophie unter Eliminierung der Praxisbezogenheit des Studiums, könnten revolutionären Tendenzen Vorschub leisten und in gefährliche Kritik der etablierten Mächte ausarten, bemühte man sich allenthalben um die Rückstufung der Universitäten auf ihre vordem einzige Aufgabe — die Ausbildung von Geistlichen und von weltlichen Staatsbeamten[98]. Um die Universitäten wieder stärker an staatliche Zielsetzungen anzubinden, gab es folglich nur ein zuverlässiges Mittel der Abhilfe — ihre Beaufsichtigung. Zu diesem Zwecke sahen die Karlsbader Beschlüsse vom 20. September 1819[99] straffe Zensurmaßnahmen und die Bestellung von Regierungsbevollmächtigten vor, mit der Aufgabe, „den Geist, in welchem die akademischen Lehrer auf ihren öffentlichen und Privat-Vorträgen verfahren, sorgfältig zu beachten und demselben, jedoch ohne unmittelbare Einmischung in das Wissenschaftliche und die Lehrmethoden, eine heilsame, auf die künftige Bestimmung der studierenden Jugend bezeichnete Richtung zu geben (§ 1)".

Daß dennoch die gegen die „Demagogen", d. h. besonders die akademischen Kreise gerichteten Sanktionen der Karlsbader Beschlüsse eine prinzipielle Anerkennung der wissenschaftlichen Lehrfreiheit enthielten, indem sie „unmittelbare Einmischung in das Wissenschaftliche und die Lehrmethoden" bei aller Stringenz der Verfolgungsmaßnahmen expressis verbis ausschlossen, beweist, wie tief die Idee der Lehrfreiheit dank der angewachsenen politischen Mächtigkeit des Professorentums bereits in der öffentlichen Meinung verwurzelt war[100].

---

[98] *Menze*, Die Bildungsreform Wilhelm von Humboldts, S. 365, sieht einen wesentlichen Grund für diesen Rückfall in der utopischen Komponente des Humboldtschen Entwurfes, ein Bildungswesen nach einheitlichen Prinzipien zu konstruieren.

[99] Bundes-Universitätsgesetz, abgedruckt bei *Ernst Rudolf Huber* (Hrsg.), Dokumente zur deutschen Verfassungsgeschichte, Bd. 1, Nr. 32, S. 101.

[100] Die aufsehenerregende Entlassung der Göttinger Sieben (Professoren) im Jahre 1837, die dem König von Hannover Verfassungsbruch vorwarfen,

Namhafte Juristen der Zeit fanden den Mut, sich offen zur allgemeinen Forderung akademischer Lehrfreiheit zu bekennen[101]. Dabei legte man im allgemeinen zunächst noch die Humboldtsche Bildungskonzeption zugrunde und betonte, wie etwa *Friedrich Christoph Dahlmann*, daß „der beste Vortrag", dem akademische Lehrfreiheit mit Fug und Recht zukomme, „freilich derjenige (sei), welcher in dem Augenblicke der Mittheilung die Wissenschaft gewissermaßen neu geboren werden läßt"[102]. Die vom Wissenschaftler selbst unmittelbar verkündete Lehre wurde zum besonders schutzwürdigen Gut der Lehrfreiheit erhoben.

Auch für *Robert von Mohl* gehörte diese dem Gedankengut Wilhelm von Humboldts entlehnte Sinnkomponente ursprünglich zum festen Bestand akademischer Lehrfreiheit. Ohne die Formel der Einheit von Forschung und Lehre ausdrücklich zu erwähnen, begründete er die Notwendigkeit der Gewährung „geistiger Freiheit" für Lehrende und Lernende mit der vordringlichen Zwecksetzung des Rechtsstaates, der „Förderung der möglichst allseitigen Entwicklung aller Kräfte des Menschen"[103] zu dienen. Lehrfreiheit und als notwendiges Korrelat Lernfreiheit weisen für ihn einen eindeutigen Bezug zur wichtigsten Aufgabe der Wissenschaft, Bildung des Individuums, auf: „Allein die Aufstellung einer amtlichen und ausschließenden Staatswahrheit hat solche entschiedenen Nachteile für die allgemeine Bildung, und ist ein so schreiendes Unrecht, daß von ihr nicht die Rede seyn kann[104]."

Aber in dem Maße, in dem der in der Universität institutionalisierte Fortschritt der Wissenschaft selbst die Bindung an die Bildung aufgab und einseitig durch die für den Staat wahrzunehmende Ausbildungsaufgabe verdrängt wurde, wußte Robert von Mohl den Inhalt der Lehrfreiheit den veränderten äußeren Umständen anzupassen. Er unterstrich nunmehr, daß wissenschaftliche Ausbildung neben dem zur

löste eine lebhafte öffentliche Diskussion aus, die über diesen Einzelfall hinausweisende Bedeutung erlangte und die Sache der Universitäten geradezu volkstümlich machte. Vgl. dazu Näheres bei *Smend*, Die Göttinger Sieben, S. 14 ff., und bei *Schnabel*, Deutsche Geschichte im neunzehnten Jahrhundert, Bd. 2, S. 260 ff.; ferner *Walter A. E. Schmidt*, Die Freiheit der Wissenschaft, S. 51.

101 Mit an erster Stelle zu nennen ist hier *Welcker*, vgl. dessen ausführliche Kommentierung der akademischen Lehrfreiheit, in: Staats-Lexikon, hrsg. von Rotteck und Welcker, Bd. 8, S. 484 ff. Zu dieser Zeitspanne vgl. ferner die Bemerkungen von *Kitzinger*, in: Nipperdey (Hrsg.), Grundrechte und Grundpflichten der Reichsverfassung, Bd. 2, Art. 142 Satz 1 WRV, S. 449 (453), der zutreffend betont, daß solche Forderungen allgemein von den freiheitlichen liberalen Strömungen in Politik und Recht getragen wurden. In diesem Sinne auch *Topitsch*, Die Freiheit der Wissenschaft und der politische Auftrag der Universität, S. 23 f.

102 **Politik, S. 323.**

103 Die Polizei-Wissenschaft, 2. Aufl. 1844, S. 513 f.

104 Die Polizei-Wissenschaft, 2. Aufl. 1844, S. 514.

„allgemeinen menschlichen Bildung gehörigen Wissen“ „diejenigen Kenntnisse und Gedankenentwicklungen, welche zum tüchtigen Betriebe der wesentlich in Geistesarbeit bestehenden Berufsarten nothwendig sind“[105], zu umfassen habe. Vor dem Hintergrund dieser gewandelten Zielsetzung der Universität nahm er Abstand von seiner früher geäußerten Überzeugung, daß Lernfreiheit der Studierenden das erforderliche Korrelat der Lehrfreiheit sei, ja es klingt fast wie ein Bedauern, wenn er feststellt, daß die in der Praxis gewährte, im wesentlichen nur durch Prüfungen eingeschränkte Lernfreiheit „vielleicht über das richtige Maß hinaus gestattet“[106] gewesen sei. Akademische Lehrfreiheit sollte indessen unangetastet weiter bestehen bleiben.

Die Ablösung des Gedankens einer allgemeinen Bildung durch philosophische Wissenschaft als Folge der ständig weiterschreitenden Spezialisierung der Wissenschaften, der Institutionalisierung der empirischen Wissenschaften und der Zurückdrängung aller jener Disziplinen, die einer philosophischen Behandlung zugänglich sind, vollzieht sich ohne viel Aufhebens.

So kann *Friedrich Carl von Savigny* bereits im Jahre 1832 „Wesen und Werth der deutschen Universitäten“[107] und die Besonderheiten der dort nach seiner Auffassung vorherrschenden Lehrfreiheit beschreiben, ohne auf ihre Genese im idealistisch geprägten Bild der Wissenschaft einzugehen. Die Eigentümlichkeit der Universität hänge von der Art der Lehrfreiheit ab, deren unverzichtbarer Inhalt in der freien Wahl der Lehrgegenstände durch die Professoren und der freien Vorlesungswahl der Studierenden bestehe[108].

Bei der Bestimmung des Wesens der Universität bleiben die Konturen im übrigen fließend. Als wahren Grund der Wirksamkeit der deutschen Universität bewertet von Savigny die auf persönlicher Mitteilung beruhende Unterrichtsmethode des mündlichen Vortrages, deren Vorzüge er „in der Anregung des wissenschaftlichen Denkens durch die Anschauung einer gleichartigen, aber bereits ausgebildeten Tätigkeit in dem Geiste des Lehrers“[109] erblickt und deren Wert steige, wenn der Lehrer „zugleich selbst an der Fortbildung der Wissenschaft thätigen Antheil nimmt“[110]. In letzterem Falle werde „das Lehrgeschäft befruchtend auf die Forschung zurückwirken“[111]. Aber von Savigny hütet sich vor Verallgemeinerungen und grundsätzlicher Verknüpfung von For-

---

105 Die Polizei-Wissenschaft, 3. Aufl. 1866, S. 569.

106 Politik, 1869, S. 147.

107 So der Titel seiner Schrift, in: Vermischte Schriften, Bd. 4, S. 270 ff.

108 S. 270 (286).

109 S. 270 (281).

110 S. 270 (285).

111 S. 270 (285).

schungs- und Lehrtätigkeit in einer Person: Denn „wie ein trefflicher Lehrer gedacht werden kann, welcher niemals die Wissenschaft durch neue Entdeckungen bereichert hat, so kann einem Andern die Wissenschaft viel verdanken, welcher als Lehrer wenig leistet“[112].

Nicht die augenfällige Übereinstimmung mit der schon durch Wilhelm von Humboldt für die Hochschullehre als typusbestimmend erkannten Verbindung von Forschung und Lehre in der Person des Professors ist an diesem Befund bemerkenswert, sondern die Tatsache, daß hier ein sachliches Prinzip zum Vorschein kommt, das unabhängig von seiner Herkunft aus der idealistischen Wissenschaft als Hervorkehrung des vom Sachgebiet Wissenschaft gebotenen Maßstabes Weitergeltung beansprucht.

Von diesem Prinzip, durch das sich das deutsche Ausbildungssystem schon damals in Verbindung mit dem Grundsatz der Darstellung aller Wissenschaften an derselben Universität ausgezeichnet hat[113], kann von Savigny Ausnahmen zulassen, weil er die personale Einheit von Forschung und Lehre nicht mehr aus dem idealistischen Begriff Wissenschaft, sondern aus funktionalen Erwägungen befürwortet. Der „gelehrte Unterricht“ erhöht die Ausbildungseffizienz der pädagogischen Institution Universität, die einen intellektuellen Mittelstand für die Zwecke des Staates rekrutieren hilft[114].

Etwa zur gleichen Zeit glaubte sich auch *Marbach* gezwungen, die letzten Erinnerungen an die organisatorische Verwirklichung der Bildungsidee Wilhelm von Humboldts zu vernichten, indem er konstatierte, die Universität sei den beiden konträren Zwecken, Ausbildung von Staatsbeamten und Förderung der Wissenschaften, nicht gewachsen[115]. Vorzuziehen seien deshalb im Anschluß an das Gymnasium getrennte Anstalten: Hochschulen zur Erziehung von Staatsbeamten, Universitäten zur Förderung der Wissenschaft[116]. Die wissenschaftlich fundierten Berufshochschulen, die „der Erwerbung derjenigen Kenntnisse, welche zur Verwaltung der Staatsämter nöthig sind“[117], dienen sollten, bedürften im Gegensatz zu den Universitäten weder der Lehr- noch der Lernfreiheit[118]. Zwar wird die von Marbach vorgeschlagene Trennung

[112] S. 270 (278).

[113] *Paulsen*, Geschichte des gelehrten Unterrichts, Bd. 2, S. 265.

[114] *Von Savigny*, Vermischte Schriften, Bd. 4, S. 270 (307). — Damit ist, wie *Menze*, Die Bildungsreform Wilhelm von Humboldts, S. 424, zutreffend bemerkt, der Universitätskonzeption Wilhelm von Humboldts letztlich indirekt eine Absage erteilt.

[115] In seinem Werk: „Universitäten und Hochschulen im auf Intelligenz sich gründenden Staate, Leipzig 1834, hier und im folgenden zitiert nach *Menze*, Die Bildungsreform Wilhelm von Humboldts, S. 425 ff.

[116] Nach *Menze*, S. 426.

[117] Nach *Menze*, S. 428.

des höheren Bildungssystems in Berufshochschulen und Universitäten in der Praxis nicht eingeführt. Je komplexer aber die Aufgabenstellung der Universität im Prozeß der Spezialisierung in Einzelwissenschaften wird und je stärker verdeutlicht wird, daß eine rein philosophische, säkularisiert religiöse Sichtweise[119] gegenüber dem empirischen Erkenntnisinteresse der neu entstandenen Naturwissenschaften und technischen Disziplinen versagt, desto schneller verschwindet trotz formal aufrechterhaltener äußerer Organisation der Universitäten die vielbeschworene universitas der Wissenschaften zugunsten eines schlichten Nebeneinanders von Fächern und Fakultäten. Die Verbindung des einzelnen Faches zur Philosophie wird gelockert; das wesentliche Element des universitären Unterrichtes, die Idee der möglichst weit ins Volk zu tragenden Bildung des Einzelmenschen wird aus den Zielsetzungen der Universitäten verdrängt.

Mit dem Rückgang der Bedeutung der Philosophie verliert die Idee einer allgemeinen Bildung als Begründungsprinzip für die Einheit von Forschung und Lehre an Relevanz.

3. Erste Kodifikationen der Wissenschaftsfreiheit und ihre Interpretationen

Auf diesem geistesgeschichtlichen Hintergrund erschließt sich der Sinngehalt der ersten Kodifikationen der Wissenschaftsfreiheit auf deutschem Boden.

Das Grundrecht der Freiheit der Wissenschaft tauchte erstmals im sogenannten Siebzehner-Entwurf[120] auf und wurde im Jahre 1849 in Art. VI § 152 der Frankfurter Reichsverfassung[121], ein Jahr danach in Art. 20 der Preußischen Verfassung[122] mit Verfassungsrang ausgestattet.

Die danach in die Verfassungstexte ausdrücklich aufgenommene Gewährleistung der Lehre der Wissenschaft[123] ergreift diese wesentliche

---

118 Nach *Menze*, S. 428.

119 *Thieme*, Deutsches Hochschulrecht, S. 9.

120 Entwurf eines Deutschen Reichsgrundgesetzes vom 26. April 1848, Art. IV § 25 q, abgedruckt bei *Ernst Rudolf Huber* (Hrsg.), Dokumente zur deutschen Verfassungsgeschichte, Bd. 1, Nr. 97, S. 352 (359).

121 Verfassung des Deutschen Reiches vom 28. März 1849, abgedruckt bei *Ernst Rudolf Huber* (Hrsg.), Nr. 108, S. 375 (392).

122 Zunächst in Art. 17 der (oktroyierten) Verfassungs-Urkunde für den Preußischen Staat vom 5. Dezember 1848, abgedruckt bei *Ernst Rudolf Huber* (Hrsg.), Nr. 188, S. 484 (485), dann Art. 20 der Verfassungs-Urkunde für den Preußischen Staat vom 31. Januar 1850, abgedruckt bei *Ernst Rudolf Huber* (Hrsg.), Nr. 194, S. 501 (503). Gleichlautender Wortlaut der beiden in dieser Fußnote angeführten Verfassungstexte: „Die Wissenschaft und ihre Lehre ist frei."

123 Eine aus Dahlmann, von Mühlfeldt und von Mohl bestehende, mit dem Entwurf der Grundrechte der Paulskirchenverfassung beauftragte Vorkom-

Aufgabe der überkommenen Universität, ohne den Freiheitsschutz für Wissenschaft auf den Bereich der Universitäten zu beschränken[124]. Alle angeführten, die Wissenschaftsfreiheit betreffenden Artikel müssen demnach im Sinne der akademischen Freiheit und darüber hinaus im Sinne der Reaktion gegen die Karlsbader Beschlüsse verstanden werden[125].

Die verfassungsrechtliche Sicherung akademischer Lehrfreiheit war — das ergab die Verbindung der Forderung nach Lehrfreiheit mit derjenigen nach freier Wissenschaft — geknüpft an die Beschäftigung mit geistig freier wissenschaftlicher Wahrheitserkenntnis. Daß Inhalt und Umfang der akademischen Lehrfreiheit im einzelnen, insbesondere also die Frage nach der verfassungsrechtlichen Gewährleistung der Einheit von Forschung und Lehre, bei allen Verfassungsberatungen des 19. Jahrhunderts ohne Erörterung geblieben sind, kann nicht schon von vornherein als Bestätigung ihres selbstverständlichen Schutzes gelten. Zeitgenössische Kommentierung und Handhabung des Grundrechts der Wissenschaftsfreiheit müßten eine solche Ausdeutung des Grundrechts nahelegen.

In der zweiten Hälfte des 19. Jahrhunderts wurde unter der Geltung des staatsrechtlichen Positivismus die Bedeutung der Grundrechte allgemein durch die Lehre eingeschränkt, nach welcher die Bestimmungen der Verfassungen den ohnehin schon bestehenden und gewährleisteten rechtsstaatlichen Grundsatz der Gesetzmäßigkeit der Verwaltung[126] lediglich aus besonders feierlichem Anlaß betonten. Gegenüber entgegenstehendem positiven Recht, namentlich Beamtenrecht, konnte sich der beamtete Universitätslehrer für seine wissenschaftliche Tätigkeit demgemäß nicht auf das Grundrecht der Wissenschaftsfreiheit berufen[127].

mission legte unter Ziffer 3 eine Wissenschafts- und Unterrichtsfreiheit umfassende Formulierung folgenden Wortlautes vor: „Freiheit der Wissenschaft und ihrer Verbreitung durch Unterricht, unter Vorbehalt des gesetzlichen Befähigungsausweises für Lehrer an öffentlichen Anstalten", vgl. *Droysen*, Die Verhandlungen des Verfassungsausschusses der deutschen Nationalversammlung, S. 363 ff. Die endgültige Fassung der Verfassung des Deutschen Reiches vom 28. März 1849 trennte die Regelung der Freiheit der Wissenschaft und ihrer Lehre von der Regelung der Unterrichtsfreiheit. Art. VI § 152 lautete: „Die Wissenschaft und ihre Lehre ist frei", Art. VI § 154 Satz 1 hingegen: „Unterrichts- und Erziehungsanstalten zu gründen, zu leiten und an solchen Unterricht zu ertheilen, steht jedem Deutschen frei, wenn er seine Befähigung der betreffenden Staatsbehörde nachgewiesen hat. Der häusliche Unterricht unterliegt keiner Beschränkung."

124 So insbesondere die Ausdeutung der Verfassungsberatungen zur Paulskirchenverfassung von *Zwirner*, in: AöR Bd. 98 (1973), S. 313 (323, 325), und von *Schrödter*, Die Wissenschaftsfreiheit des Beamten, S. 54 f. Nach ausführlichem Referat der Verfassungsdiskussion keine abschließende Entscheidung dieser Frage bei *Walter A. E. Schmidt*, Die Freiheit der Wissenschaft, S. 72.

125 Statt vieler wiederum *Walter A. E. Schmidt*, S. 74, und aus neuerer Zeit *Thieme*, in: Hamburg, Deutschland, Europa, Festschrift für Ipsen, S. 189 (190).

126 Vgl. hierzu im einzelnen *Zwirner*, in: AöR Bd. 98 (1973), S. 313 (327 f.).

Anschütz, ein radikaler Verfechter dieser These für Art. 20 der Preußischen Verfassung, sah konsequent die Norm ausschließlich beschränkt auf das allgemeine Gewaltverhältnis als vollgültig an, und zwar für den Forscher als Privatgelehrten, den wissenschaftlichen Schriftsteller, überhaupt jeden, der die Wissenschaft nicht kraft Lehramtes pflegte[128].

Auf der gleichen Linie liegen zunächst die Äußerungen *von Rönnes* zu den Grundsätzen der Lehr- und Lernfreiheit nach preußischem Verfassungsrecht. Dem Staat müsse die Möglichkeit unbenommen bleiben, ausgesprochenen Mißbrauch des Forschung und Lehre gleichermaßen betreffenden Grundrechts der Wissenschaftsfreiheit durch Erlaß von allgemeinen und von Strafgesetzen zu verhüten. Von Rönne machte indessen bei einer Wiederholung des seiner Zeit entsprechenden Verständnisses des Grundrechts nicht halt, sondern rückte die Idee, Wissenschafts- und Lehrfreiheit dürften keinesfalls, d. h. auch nicht im Wege restriktiver Gesetzgebung, vernichtet werden, in den Mittelpunkt seiner Überlegungen. Aufs deutlichste verurteilte er die Anordnung von Präventivmaßregeln[129]. Unüberhörbar ist der kulturstaatliche Appell, die unverhohlene Aufforderung an den Staat, seine Machtmittel zur Sicherung des Prinzips der Freiheit der Wissenschaften einzusetzen und dabei den Kernbereich wissenschaftlicher Wahrheitserkenntnis und ihrer Verbreitung bis zur Grenze des Mißbrauchs uneingeschränkter, freier Entfaltung zu überlassen[130].

Während das Grundrecht der Wissenschaftsfreiheit von der allgemeinen Abwertung und Relativierung der Grundrechte nicht ausgespart blieb, nahmen die Wissenschaften in staatlichen wissenschaftlichen Institutionen innerhalb und außerhalb der Universitäten[131] einen bis dahin nicht gekannten Aufschwung[132], der einer faktisch gewährleisteten Nicht-

---

127 Dazu *Spranger*, in: Das Akademische Deutschland, Bd. 3, S. 1 (12).

128 Die Verfassungs-Urkunde für den Preußischen Staat, S. 372. Jeden Zweifel beseitigend, hob er ausdrücklich hervor: „Die Frage, inwieweit die bei den Hochschulen angestellten und zugelassenen Lehrer (Professoren und Privatdozenten) in ihrer amtlichen und privaten forschenden und lehrenden Berufstätigkeit frei oder unfrei sind, entscheidet sich nach Beamtenrecht", vgl. S. 378. — Für das preußische Verfassungsrecht ließ sich die Unanwendbarkeit des Art. 20 Verfassungs-Urkunde aus seiner Suspension bis zum Erlaß des in Art. 26 Verfassungs-Urkunde vorgesehenen Unterrichtsgesetzes begründen, vgl. *Anschütz*, S. 374; für Art. 142 WRV sollte Anschütz ohne eine dem Art. 26 Verfassungs-Urkunde entsprechende Bestimmung zunächst zu demselben Ergebnis kommen, vgl. etwa dens., Die Verfassung des Deutschen Reiches, Art. 142 Anm. 1, S. 373, 7. Aufl. 1928.

129 Das Staatsrecht der Preußischen Monarchie, S. 452 ff.

130 Ähnlich *Arndt*, Die Verfassungs-Urkunde für den Preußischen Staat, Erl. zu Art. 20: „Mit dem in Art. 20 ausgesprochenen Satze soll die Verwaltung die Direktive erhalten, die Wissenschaft nicht einseitig zu beeinflussen, bestimmte Lehrmeinungen nicht vorzuziehen, die Vorlesungen der Professoren nicht zu überwachen."

131 *Kluge*, Die Universitätsselbstverwaltung, S. 237.

einmischung des Staates, einer wesentlichen Selbstbescheidung bei der Ausübung seiner Eingriffs- und Kontrollrechte[133], zu verdanken ist. Unterschwellig wirkten die Staatsideen des Deutschen Idealismus und des Neuhumanismus doch nach: Der Staat sollte die Institutionen der Bildung und Wissenschaft um ihrer selbst willen, nur indirekt um der von ihm selbst verfolgten Zwecke willen, unterstützen, indem er für ein Höchstmaß an Freiheit zur Verwirklichung des allgemeinen Bildungsideals in den Institutionen von Bildung und Wissenschaft Sorge trug. Stärkste Effizienz der Staatlichkeit bedeutete demnach keine Bedrohung für die Wissenschaftsautonomie, sondern geradezu eine Garantie ihrer ungestörten Entwicklungsmöglichkeit.

Der die Kulturhoheit tragende Staat stellte nach Auffassung der an freier Wissenschaft interessierten Gelehrten und Vertreter der Bildungsautonomie kein Risiko dar, weil der Glaube verbreitet war, durch Rückführung der im philosophischen Geist des Idealismus Vorgebildeten in die Staatsdienste würden die an Sittlichkeit und Wahrheit orientierten Bildungsideale zu Staatsidealen erhoben[134].

In der fortgesetzten Gewohnheit und im ungezügelten Vertrauen auf den idealistisch geprägten Staat findet sich demnach die wichtigste Erklärung für die Tatsache, daß sich keine massive Gegnerschaft bildete, um nicht nur die Auffassung, daß Wissenschaftsfreiheit auf den Charakter eines individuellen Freiheitsrechts beschränkt blieb[135], anzugreifen, sondern vor allem um zu verhindern, daß sie zur Disposition des einfachen Gesetzgebers gestellt wurde.

---

[132] *Schnabel*, Deutsche Geschichte im neunzehnten Jahrhundert, Bd. 2, S. 430 ff.; ferner *Oppermann*, Kulturverwaltungsrecht, S. 80.

[133] Anstaltliche, staatsgebundene Züge überwogen, die Habilitation wurde zur regelmäßigen Berufungsvoraussetzung; die Hochschullehrerauswahl oblag ausschließlich dem Staat, vgl. *Gallas*, Die Staatsaufsicht über die wissenschaftlichen Hochschulen, S. 54 f.; *Oppermann*, S. 78; dazu noch unten Teil II 1. Abschn.

[134] Daß es zu einer derartigen Verschmelzung von Bildungs- und Staatszweck tatsächlich gekommen sei, entspricht der Annahme von *Ernst Rudolf Huber*, Deutsche Verfassungsgeschichte seit 1789, Bd. 1, S. 265 ff., der dem preußischen Staat die Qualitäten eines Kultur- und Kulturverwaltungsstaates beimißt.

[135] a. A. *Ernst Rudolf Huber*, Deutsche Verfassungsgeschichte seit 1789, Bd. 1, S. 351, der bereits für die frühkonstitutionelle Epoche den institutionellen, sozialgestalterischen Sinn der Grundrechte hervorhebt, eine Wertung, die für Art. 20 der Preußischen Verfassung durch die systematische Stellung der Wissenschaftsfreiheit in der Nähe der Regelungen der anderen Institutionen wie Kirche und Schule unterstützt wird.

4. Der Geltungsgehalt des Art. 142 WRV, insbesondere der Meinungsumschwung auf der Staatsrechtslehrertagung im Jahre 1927

Ein derartig beschränktes Grundrechtsverständnis wurde sodann in Art. 142 WRV ohne nähere Erörterung des Entwurfes[136] perpetuiert und das Freiheitsrecht der Wissenschaft zu den von *Thoma* plastisch als „leerlaufend" klassifizierten Grundrechten gezählt[137], die wegen des allgemein anerkannten Vorbehaltes des Gesetzes nichts sagten, was nicht ohnehin gelte[138].

Gegen das aus dem ideengeschichtlichen Hintergrund in der Tat wenig begreifliche Auslegungsergebnis, wonach Art. 142 WRV für jeden wissenschaftlich Tätigen Schutz gegen einschränkende Gesetze in bezug auf Inhalt und Methode der Wissenschaft gewähren sollte, nur nicht für den beamteten Hochschullehrer, wenden sich die Referenten der Staatsrechtslehrertagung 1927 *Rothenbücher* und *Smend*[139]. Vor allem die Grundrechtsinterpretation Smends hat die Staatsrechtslehre der Weimarer Zeit und der Bundesrepublik maßgeblich im Sinne der Verstärkung der Geltungskraft der Grundrechte befruchtet.

Diese Wirkung erschließt sich aus dem den Grundrechten in der Integrationslehre Smends eingeräumten, den individualrechtlichen Inhalt transzendierenden Bedeutungsgehalt. Als Teil der Verfassung normieren die Grundrechte nach Smend „die eigentliche Substanz des Staates", sie geben ihm „sachliche Inhalte, in deren Verwirklichung er seine Einheit finden soll"[140]. So wie die Substanz des Staates durch „fließendes, sich immerfort erneuerndes Leben"[141] konstituiert wird, so müssen die Grundrechte als Normierung grundlegender Elemente eines Wert- oder Gütersystems, eines Kultursystems[142] begriffen werden, in dem bestimmte sachliche Kulturgüter in ihrer geschichtlich bedingten, demnach inhaltlich sich wandelnden[143], dynamischen Wertkonstellation erhalten

---

[136] Vgl. dazu *Anschütz*, Die Verfassung des Deutschen Reiches, Art. 142 Anm. 1, S. 658, 14. Aufl. 1933.

[137] In: Verwaltungsrechtliche Abhandlungen, Festgabe zur Feier des 50jährigen Bestehens des Preußischen OVG, S. 183 (196).

[138] Als Beispiele seien die Interpretationen des Art. 142 WRV von *Giese*, Verfassung des Deutschen Reiches, Art. 142 Anm. 1, S. 372, 7. Aufl. 1926, und 8. Aufl. 1931, S. 298 f., und von *Anschütz*, Art. 142 Anm. 2, gleichfalls bis zur 8. Aufl. 1928, genannt.

[139] In Berichten zum Thema: Das Recht der freien Meinungsäußerung, in: VVDStRL Heft 4 (1928), S. 6 ff., rsp. S. 44 ff.

[140] VVDStRL Heft 4 (1928), S. 44 (46).

[141] S. 46.

[142] Verfassung und Verfassungsrecht, in: Staatsrechtliche Abhandlungen, S. 119 (217, 264 ff.).

[143] Ausdrücklich unter Einbeziehung der „soziologischen Kräfte", vgl. Staatsrechtliche Abhandlungen, S. 119 (189).

werden. Damit sind historische Werte in ihrer jeweiligen geschichtlich bedingten Ausprägung ins positive Verfassungsrecht transponiert. Über die Grundrechte entfaltet die Geschichte ihre staatsintegrierende Gestaltungskraft, die zur dauernden Erneuerung staatlicher Wirklichkeit als Willensverband aller seiner Angehörigen und zu deren Vergemeinschaftung hinführt[144]. Smends Hinwendung zur sozialen, gruppenbildenden Funktion der Grundrechte[145], ihre Verankerung in einem tradierten Kultursystem bezeichnen mit bis heute unverminderter Aktualität[146] Aspekte und Dimensionen der Grundrechtsinterpretation, die Smend am Beispiel der Wissenschaftsfreiheit in andeutender Kürze selbst entwickelt hat.

Das Grundrecht der Wissenschaftsfreiheit wird in den Rang einer „großen öffentlichen Institution“[147] erhoben. Diese Kennzeichnung dient dem Zweck, die Verbindung zur überindividuellen Wertsphäre herzustellen. Der Bereich „geistiger Produktion“ genießt verfassungsrechtlichen Schutz „wegen des als wichtig anerkannten und privilegierten Stücks des geistigen Lebens“, „wegen des mindestens intendierten Werts der privilegierten Äußerung“[148].

Die institutionelle Betrachtungsweise hat die selbstverständliche Erstreckung der Geltungskraft des Grundrechts auf den universitären Bereich zur Folge[149], weil sich dort infolge des nahezu vollständigen staatlichen Monopols zumindest im Bereich der akademischen Lehre der wesentlichste Teil wissenschaftlicher Tätigkeit vollzieht und weil ferner wegen der erkannten Werthaftigkeit geistiger Produktion Wissenschaft als „zentrale Institution von Verfassungs wegen angeordnet wird“[150]. Aus dieser von der damaligen herrschenden Meinung abweichenden Grundposition ergeben sich zunächst für das Grundrecht drei entscheidende Wirkungen[151]: Das Verbot von Gesetzen, die wissenschaftliche Lehrmeinungen unterdrücken, freie Forschungs- und Lehrtätigkeit

---

[144] In: Staatsrechtliche Abhandlungen, S. 119 (171).

[145] In: Staatsrechtliche Abhandlungen, S. 119 (125).

[146] Darüber hinaus ist Smends geisteswissenschaftliche, den geistesgeschichtlichen Hintergrund berücksichtigende Interpretationsmethode wegweisend für die Interpretation von Grundrechten geworden. Vgl. in diesem Zusammenhang *Peters*, Geschichtliche Entwicklung und Grundfragen der Verfassung, passim, und dens., Auslegung der Grundrechtsbestimmungen aus der Geschichte, in: Historisches Jb., 72. Jg. (1953), S. 457 ff.

[147] In: VVDStRL Heft 4 (1928), S. 44 (73, 71), unter ausdrücklicher Gegenüberstellung zum „echten“ Freiheitsrecht der Meinungsäußerung.

[148] In: VVDStRL Heft 4 (1928), S. 44 (71).

[149] In diesem Sinne ist das auf *Paulsen* zurückgehende Zitat Smends zu verstehen, nicht als Beleg für eine etwa anzunehmende Grundrechtssubjektivität der Universitäten, so richtig *von Mutius*, in: Kommentar zum Bonner Grundgesetz, Bd. 1, Art. 19 Abs. 3 Rdn. 128.

[150] In: VVDStRL Heft 4 (1928), S. 44 (61).

[151] S. 44 (57, 64, 73).

in den Schranken der Strafgesetze, des Lehrauftrages und des Anstaltszweckes sowie die Beteiligung von Hochschullehrern an der Dienststrafgerichtsbarkeit gegen Hochschullehrer.

Da nach Smends Lehre Grundrechte aus dem geschichtlichen Zusammenhang kultureller Tradition ihren jeweiligen Sinngehalt empfangen, wird es möglich, Wissenschaftsfreiheit mit Hilfe der Vorstellungen des Deutschen Idealismus näher zu konkretisieren[152].

Unter Außerachtlassung der liberal-rationalistischen Wurzeln des Grundrechts[153] und mit Betonung des spekulativen, je religiösen Charakters der Wissenschaftsfreiheit sah Smend „Wissenschaft und ihre akademische Lehre als unlösliche Einheit“[154] vom grundrechtlichen Schutz erfaßt.

Dieses Bekenntnis zur Einheit von Wissenschaft und ihrer Lehre muß man wiederum im Zusammenhang mit Smends Anliegen sehen, den normativen Grundgedanken der Verfassung wirklichkeitsnah herauszustellen. Sein Versuch, Art. 142 WRV „elastisch“[155], d. h. an der politischen Wirklichkeit orientiert, auszulegen, enthält deshalb nicht mehr als einen zentralen Leitgedanken der Interpretation, dessen elementarer Gehalt die Grundentscheidung der Verfassung für eine freie Wissenschaft in allen ihren tatsächlichen Erscheinungsformen, also auch in der Gestalt universitärer Forschung und Lehre, zum Ausdruck bringt. Deutet die Verfassung ihren Gegenstand nur schematisch an und zielt ihre Intention nicht auf Einzelheiten[156], wie Smend betont, bleibt seinem Diktum von der unlöslichen Einheit der Wissenschaft und ihrer Lehre ein über die genannte prinzipielle Wirkung hinausgehender, einzelne Erscheinungen und Bedingungen universitärer Organisation betreffender Sinngehalt versagt.

Die Mehrzahl der deutschen Staatsrechtslehrer machte die Wendung zu dieser Norm und Faktum versöhnenden Auslegung des Art. 142 WRV mit[157]. Greifbarstes Ergebnis der von Smend entfachten Verfas-

---

[152] S. 44 (61).

[153] Vgl. *Zwirner*, in: AöR Bd. 98 (1973), S. 313 (331). — In der Behauptung von der „Gefährlichkeit und Unrichtigkeit der liberalen Konstruktion des Grundrechts“, vgl. *Smend*, in: VVDStRL Heft 4 (1928), S. 44 (63), offenbart sich die grundsätzliche Ablehnung der liberalen bürgerlichen Staatsidee, wie sie Smend vor allem seiner Schrift „Verfassung und Verfassungsrecht“ zugrundelegte. Die durch ihn eingeleitete Abkehr vom liberalen Charakter der Grundrechte und ihre Entwicklung zu „Grundformen der öffentlichen Ordnung“ bezeichnet *Ernst Rudolf Huber*, in: AöR Bd. 62 (1933), S. 1 (84 ff.), als Bedeutungswandel.

[154] In: VVDStRL Heft 4 (1928), S. 44 (60).

[155] In: Staatsrechtliche Abhandlungen, S. 119 (190).

[156] S. 119 (190 f.).

[157] Im Anschluß an die Staatsrechtslehrertagung im Jahre 1927 modifizierten ehedem dem Positivismus zuneigende Gelehrte ihre Ansicht im Sinne

sungsdiskussion um Charakter und Inhalt der Wissenschaftsfreiheit ist darum sicherlich die grundsätzliche und einhellige Anerkennung seiner Geltung im universitären Bereich. Daneben hat Smends Integrationslehre wohl auch den entscheidenden gedanklichen Ansatz geliefert, die grundrechtliche Gewährleistung in Richtung intensivierter korporativer und organisatorischer Züge der institutionell verstandenen Lehrfreiheit fortzubilden[158]. Nicht allein der Aspekt des stärkeren Realitätsbezuges des Verfassungsrechts zum Zwecke der Förderung einer einheitlichen Staatsidee, sondern auch und vor allem der in der institutionellen Grundrechtsdeutung vorherrschende, von altliberalen Vorstellungen wesentlich entfernte Gesichtspunkt der Grundrechte als zu bewahrender Faktoren der öffentlichen Ordnung determinierten von diesem Zeitpunkt an alle weiteren Versuche der Inhaltsbestimmung der Wissenschaftsfreiheit[159].

Smends, so namentlich *Anschütz*, Die Verfassung des Deutschen Reiches, Anm. 1 zu Art. 142 (ab 8. Aufl. 1928); *Thoma*, in: Nipperdey (Hrsg.), Die Grundrechte und Grundpflichten der Reichsverfassung, Bd. 1, S. 1 (24 f.); ferner *Kitzinger*, ebd., Bd. 2, S. 449 ff. (465 f., 482 ff.); *Giese*, Die Verfassung des Deutschen Reiches, Art. 142 Anm. 1 (ab 8. Aufl. 1931); *Poetzsch-Heffter*, Handkommentar der Reichsverfassung, Art. 142 Anm. 2 (ab 3. Aufl. 1928).

[158] Der korporative Gedanke ist der Integrationslehre wesensimmanent, weil ihr Bemühen dahin geht, die Einheit des Volkes auch indirekt durch Schaffung gegliederter Teileinheiten zu fördern. Ähnlich *Ernst Rudolf Huber*, in: AöR Bd. 62 (1933), S. 1 (62): „Der Sinn der korporativen Garantien ist das Bemühen um Anerkennung der natürlich gewachsenen Einheiten und um ihre Einordnung in den Staat; das Ziel ist also Gliederung (nicht Zersetzung) der staatlichen Einheit." — Für die Wissenschaftsfreiheit im besonderen ergibt sich die Absicht der Einbeziehung korporativer Elemente aus der Hervorhebung der privilegierten Stellung der Gelehrten und beispielhaft aus ihrer ausdrücklich geforderten Beteiligung an der Dienststrafgerichtsbarkeit gegen Kollegen, vgl. *Smend*, in: VVDStRL Heft 4 (1928), S. 44 (71 f.). — Diese Seite der Smendschen Interpretation wird bei *Rainer Schmidt*, in: Maier/Zöller (Hrsg.), Die andere Bildungskatastrophe, S. 136 (141 ff.), kritisch gewürdigt, jedoch mit dem etwas vordergründigen Vorwurf belegt, Smend habe hinter der Konstruktion einer institutionellen Ausdeutung des Grundrechts der Wissenschaftsfreiheit den politisch motivierten Herrschaftsanspruch auf eine privilegierte Stellung der Hochschullehrer verbergen wollen.

[159] Demgemäß war eine wesentliche Folge der institutionellen Interpretation die Verdrängung des Individualcharakters der Grundrechte. Die Gewährleistung subjektiver Rechte wird der Gewährleistung der Institution untergeordnet. Ein subjektives öffentliches Recht aus Art. 142 WRV genießt der einzelne Forscher oder Gelehrte fortan nur noch kraft „individueller Ausstrahlung" der Garantie, vgl. *Köttgen*, Deutsches Universitätsrecht, S. 110; *Ernst Rudolf Huber*, in: AöR Bd. 62 (1933), S. 1 (69); *Carl Schmitt*, Freiheitsrechte und institutionelle Garantien, in: Verfassungsrechtliche Aufsätze, S. 140 (149), und dens., in: Anschütz/Thoma (Hrsg.), HdbDStR, Bd. 2, S. 572 (596); *Kitzinger*, in: Nipperdey (Hrsg.), Grundrechte und Grundpflichten der Reichsverfassung, Bd. 2, S. 449 (458 f.). Wenngleich die Tendenz der Verfassunggebung für die Bundesrepublik auf „Restauration der Weimarer Verhältnisse", so *Ingo Richter*, Bildungsverfassungsrecht, S. 161, gerichtet war, widerspricht eine derartige, das Individuum in den Dienst der Institution stellende und somit die Gefahr der Instrumentalisierung des Grundrechts zugunsten der sich verselbständigen Zwecke der Einrichtung in sich bergende Betrachtungs-

Nachdem sich die Erkenntnis vom vorrangig objektiven Charakter des Art. 142 WRV allgemein Geltung verschafft hatte, zeichnete sich gegen Ende der Weimarer Republik ein weitgehender Konsens der Meinungen darüber ab, welcher sachliche Gehalt der institutionellen Struktur notwendig zugrunde liegt. Dabei hat die Verwendung der von *Carl Schmitt* entwickelten verfassungsrechtlichen Kategorie der institutionellen Garantie die bereits bei Smend angelegte Tendenz verstärkt, Wissenschaft und ihre Lehre als eine öffentliche Einrichtung mit öffentlichen Aufgaben zu begreifen.

Gegenstand der institutionellen Garantie ist nach Carl Schmitt eine „formierte und organisierte und daher umgrenzbare und unterscheidbare Einrichtung öffentlichen Charakters“[160]. Da sich der Begriff der Garantie auf etwas „Gegenwärtiges, formiert und organisiert Bestehendes“[161] bezieht, umfaßt diese Kategorie immer eine rechtlich anerkannte Institution, die bestimmten Aufgaben und bestimmten Zwecken dient[162]. Durch ihren Bezug auf existente Einrichtungen haftet der institutionellen Garantie ein traditionales Element an, das sich im Sinne der allgemeinen Konservierungs- und Stabilisierungsfunktion der Verfassung[163] im Schutzbereich universitärer Wissenschaft und ihrer Lehre dahin auswirkt, die Erhaltung der Eigengesetzlichkeit der Wissenschaft durch „Sicherung derjenigen Organisationsformen, die jenes eigengesetzliche Leben umgrenzen und zur Entfaltung bringen[164], zu erreichen. Diese Bewertung der institutionellen Garantie des Art. 142 WRV führte zu einer weitgehend gefestigten allgemeinen Übereinstimmung, daß „die Lehrfreiheit in ihrer charakteristischen institutionellen Ausgestaltung der wissenschaftlichen Selbstverwaltung“[165] unter verfassungsrechtlichem Schutz stehe[166]. Da deren Eigenart die Zuweisung eines

weise dem Menschenbild des Grundgesetzes, das den einzelnen zwar nicht als souveränes, isoliertes Individuum begreift, dessen (private) Entfaltungsmöglichkeiten aber doch, obschon im Rahmen der „Gemeinschaftsbezogenheit“, zum Wesensmerkmal aller Grundrechtsinterpretationen erhebt. Auch insoweit offenbart sich eine deutliche Grenze der Rezeption Weimarer Interpretationen der Wissenschaftsfreiheit. Allgemein und grundlegend hierzu BVerfGE Bd. 4, S. 7 (15); jetzt auch BVerfGE Bd. 50, S. 290 (337).

[160] Freiheitsrechte und institutionelle Garantien, in: Verfassungsrechtliche Aufsätze, S. 140 (149).

[161] S. 140 (155).

[162] *Carl Schmitt,* Verfassungslehre, S. 170 f.

[163] *Carl Schmitt,* in: Anschütz/Thoma (Hrsg.), HdbDStR, Bd. 2, S. 572 (604); vgl. zu dieser einen Grenzstein des Verfassungswandels bildenden Funktion auch *Konrad Hesse,* in: Festschrift für Scheuner, S. 123 (134).

[164] *Holstein,* in: Das Akademische Deutschland, Bd. 3, S. 127 (133).

[165] *Carl Schmitt,* in: Anschütz/Thoma (Hrsg.), HdbDStR, Bd. 2, S. 572 (595).

[166] So die herrschende Auffassung, vgl. *Gerber,* Die Rechtsgestalt der Universität im Zusammenhang des staatlichen Lebens, in: Die Universität, S. 371 (393); *Holstein,* in: Das Akademische Deutschland, Bd. 3, S. 127 (133); *Friedrich*

Mindestmaßes wesentlicher Aufgaben zur eigenverantwortlichen Erledigung erfordert, wissenschaftliche Tätigkeit in ihrem Kernbereich jedoch für jegliche Art von Verwaltung unzugänglich ist[167], kommen als sachliches Substrat des verfassungsrechtlichen Garantieversprechens die akademischen, wissenschaftsbezogenen Angelegenheiten in Betracht. In einem typisierenden Sinne läßt sich das Besondere dieser Aufgaben damals wie heute dahin umschreiben, daß der „Genossenschaft der am Wissenschaftsprozeß Beteiligten"[168] im kollegialen Zusammenschluß die Verwaltungsorganisation und — unter Umständen auch — die Mittelbereitstellung im einzelnen obliegt. Die verfassungsrechtliche Konstituierung der akademischen Selbstverwaltung gegen Ende der Weimarer Republik enthält somit wiederum Elemente der Wissenschaftskonzeption des Deutschen Idealismus, die sich insofern als wirksam erweisen, als sie der Realität kollegial betriebener, an der Universität konzen-

Klein, Institutionelle Garantien und Rechtsinstitutsgarantien, S. 72 m. w. N.; *Köttgen*, Deutsches Universitätsrecht, S. 110, 113; *Stier-Somlo*, in: AöR Bd. 54 (1928), S. 360 (382 ff.); *Ernst Rudolf Huber* unterscheidet in Weiterführung der Gedanken Carl Schmitts zwei Kategorien institutioneller Garantien, korporative und organisatorische Garantien. Die erste Kategorie umfaßt Verbände mit Rechtspersönlichkeit, deren Existenz und Selbstverwaltungsrechte gewährleistet werden. Zu ihnen zählt Huber die Universitäten. Die zweite Kategorie gilt der Gewährleistung verselbständigter Formen der Staatsorganisation. Vgl. dazu im einzelnen AöR Bd. 62 (1933), S. 1 (51 ff., insbesondere 68 f.). An Ernst Rudolf Hubers Differenzierung anknüpfend, hat *Scholz* unter der Geltung des Grundgesetzes zwischen kompetenzrechtlichen und organisationsrechtlichen Gewährleistungen unterschieden, die Universitäten allerdings im Gegensatz zu Huber den organisationsrechtlichen Institutsgarantien zugeschlagen, vgl. seine Habilitationsschrift, Koalitionsfreiheit als Verfassungsproblem, S. 245 ff., und jüngst seine Kommentierung des Art. 5 Abs. 3 GG bei Maunz/Dürig/Herzog/Scholz, Rdn. 4, 131 ff. In Anbetracht der Vielzahl der Autoren, die sich unter der Geltung der Weimarer Reichsverfassung für die verfassungsrechtliche Gewährleistung der akademischen Selbstverwaltung ausgesprochen haben, erscheint die Schlußfolgerung *Ingo Richters*, Bildungsverfassungsrecht, S. 157 ff., fraglich, die dahin lautet, die Garantie der Selbstverwaltung sei in Wahrheit der Dogmatik der Zeit nach dem Ende des Zweiten Weltkrieges zu verdanken. — Zur Kritik an Hubers Kategorisierung schon *Friedrich Klein*, Institutionelle Garantien und Rechtsinstitutsgarantien, S. 166 ff., ferner *Abel*, Die Bedeutung der Lehre von den Einrichtungsgarantien für die Auslegung des Bonner Grundgesetzes, S. 23, der allerdings die „Selbstverwaltung der wissenschaftlichen Hochschulen ohne weiteres als Korporationsgarantie" ansieht, vgl. S. 42. In neuerer Zeit hat sich *Schmidt-Jortzig* noch einmal ausführlich mit der Rechtsfigur der institutionellen Garantie auseinandergesetzt, vgl. Kommunale Organisationshoheit, S. 82 ff., und dens., Die Einrichtungsgarantien der Verfassung, passim. Die von ihm erarbeitete Definition lautet: „Einrichtungsgarantien sind die erkennbar gesteigerten, verfassungsgesetzlichen Fixierungen von bestimmten, rechtlich wie tatsächlich determinierten Faktoren grundlegend und eigengewichtig ordnender Funktion für das verfaßte Gemeinwesen", s. Die Einrichtungsgarantien der Verfassung, S. 31 f. Auf der Grundlage dieser Definition ist der Bestimmungsversuch Hubers in der Tat zu eng, vgl. *Schmidt-Jortzig*, Kommunale Organisationshoheit, S. 87.

[167] *Köttgen*, Deutsches Universitätsrecht, S. 54.

[168] *Thieme*, Deutsches Hochschulrecht, S. 8.

trierter Wissenschaft entsprechende Organisationsformen perpetuieren und zugleich das Verhältnis zwischen Staat und Universität insofern klären, als der Universität im Bereich akademischer Angelegenheiten eigene Rechtssetzungs- und Verwaltungsbefugnisse zuerkannt werden[169]. Wird das Selbstverwaltungsprinzip in dieser Weise als ein den Aufgabenbereich Forschung und Lehre für die Universitäten indirekt mitgarantierendes Prinzip[170] verstanden, so ebnet seine Aufnahme in den Schutzbereich des Art. 142 WRV in der Tat den Weg zur Garantie der Universität als Typus, da sich die Garantie wesentlicher Aufgaben von der Garantie des Bestandes der Einrichtung, welcher die Aufgaben zugeordnet sind, schwerlich trennen läßt. Welche Aufgaben aber mit der Garantie akademischer Selbstverwaltung als notwendig verbunden zu gelten haben, hängt von der geschichtlichen Entwicklung und den jeweiligen allgemeinen verfassungspolitischen Zuständen ab und ist deshalb einem gewissen Wandel unterworfen[171].

Zur endgültigen Aufklärung der verfassungsrechtlichen Frage nach dem Schutz der Einheit von Forschung und Lehre ist demnach im folgenden der Blick von der Vergangenheit auf die gegenwärtige Gestalt der wissenschaftlichen Hochschule und auf die ihr heute obliegenden Aufgaben zu wenden.

---

[169] Sehr weitgehend in dieser Richtung die Forderung nach verfassungskräftiger Anerkennung der Körperschaftlichkeit der Universitäten *Gerber*, Die Rechtsgestalt der Universität im Zusammenhang des staatlichen Lebens, in: Die Universität, S. 371 (393), ferner vgl. Teil II FN 5.

[170] *Ernst Rudolf Huber*, in: AöR Bd. 62 (1933), S. 1 (66).

[171] *Ernst Rudolf Huber*, S. 1 (66 FN 119).

TEIL II

Der empirische Typ der wissenschaftlichen Hochschule

Wie die bisherigen Überlegungen gezeigt haben, lassen sich aus Wortlaut, systematischer Stellung und geschichtlichem Hintergrund des Art. 5 Abs. 3 Satz 1 GG für die Frage der Einheit von Forschung und Lehre nur begrenzte Schlußfolgerungen ableiten. Der spezifische Rechtsgehalt des Begriffes Wissenschaft erschließt sich vielmehr erst, wenn er gedeutet wird als ein Rechtsbegriff, der die vorgegebene und vorausgesetzte Faktizität der unter den heute obwaltenden sozio-ökonomischen, politischen und kulturellen Bedingungen ausgeübten Wissenschaft umfaßt und begreift.

Gelänge es infolgedessen, für den Bereich der wissenschaftlichen Hochschule Strukturmerkmale aufzufinden, die einem durch Zeit und veränderte Umstände bedingten Bedeutungswandel dieser Institution standhielten, und wären diese Eigenschaften insofern als charakteristisch zu bezeichnen, als sie allen Hochschulen, wenngleich nicht notwendig in gleicher Stärke und Ausprägung zueigen wären, so könnte der so gefundene invariante Typ[1] der wissenschaftlichen Hochschule die Grundlage der weiteren Untersuchung bilden, ob und in welchem Umfang diesen empirischen Kriterien normative Kriterien der Verfassungsgewährleistung korrespondieren.

In einem weiteren Entwicklungsschritt wäre dann zu klären, wie sich das Prinzip der Einheit von Forschung und Lehre in den solchermaßen abgesteckten Sach- und Normbereich einordnen läßt.

---

[1] Zur Verwendung von „Typen" in der Rechtswissenschaft vgl. *Larenz*, Methodenlehre der Rechtswissenschaft, S. 443 ff., 453, und die neuere, umfassende rechtstheoretische Studie von *Kuhlen*, Typuskonzeptionen in der Rechtstheorie, passim, insbesondere S. 87 ff.; ferner *Lerche*, Übermaß und Verfassungsrecht, S. 236 ff., besonders deutlich S. 243 FN 339 und S. 246 FN 344, an welcher Stelle er auf das „Typische" eines grundrechtlich eingefangenen Normenkomplexes abstellt. Auch *Köttgen*, in: Neumann u. a. (Hrsg.), Die Grundrechte, Bd. 2, S. 291 (320), macht den „verbindlich fixierten Universitätstyp" zum Ausgangspunkt seiner verfassungsrechtlichen Überlegungen.

1. Abschnitt: Geschichtliche Grundlagen und gegenwärtige Gestalt der wissenschaftlichen Hochschule

I. Wesenszüge der traditionellen deutschen Universität

Die „klassische Universität“[2], wie sie sich seit dem 19. Jahrhundert bis in die nahe Vergangenheit in Deutschland entwickelt hat, ist gekennzeichnet durch ein ambivalentes Verhältnis zum Staat, dessen Ursachen u. a. in der vorgegebenen Unterschiedlichkeit universitärer Aufgabenwahrnehmung zu suchen sind: Die Universitäten haben von jeher zugleich als bedeutsames Ausbildungsorgan des Staates und als Träger der Wissenschaft fungiert[3]. War im Bereich der Berufsausbildung ein Höchstmaß staatlicher Einflußnahme erlaubt, so gebot die sachgerechte Betreuung der Forschung und der wissenschaftlichen Lehre trotz staatlicher Finanzierungsnotwendigkeit eine spezifische Distanz zum Staat.

Diese eigentümliche Spannungslage[4] findet ihren beredten Ausdruck in dem langanhaltenden Streit um die stärker anstaltlichen oder körperschaftlichen Züge der Universität[5], der bis zur preußischen Regelung

---

[2] *von Lübtow/Harder*, Autonomie oder Heteronomie der Universität, S. 10; zur Geschichte der Universität bis zum 19. Jahrhundert vgl. *Bornhak*, Die Rechtsverhältnisse der Hochschullehrer in Preußen, S. 1 ff.

[3] Die vielfältigen Verwaltungsaufgaben sollen bei diesen prinzipiellen Erörterungen außer Betracht bleiben. Vgl. dazu die Aufstellung schon bei *Köttgen*, Deutsches Universitätsrecht, S. 172 ff.

[4] Zum Verhältnis des Staates zur Universität vgl. *Ludwig Raiser*, Die Universität im Staat, S. 7 ff.

[5] Die ältere Literatur sprach sich für den Anstaltscharakter der Universität aus, vgl. *Otto Mayer*, Deutsches Verwaltungsrecht, Bd. 2, S. 338; *Anschütz*, Die gegenwärtigen Theorieen über den Begriff der gesetzgebenden Gewalt und den Umfang des königlichen Verordnungsrechtes nach preussischem Staatsrecht, S. 67; *Peters*, in Anschütz/Thoma (Hrsg.), HdbDStR, Bd. 2, S. 264 (273); *Walter Jellinek*, Verwaltungsrecht, S. 521; *von Turegg*, Lehrbuch des Verwaltungsrechts, S. 414, 3. Aufl. 1956, und S. 684, 4. Aufl. 1962, fortgeführt von Erwin Kraus; *Forsthoff*, Lehrbuch des Verwaltungsrechts, Bd. 1, S. 455, 470, 9. Aufl. 1966, und S. 489, 10. Aufl. 1973: Anstalt mit körperschaftlichen Elementen. Für ihren Körperschaftscharakter plädierten *Köttgen*, Deutsches Universitätsrecht, S. 33 ff.; *Holstein*, in: Das Akademische Deutschland, Bd. 3, S. 127 (128 ff.); *Gerber*, Die Rechtsgestalt der Universität im Zusammenhang des staatlichen Lebens, in: Die Universität, S. 371 ff., und ders., Hochschule und Staat, S. 11 ff.; *Hubrich*, in: AöR Bd. 38 (1918), S. 219 (226, 235, 255), im Gegensatz etwa zu *Wende*, Grundlagen des preußischen Hochschulrechts, S. 31 ff., der die Abhängigkeit vom Staat stärker betonte; *von Lübtow/Harder*, Autonomie oder Heteronomie der Universitäten, S. 33; mit Einschränkungen auch *Franz Mayer*, Von der Rechtsnatur der Universität, S. 18 ff., und *Ernst E. Hirsch*, in: Vom Geist und Recht der Universität, S. 3 (6 ff.). — Die Ansicht, daß es sich um eine anstaltliche und körperschaftliche Elemente vereinigende Mischform handele, überwiegt heute, vgl. grundlegend *Hans J. Wolff*, Die Rechtsgestalt der Universität, S. 19 ff., und dens., Verwaltungsrecht II, § 93 II, S. 274; *Thieme*, Deutsches Hochschulrecht, S. 105 ff.; *Oppermann*, Kulturverwaltungsrecht,

in §§ 1, 2, 67, 68 II ALR zurückreicht[6] und heute als im wesentlichen beigelegt gelten kann. Die nicht erst neuerlich den wissenschaftlichen Hochschulen zuerkannte Rechtsform einer Körperschaft des öffentlichen Rechts war und ist jedenfalls geeignet, den korporativen Charakter der Institution zu unterstreichen und damit der in der deutschen Universitätstradition für wesentlich erachteten wissenschaftlichen Betätigungsmöglichkeit in personaler Gemeinschaft von Lehrenden und Lernenden mit der Bereithaltung eines Mindestmaßes an Rechtssetzungs-, Organisations- und Verwaltungsbefugnissen den rechtlich fundierten Rahmen zu bieten[7]. Gleichwohl verblieben vor allem die Finanzhoheit, die Gründungs- und Organisationsgewalt und wesentliche Teile der Personalhoheit beim Staat[8], so daß ein kompliziertes System entstand, das die universitären Organe auch im Bereich der eigenverantwortlich wahrgenommenen Aufgaben dem faktischen Zwang zur Einigung mit dem Staat aussetzte[9].

Diese Notwendigkeit wurde verstärkt durch das den deutschen Universitäten eigene System von Instituten, Seminaren, Laboratorien, die

S. 322; *Gallas*, Die Staatsaufsicht über die wissenschaftlichen Hochschulen, S. 87 f.

[6] § 1 II 12 ALR lautet: „Schulen und Universitäten sind Veranstaltungen des Staates, welche den Unterricht der Jugend in nützlichen Kenntnissen und Wissenschaften zur Absicht haben."

§ 2 II 12 ALR lautet: „Dergleichen Anstalten sollen nur mit Vorwissen und Genehmigung des Staates errichtet werden."

§ 67 II 12 ALR lautet: „Universitäten haben alle Rechte privilegierter Corporationen."

§ 68 II 12 ALR lautet: „Die innere Verfassung derselben, die Rechte des akademischen Senats, und seines jedesmaligen Vorstehers, in Besorgung und Verwaltung der gemeinschaftlichen Angelegenheiten, sind durch Privilegien, und die vom Staate genehmigten Statuten einer jeden Universität bestimmt."
Wie die Praxis der Staatsverwaltung über die Universitäten in Preußen ausgesehen hat, schildert anschaulich *Bornhak*, Geschichte der preussischen Universitätsverwaltung bis 1810, S. 174 ff.; für die spätere Zeit vgl. *Oppermann*, Kulturverwaltungsrecht, S. 79, mit umfangreichen Anmerkungen.

[7] Für den früheren Rechtszustand vgl. *Thieme*, Deutsches Hochschulrecht, S. 100 f., und *Oppermann*, S. 85 FN 47; für das geltende Recht sei auf § 58 HRG und die ihm angepaßten gesetzlichen Bestimmungen der Landeshochschulgesetze hingewiesen, in denen den Hochschulen ausdrücklich körperschaftlicher Charakter attestiert und Selbstverwaltung eingeräumt wird: § 5 Abs. 1 bwUG; Art. 3 Abs. 1 BayHSchG; § 2 Abs. 1 BerlHG; § 2 BremHG; § 2 Abs. 1 HmbHG; § 1 Abs. 1 HHG; § 72 Abs. 1 NHG; § 2 Abs. 1 nwWissHG; § 4 Abs. 1 und 2 rpHochSchG; § 15 Abs. 2, § 16 SUG; § 9 Abs. 1, § 10 shHSG.

[8] *Oppermann*, Kulturverwaltungsrecht, S. 97 f. Das korporative Element organisatorischer Gestalt überwiegt bezüglich des der Universität eingeräumten Vorschlagrechts bei der Ergänzung des Lehrkörpers, bei der akademischen Selbstverwaltung und in Form der Beteiligung an der eigenen Satzungsgebung, vgl. *Oppermann*, S. 297, 307.

[9] Zu dem hiermit verbundenen, schwer durchschaubaren Nebeneinander von Staatsverwaltung und Selbstverwaltung vgl. statt vieler *Kimminich*, in: von Münch (Hrsg.), Besonderes Verwaltungsrecht, Stichwort Wissenschaft, S. 679 (693).

regelmäßig in die Rechtsform unselbständiger, universitätsinterner Staatsanstalten[10] gekleidet waren und bei Ausschaltung des Einflusses der akademischen Instanzen — insbesondere der Fakultäten — unter der Leitung eines oder mehrerer Institutsdirektoren standen[11].

Institute und Seminare wurden zum „Lebensnerv der Universitäten"[12]. In ihnen wurden dank der staatlichen Finanzierung und Ausstattung vor allem Forschungsleistungen auf naturwissenschaftlichem Gebiet ermöglicht. Seminare und Institute bildeten aber auch einen integralen Bestandteil des Lehrbetriebes, wenngleich es nicht für alle Fächer an allen Universitäten die entsprechenden Einrichtungen gab[13]. Im Detail der Instituts- und Seminargliederung wird einmal mehr sichtbar, bis in welche feinen Verästelungen der Hochschulorganisation staatlicher Einfluß manifest wurde. Auch dieses Faktum gehört zu den Gegebenheiten deutscher Hochschultradition.

In quantitativer und qualitativer Hinsicht nicht unerheblich war darüber hinaus der aus dem Hochschulwesen ausgegliederte Bestand an öffentlichen Forschungseinrichtungen, die teils als unmittelbar der Staatsverwaltung eingegliederte Anstalten, teils als Körperschaften des öffentlichen Rechts oder als eingetragene Vereine[14] Forschungsaufgaben im staatlichen Interesse wahrnahmen. Diesen Aspekt der Doppelgleisigkeit staatlich (mit-)bestimmter Forschungstätigkeit gilt es gleichfalls als für das deutsche Hochschulwesen typische Gestaltungsform festzuhalten.

Die empirische Betrachtung der beiden Organisationsweisen der Forschung, zum einen in Universitätsinstituten, zum anderen in staatlichen Forschungsinstitutionen außerhalb der Universität, zeigt wesentliche Grundstrukturen der Forschung und ihres Verhältnisses zur Lehre auf.

---

[10] Zu den an Universitäten bestehenden selbständigen Anstalten vgl. die Beispiele bei *Oppermann*, S. 87 FN 58.

[11] Sie wurden vom zuständigen Minister ernannt und konnten — so die Regelung in Preußen — durch jederzeitigen Widerruf entlassen werden. Die Streitfrage, ob die Institutsverwaltung bei dieser Art der Gestaltung zur Selbstverwaltung zu zählen ist, — bejahend trotz der auf die eigenständige, aber nachträglich kontrollierte Ausgabe staatlicher Mittel beschränkten Unabhängigkeit von den staatlichen Instanzen *Köttgen*, Deutsches Universitätsrecht, S. 193 ff., verneinend *Thieme*, Deutsches Hochschulrecht, S. 199 — mag auf sich beruhen. Wenn man die Tatsache betont, daß die Leitung der Institute in den Händen von Lehrstuhlinhabern lag, kann man dieser personalen Verflechtung ein Element akademischer Bestimmung entnehmen und Köttgens Auffassung folgen. Sieht man den Schwerpunkt der organisatorischen Ausgestaltung hingegen in der staatlichen Kontrollmöglichkeit, ist die Meinung Thiemes zu bevorzugen.

[12] *von Staa*, in: Das Akademische Deutschland, Bd. 3, S. 263 (267).

[13] *von Staa*, S. 263 (270).

[14] *Oppermann*, Kulturverwaltungsrecht, S. 110, 112 f.

Weder die eine noch die andere institutionelle Lösung realisierte eine symbiotische Verbindung von Forschung und Lehre, wie sie als Leitbild der deutschen Kulturtradition vorgeschwebt hat. Das Instituts- und Seminarsystem ermöglichte zwar Forschung und Lehre an der Universität, deutlich prägend wirkte hier aber der präponderante staatliche Einfluß als trennendes Moment in die organisatorische Gestaltung der funktionellen Beziehungen von Forschung und Lehre hinein. Wenn dieses System dennoch Forschung und Lehre einer allgemein zufriedenstellenden wechselseitigen Befruchtung öffnen konnte, so lag dies im wesentlichen in dem Faktum begründet, daß wissenschaftliche Entfernung der Forschung von der Lehre deutlich gehemmt und institutionell aufgefangen wurde im Medium der Personalunion Institutsdirektor/Lehrstuhlinhaber.

Die Prävalenz der personalen Komponente der Einheit von Forschung und Lehre, die bereits in den Schriften der deutschen Idealisten hervorgetreten war, nimmt jetzt eine den neuen Bedürfnissen der wissenschaftlichen Spezialisierung angepaßte, kompliziertere organisatorische Form an. Im Kern bleibt aber die Verbindung von Forschung und Lehre in der Person des Hochschullehrers, seine die beiden Aufgaben integrierende Funktion, erhalten.

Und selbst in außeruniversitären Forschungsinstitutionen, wie etwa den Max-Planck-Gesellschaften, wirkt das personale Element der Verbindung von Forschung und Lehre praktisch bedeutsam fort, da die personelle Verflechtung zwischen diesen und den wissenschaftlichen Hochschulen durchaus üblich war und ist[15].

Ein weiteres bedeutsames Element, das zu den hergebrachten Besonderheiten des deutschen Hochschulwesens gezählt wird, ist der Anspruch der Universalität im Sinne der Repräsentanz aller natur- und geisteswissenschaftlichen Fächer an derselben Universität. Die der Vorstellungswelt des Humanismus entlehnte Konzeption einer „universitas litterarum“ ist allerdings niemals voll verwirklicht worden[16], obgleich

---

[15] Vgl. dazu *Butenandt*, in: MittHV Bd. 16 (1968), S. 47 (50), und entsprechend dieser Praxis Empfehlungen des Wissenschaftsrates zum Ausbau der wissenschaftlichen Einrichtungen, Teil III, 1965, Forschungseinrichtungen, Bd. 1, S. 34.

[16] Abgesehen von ihrer Verwirklichung in der Berliner Universitätsgründung von 1810. Entgegen dem zu jener Zeit in Frankreich herrschenden System der einzelnen wissenschaftlichen Fachhochschulen hatte Wilhelm von Humboldt durchsetzen können, daß die zahlreichen selbständigen wissenschaftlichen Fachinstitute der neuen Universität als der Forschung und Lehre umfassenden Stätte inkorporiert wurden. Einzelheiten hierzu bei: *Ernst Rudolf Huber*, Deutsche Verfassungsgeschichte seit 1789, Bd. 1, S. 286 ff. Zur Gründung von Technischen Hochschulen und Handelshochschulen seit der 2. Hälfte des 19. Jahrhunderts und zur Sonderentwicklung der Pädagogischen Akademien vgl. die Nachweise bei *Oppermann*, Kulturverwaltungsrecht, S. 88 f.

ihr eine gewisse Leitbildfunktion nicht abzusprechen ist[17]. Es wäre aber angesichts dieser Erkenntnisse deshalb sowohl für die Vergangenheit als auch für die Gegenwart verfehlt, das Merkmal der Universalität des wissenschaftlichen Wirkungskreises zum identitätsbegründenden Faktor des empirischen Typus der wissenschaftlichen Hochschule zu erheben.

Aus der Tatsache, daß sich die Universitäten über die bloß räumliche Verbindung von Forschung und Lehre hinaus zur Stätte von Forschung und wissenschaftlicher Lehre par excellence herausgebildet haben, könnte sich dagegen weit eher eine typusbegründende Qualifikation ableiten lassen.

Wie bereits im Zuge der historischen Betrachtungen nachgewiesen wurde[18], unterschied sich die Universität von den übrigen Formationen des kulturstaatlichen Bereiches durch die im Geiste der Freiheit bewirkte Erziehung zu wissenschaftlichem Denken, für die der genossenschaftliche Verband von Lehrenden und Lernenden die beste Gewähr zu bieten schien. Dieses Moment der personalen Gemeinschaft — eindeutiger noch die Vereinigung der Funktionen Forschung und Lehre in der Person des Hochschullehrers — und ihre Wahrnehmung an der Universität bildeten in der Wirklichkeit das zentrale Charakteristikum der deutschen Universität und sorgten für ihre öffentliche Autorität und soziale Geltung.

II. Abweichungen vom überkommenen Grundtypus

In der jüngsten Vergangenheit sind noch die letzten Schwingungen einer tiefgreifenden und stürmischen Reformbewegung spürbar, die die Universität bis in die Grundfesten erschüttert hat.

Ohne an diesem Ort ein detailliertes Bild der mannigfachen Veränderungen im Hochschulbereich zeichnen zu wollen, muß doch der Versuch unternommen werden, in Umrissen zu erfassen, in welcher Form die traditionellen und essentiell-typischen Struktur- und Organisationsmerkmale überdauert haben. Auf diese Weise lassen sich die hinter der Vielfalt der institutionellen Ausprägungen verborgenen beherrschenden Grundelemente universitärer Wirklichkeit herausschälen.

Unverändert geblieben ist die körperschaftliche Struktur der wissenschaftlichen Hochschule, die ihr im Rahmen der Gesetze Rechtssetzungsgewalt und Selbstverwaltung sichert[19]. Die neuere Entwicklung läßt

---

[17] *Menze*, Die philosophische Idee der Universität und ihre Krise im Zeitalter der Wissenschaften, in: Vierteljahresschrift für wissenschaftliche Pädagogik (1976), S. 44 (51).

[18] s. Teil I 3. Abschn. II.

jedoch die fortschreitende Tendenz eines überwiegenden staatlichen Einflusses erkennen, die in praxi Einschränkungen der universitären Unabhängigkeit mit sich bringt.

Neben den Eingrenzungen der Autonomie, die die wissenschaftliche Hochschule durch die Gesetzgebung erfahren hat[20], bedingt das faktische Übergewicht der Berufsausbildungsaufgabe ein Zurückweichen der eigentlichen wissenschaftlichen Agenden. Und es braucht nicht besonders betont zu werden, daß sich proportional dem wachsenden Finanzbedarf gerade der Forschung die Abhängigkeit von staatlicher Machtausübung vergrößert. Allgemein gesehen, steigt die Notwendigkeit staatlich-universitärer Kooperation[21], so daß die Konturen des eigenständigen Aufgabenbereiches immer mehr verschwimmen.

Nach wie vor theoretisch und praktisch unbewältigt ist die Problematik, die mit der Verwirklichung des Neuordnungskonzeptes des Hochschulrahmengesetzes in bezug auf die Schaffung von Gesamthochschulen verknüpft ist (§ 4 Abs. 2 HRG). Der Bundesgesetzgeber stellt drei Möglichkeiten des Verbundes zur Auswahl:

1. das Modell integrierter Gesamthochschulen, das einen organisatorischen Zusammenschluß von wissenschaftlichen Hochschulen und Fachhochschulen vorsieht (§ 5 Abs. 1 HRG);
2. das Modell der kooperativen Gesamthochschulen, bei dem der Zusammenschluß der Hochschule unter Aufrechterhaltung der rechtlichen Selbständigkeit der einzelnen Hochschule erfolgen soll (§ 5 Abs. 1 Satz 2 HRG) und

---

[19] Vgl. § 58 HRG und die entsprechenden Regelungen der Hochschulgesetze der Bundesländer s. Teil II FN 7.

[20] Zu denken ist etwa an die Einführung der Präsidialverfassung, § 62 HRG: § 12 bwUG; Art. 13, Art. 13 a, Art. 14 BayHSchG; §§ 70 - 72 BerlHG; §§ 80, 81 HmbHG; §§ 10, 11 HUG; §§ 82 - 84 NHG; § 66 Abs. 2, § 74 rpHochSchG; § 25 Ziff. 3, § 32 SUG; § 35 Ziff. 3, § 47 shHSG. In den Bundesländern besteht die Tendenz, für größere Hochschulen die Präsidialverfassung vorzusehen, es bei kleineren Hochschulen bei der Rektoratsverfassung bewenden zu lassen. Das neue nwWissHG sieht als Leitungsspitze zwei Organe vor: Rektor und Rektorat, §§ 19, 20 nwWissHG. Zu den mannigfachen Abwandlungen der beiden Leitungssysteme in den neuen Hochschulgesetzen vgl. die mit Kritik bedachte Übersicht bei *Avenarius*, Hochschulen und Reformgesetzgebung, S. 70 ff. Hier finden sich auch weiterführende Hinweise zum der Gesetzgebung vorangegangenen Streitstand in dieser Frage (S. 71).

[21] Vgl. § 60 HRG betreffend das grundsätzliche Zusammenwirken von Land und Hochschule, ferner die Koordinationsaufgaben im Rahmen der Studienreform, §§ 8, 9 HRG, und in bezug auf die Forschung § 23 HRG, dgl. das Zusammenwirken bei der Aufstellung des Hochschulgesamtplanes eines Landes, §§ 68, 69 HRG. Zum veränderten Verhältnis zwischen Staat und Hochschule unter der Geltung des HRG vgl. *Hans von Mangoldt*, Universität und Staat — Zur Lage nach dem Hochschulrahmengesetz, S. 21 ff.

3. subsidiär, ein schlichtes Zusammenwirken der Hochschulen im Wege der Vereinbarung nach Maßgabe des Landesrechts (§ 5 Abs. 1 Satz 3, § 6 Abs. 1 HRG).

Die Aufgabenstellung der Fachhochschulen einerseits, die „durch anwendungsbezogene Lehre auf berufliche Tätigkeiten vorbereiten sollen, die die Anwendung wissenschaftlicher Erkenntnisse und Methoden erfordern"[22], und der wissenschaftlichen Hochschulen andererseits, die der „Pflege und der Entwicklung der Wissenschaften durch Forschung, Lehre und Studium" zu dienen haben[23], lassen es zumindest schwer vorstellbar erscheinen, das in § 4 Abs. 3 Ziffer 1 HRG primär intendierte Reformziel der Verbindung der verschiedenen Aufgaben in der erwünschten Weise der Schaffung eines Angebotes von „inhaltlich und zeitlich gestuften und aufeinander bezogenen Studiengängen" zu erreichen[24].

Eng damit zusammen hängt die Frage, ob nicht die Abschaffung des Hochschullehrers und seine Ersetzung durch den Professor im Sinne der §§ 42 ff. HRG in der dienstrechtlich-funktionellen Typik des Hochschulrechts auf lange Sicht[25] die Leitbildfunktion des in seiner Person Forschungs- und Lehraufgaben vereinenden Professors so weitgehend schwächt, daß man diesbezüglich vom Verlust eines traditionell typusbestimmenden Merkmales sprechen müßte. In die gleiche Richtung könnte sich die allenthalben vorgenommene und zum Teil nicht mehr rückgängig zu machende Veränderung im Stellengefüge der Lehrkörper der einzelnen wissenschaftlichen Hochschule auswirken[26].

---

[22] So z. B. die gesetzliche Umschreibung in § 3 Abs. 1 Satz 1 nwFHG.

[23] § 2 Abs. 1 Satz 1 HRG.

[24] Vgl. ausdrücklich § 1 Abs. 1 Satz 1 nwGHEG: „Die Gesamthochschulen vereinigen die von den wissenschaftlichen Hochschulen und den Fachhochschulen wahrzunehmenden Aufgaben in Forschung, Lehre und Studium mit dem Ziel der Integration." Demgegenüber einschränkend jetzt § 5 Abs. 2 Ziff. 1 nwWissHG. — Zur Gesamthochschulproblematik vgl. nunmehr *Avenarius*, Hochschulen und Reformgesetzgebung, S. 20 ff.

[25] Die durch das HRG und die neuen hochschulgesetzlichen Regelungen der Bundesländer bewirkten Veränderungen haben eine von *Dallinger*, in: JZ 1980, S. 337 (338), als Professorenschub bezeichnete Vermehrung der Professorenstellen hervorgerufen, da diejenigen Angehörigen des sogenannten Mittelbaus, die die geforderten Qualifikationen und Funktionen haben, zu Professoren aufrücken. Die gegenwärtige Zahl von ca. 8 000 ordentlichen Professoren wird nach Dallinger sonach verdreifacht werden, wobei noch ca. 8 000 neue Professoren an Fachhochschulen hinzukommen.

[26] Gem. § 42 HRG besteht das hauptberuflich tätige wissenschaftliche Personal aus den Professoren, den Hochschulassistenten, den wissenschaftlichen Mitarbeitern sowie den Lehrkräften für besondere Aufgaben. — Zum Vergleich der Verschiebung der Zahlenverhältnisse zwischen ordentlichen Professoren und sonstigem wissenschaftlichen Personal: Im Jahre 1966 betrug der Anteil an ordentlichen Professoren von einer Gesamtzahl von 26 654 Stellen 3 794, im Jahre 1977 stand der Zahl von 14 302 Professoren eine Zahl von 19 282 Assistenten und 17 528 wissenschaftlichen und künstlerischen Mit-

Was den Professor an einer wissenschaftlichen Hochschule betrifft, könnte man Bedenken dieser Art natürlich vorderhand entgegenhalten, sie seien in Anbetracht der in allen neueren Hochschulgesetzen enthaltenen Umschreibungen der Dienstaufgaben des Professors mit ausdrücklicher Betonung der Forschungs- und Lehraufgaben[27] gar nicht relevant. Dem ist indessen zu erwidern, daß Wirklichkeits- und intendierter Ordnungsgehalt einer gesetzlichen Bestimmung sehr wohl auseinanderklaffen können. Im Trend der Zeit liegen jedenfalls auch in bezug auf Stellung und Funktionen des Professors vielfältige Veränderungen, die im Ergebnis die Gefahren eines unausgewogenen Verhältnisses von Forschungs-, Lehr- und Verwaltungsaufgaben zu Lasten der Forschungsaufgabe heraufbeschwören[28].

Dennoch besteht keine Veranlassung, der idealtypischen Vorstellung des Hochschullehrers Valet zu sagen. Der gesetzlich fixierte Befund garantierter wissenschaftlicher Betätigung in Forschung und Lehre entspricht auch bei kritischer Beurteilung der faktischen Verhältnisse der heutigen Hochschulsituation. Zur Begründung und zum Beleg mag ein Hinweis auf die Ausstattung der Hochschulen mit wissenschaftlichem Personal genügen: So standen den wissenschaftlichen Hochschulen für das Jahr 1977 72 930 Stellen für wissenschaftliches, d. h. mit Forschungs- und/oder Lehraufgaben betrautes Personal zur Verfügung, 14 302 Personen nahmen die dienstrechtliche Stellung eines Professors ein[29]. Eine derartige Größenordnung reflektiert die her-

arbeitern gegenüber, die sämtlich im Bereich der Lehre eingesetzt werden können, vgl. § 47 Abs. 3 Satz 2, § 53 Abs. 1 Satz 2, §§ 55, 56 HRG. Zahlenangaben entnommen aus: *Statistisches Bundesamt* (Hrsg.), Statistisches Jahrbuch für die Bundesrepublik Deutschland 1969, S. 86, und 1979, S. 355. — Herbe Kritik an der Personalkörperstruktur des HRG üben *Blümel*, in: Öffentlicher Dienst, Festschrift für Ule, S. 287 (291 ff.), und *Rupp*, in: Rechtsfragen im Spektrum des Öffentlichen, Festschrift für Armbruster, S. 287 ff.

[27] Sofern Forschung und Lehre zum Aufgabenbereich seiner Hochschule gehören, § 43 Abs. 1 HRG; entsprechend die Regelungen in den einzelnen Landeshochschulgesetzen, vgl. § 64 Abs. 1 bwUG; Art. 9 Abs. 1 BayHSchG; § 133 Abs. 1 BerlHG; § 17 Abs. 1 BremHG; § 12 Abs. 1 HmbHG; § 39 Abs. 1 HUG; § 55 Abs. 1 NHG; § 48 Abs. 1 nwWissHG; § 45 Abs. 1 rpHochSchG; § 58 Abs. 1 SUG; § 92 Abs. 1 shHSG.

[28] Neben der Vertretung ihres Faches in Forschung und Lehre obliegen dem Professor die in § 43 Abs. 1 Satz 2 HRG aufgeführten hauptberuflichen Tätigkeiten: Beteiligung an Aufgaben der Studienreform und Studienberatung, Mitwirkung an der Verwaltung der Hochschule, Abnahme von Prüfungen und Wahrnehmung von Aufgaben gem. § 2 Abs. 8 HRG. — Zur prozentualen zeitlichen Belastung durch die genannten Tätigkeiten vgl. den Werkstattbericht von *Rüdiger Schulz* über eine Repräsentativumfrage unter wissenschaftlichem Personal, in: WissR (1979), Beiheft 7, S. 67 (72): 42 % Lehrtätigkeit, 23 % Forschung, 12 % Gremientätigkeit, 7 % Prüfungen, 16 % andere Dienstaufgaben.

[29] s. hierzu und zu weiteren Aufschlüsselungen: *Statistisches Bundesamt* (Hrsg.), Statistisches Jahrbuch für die Bundesrepublik Deutschland 1979, S. 355, und die approximativen Zahlenangaben bei *Kreyenberg*, in: WissR (1979), Beiheft 7, S. 81 f.

ausgehobene Stellung der Hochschullehrer. Sie wird bestätigt durch die vom Bundesverfassungsgericht aufgestellten[30] und in den Hochschulgesetzen der Bundesländer[31] inzwischen berücksichtigten Grundsätze, daß dieser Personengruppe in Fragen der Lehre ein maßgebender, in Forschungsfragen ein weitergehender, ausschlaggebender Einfluß vorbehalten bleibt. Dieser Sachverhalt ist immerhin ein Indiz für die empirisch zutreffende Feststellung, die Verbindung von Forschung und Lehre in der Person des Hochschullehrers gehöre auch in der Gegenwart zu den typischen Wesenszügen der wissenschaftlichen Hochschule.

Damit hängt ein Letztes zusammen: der Fortbestand der der Institution wissenschaftliche Hochschule zugewiesenen Aufgaben in Forschung und Lehre[32].

Die Weiterführung der institutionellen Verflechtung von Forschung und Lehre ist nicht die zwangsläufige Folge der soeben für die Gegenwart bejahten Verbindung von Forschung und Lehre in der Person des Hochschullehrers, ist es doch denkbar, daß dem Hochschullehrer außerhalb der wissenschaftlichen Hochschule Gelegenheit zur Forschung eingeräumt wird und er an der wissenschaftlichen Hochschule ausschließlich seiner Lehrverpflichtung nachkommt. Auch bei einer derartigen Konstellation bestünde eine personal verwirklichte Einheit von Forschung und Lehre. Vielmehr handelt es sich um eine parallel verlaufende, eigenständige Entwicklung und bewußte Entscheidung für den Bestand der wissenschaftlichen Hochschule in der überkommenen Form.

Demnach wird man trotz aller Veränderungen mit einem gewissen Vorbehalt sagen dürfen, ein grundlegender Wandel der Institution im Sinne eines echten Bruches mit der Universitätstradition sei nicht zu verzeichnen.

---

[30] BVerfGE Bd. 35, S. 79 (80) Leitsatz 8, S. 125, 134 f.; BVerfGE Bd. 39, S. 247 (255 f.); BVerfGE Bd. 43, S. 242 (269 f., 274 f.); BVerfGE Bd. 47, S. 327 (367 ff., 388 ff.); BVerfGE Bd. 51, S. 369 (379).

[31] § 18 Abs. 2 Ziff. 2, § 19 Abs. 2 Ziff. 2, § 25 Abs. 2 Ziff. 2 bwUG; Art. 18 Abs. 2, Art. 19 Abs. 2, Art. 20, Art. 28 Abs. 2 BayHSchG; §§ 61 - 63 BerlHG; § 98 Abs. 1 und 2 BremHG; §§ 85, 94, 99 Abs. 2, § 107 Abs. 4 HmbHG; § 14 Abs. 2, § 17 Abs. 1, § 24 Abs. 2 HUG; § 79 NHG; §§ 13, 14 nwWissHG; § 35 rpHochSchG; § 54 SUG.

[32] Über die hier angeführten Wesenszüge der wissenschaftlichen Hochschule hinaus rechnet *Oppermann*, Kulturverwaltungsrecht, S. 88, u. a. auch die Hochschulreife als Zulassungsvoraussetzung und die Rektoratsverfassung hierher, von denen mit Sicherheit die Rektoratsverfassung obsolet geworden ist.

2. Abschnitt: Die empirische Bewährung des typusbegründenden Merkmals der Beschäftigung mit wissenschaftlichen Agenden

Die empirische Gültigkeit der Charakterisierung der wissenschaftlichen Hochschule als der Stätte von Forschung und wissenschaftlicher Lehre könnte durch die sich anbahnende Entwicklung der Erweiterung der Hochschulaufgaben um den Bereich der Bildung mit den Untergruppen Weiterbildung, Erwachsenenbildung und politisch-allgemeine Bildung in Frage gestellt werden, sollte sich die Überantwortung derartiger Aufgaben nach Art und Ausmaß von den typusbestimmenden wissenschaftlichen Agenden wesentlich entfernen.

Dem ist für die genannten Aufgabenbereiche im folgenden nachzugehen.

I. Tendenzen zur generellen Ausdehnung der Hochschulaufgaben auf das Gebiet der Erwachsenenbildung/Weiterbildung

Im Gewirr der komplexen und bis in die Gegenwart wenig straff organisierten, häufig veränderten Erscheinungsformen der Erwachsenenbildung[33] scheint kaum mehr als die Tatsache festzustehen, daß auch die wissenschaftliche Hochschule als Träger von Erwachsenenbildungsaufgaben fungiert. Nähere Aufschlüsse darüber, in welcher Art eine Beteiligung der wissenschaftlichen Hochschule an der Erwachsenenbildung in Betracht zu ziehen ist, lassen sich aus der objektiv vorgegebenen historischen Entwicklung des Bereiches der Erwachsenenbildung im allgemeinen gewinnen.

1. Die geschichtliche Entwicklung des Sektors Weiterbildung

Die bescheidenen Anfänge der Erwachsenenbildung gehen auf die Ideen der Aufklärung und auf die sozialpolitischen Folgen des Industrialisierungsprozesses zurück und können bis in die erste Hälfte des 19. Jahrhunderts verfolgt werden[34]. Diese erste Phase ist gekennzeichnet durch eine Vielzahl den unterschiedlichsten gesellschaftlichen Gruppen überlassener Einzelinitiativen, deren Ziel in der Vermittlung allgemeiner Bildungsinhalte bestand. Erstmals mit der 1871 erfolgten

---

[33] Indiz für die nicht erst neuerlich anerkannte Bedeutsamkeit von Erwachsenenbildung ist die Aufnahme von Bestimmungen über die Regelung des Verhältnisses zwischen Staat und Erwachsenenbildung in sieben Landesverfassungen: Art. 22 bwVerf.; Art. 136 bayVerf.; Art. 35 breVerf.; Art. 17 nwVerf.; Art. 37 rpVerf.; Art. 32 saVerf.; Art. 7 Abs. 2 shLS.

[34] Die Darstellung folgt *Starke*, in: dies. und Speck/Wehle (Hrsg.), Handbuch pädagogischer Grundbegriffe, Bd. 1, Artikel Erwachsenenbildung, S. 358 ff., und *Lenz*, Grundlagen der Erwachsenenbildung, S. 15 ff.

Gründung der „Gesellschaft für Verbreitung von Volksbildung" wurde sodann der Versuch unternommen, Bildungsziele und Bildungstätigkeiten auf nationaler Ebene zu koordinieren, ohne jedoch den Erwachsenenbildungsbereich in das Gesamtsystem des staatlichen Schul- und Hochschulwesens einzugliedern.

Die gegen Ende des 19. Jahrhunderts unter dem für deutsche Verhältnisse mißverständlichen Begriff der „Universitätsausdehnung"[35] nach dem Vorbild der traditionellen wie auch der neugegründeten englischen Universitäten vereinzelt stattfindenden volkstümlichen Hochschulkurse bildeten daher auch keinen integralen Bestandteil der Hochschulaufgaben, sondern blieben der Initiative des einzelnen Hochschullehrers oder Privatdozenten anheimgegeben. Ihr erklärtes Bildungsziel war die Erziehung des einzelnen zur Mündigkeit und zu aufgeklärten Verhaltensweisen. Da aber die an den wissenschaftlichen Hochschulen betriebenen positivistischen Wissenschaften nichts mehr zur Verwirklichung der auf neuhumanistischem Gedankengut beruhenden Bildungsidee beizutragen vermochten, wurde die deutsche Universitätsausdehnungsbewegung eine leichte Beute der zu Beginn der zwanziger Jahre dieses Jahrhunderts aufkommenden irrationalistischen und antiintellektualistischen Lebensgrundstimmung[36], die in schicksalhafter Ironie die Selbstbeschränkung der Wissenschaft auf ihren eigenen Bereich bestätigte, und die am treffendsten mit der Be-

---

[35] Der Begriff täuscht insofern einen anderen Inhalt vor, als „Ausdehnung" die Vorstellung einschließt, der erweiterte Bereich bleibe seinem Wesen nach unverändert, was jedoch auf die im Text erörterten typischen Merkmale der deutschen Universitätsausdehnungsbewegung nicht zutrifft.

Der Terminus „University Extension" bezeichnet heute einen selbständigen Zweig im britischen Universitätswesen. Die Bewegung geht auf eine Initiative des Cambridger Gelehrten *James Stuart* aus den siebziger Jahren des letzten Jahrhunderts zurück. Sein Anliegen war es, die Universität ins Volk zu tragen, um den Bildungsstandard der Massen zu erhöhen. Zunächst durch die Gründung neuer Colleges und Universitäten, dann auch durch die Errichtung von Zweigstellen der Universitäten und Abhaltung von Vorträgen und Kursen mit Hilfe von Tutoren, im 20. Jahrhundert durch regelrechte „tutorial classes", gelang es sogar zuweilen, Berufstätige einem Studienabschluß zuzuführen, der dem regulären Hochschulabschluß gleichzusetzen ist.

Die University Extension wird heute von der im Jahre 1903 gegründeten „Workers Educational Association", den lokalen Schulbehörden („Local Authorities") und den Universitäten getragen. Wie die Universitäten selbst, stehen auch die „Departments of Extramural Studies" unter dem durch die Nachfrage bedingten Zwang, ihre Tätigkeit mehr auf Berufsförderung als auf Vermittlung allgemeiner Bildungsinhalte auszurichten.

Die im Jahre 1971 errichtete Open University, die erste überregionale Fernuniversität Großbritanniens, steht in dieser Tradition. Näheres hierzu bei *Ferguson*, The Open University from Within, S. 11 ff., 149 ff., und *Scheible*, Die Offene Universität in Großbritannien, S. 107 ff.

[36] *Erbe*, Was kann und was soll die Universität für die Erwachsenenbildung leisten?, S. 9; *Plessner/Strzelewicz*, Universität und Erwachsenenbildung, in: Deutscher Volkshochschulverband (Hrsg.), Volkshochschule, S. 97 (101).

hauptung *Erdbergs* „Unwissenheit und Bildung sind keine Gegensätze, die sich ausschließen“[37], wiedergegeben werden kann.

Nach der völligen Gleichschaltung und Zentralisierung der Erwachsenenbildung im Dritten Reich setzte sich nach dem Zweiten Weltkrieg ein Selbstverständnis von den Aufgaben der Erwachsenenbildung durch, das die Zusammenarbeit mit den wissenschaftlichen Hochschulen neu belebte.

Wiederum war das Hauptaugenmerk der Erwachsenenbildner darauf zentriert, dem einzelnen zu helfen, gebildet zu werden, d. h. sich in der ständigen Bemühung zu üben, „sich selbst, die Gesellschaft und die Welt zu verstehen und diesem Verständnis gemäß zu handeln“[38].

Demnach bildete die Fähigeit der Wissenschaften, den Bereich gesicherter originärer Erfahrungen des einzelnen durch „Bildungswissen“ anzureichern, um ihn in den Stand zu setzen, die Welt zu verstehen, den Maßstab sinnvoller Beteiligung der wissenschaftlichen Hochschulen an den am Ideal personaler Bildung ausgerichteten Aufgaben der Erwachsenenbildung[39]. Und wiederum hatte die wissenschaftliche Hochschule als Institution, desgleichen der einzelne Hochschullehrer, der sich für Aufgaben universitärer Erwachsenenbildung zur Verfügung stellte, seine Tätigkeit insoweit nicht an wissenschaftsimmanenten Kriterien auszurichten, sondern den außerwissenschaftlichen Aufgabenbestimmungen der Erwachsenenbildung unterzuordnen[40].

Als Reaktion auf empirisch ermittelte Teilnehmerbedürfnisse[41] zeichnete sich ab Mitte der fünfziger Jahre eine sogenannte „realistische Wende“[42] ab[43], nach der auch die Mitarbeit der wissenschaftlichen Hoch-

---

[37] Abhandlung mit dem Titel: Die Grundbegriffe der Volksbildung, in: Volksbildungsarchiv, Jg. 2 (1911), S. 357, zitiert bei *Strzelewicz*, Wissenschaftlichkeit und Erwachsenenbildung, in: Erwachsenenbildung und Universität, S. 7; ähnlich *Heinen*, „Bildung ist nicht eine Kategorie des Wissens, sondern des Seins“, in: DA 1928, S. 564.

[38] *Deutscher Ausschuß für das Erziehungs- und Bildungswesen*, Folge 4 der Empfehlung und Gutachten, „Zur Situation und Aufgabe der Erwachsenenbildung“, in: Deutscher Volkshochschulverband (Hrsg.), Volkshochschule, S. 391 (404 Ziff. 5).

[39] Empfehlung, enthalten in: Gutachten zur Hochschulreform vom Studienausschuß für Hochschulreform, abgedruckt bei *Neuhaus*, S. 289 (296).

[40] Praktische Ansätze zur Verwirklichung dieser Konzeption der universitären Erwachsenenbildung führten zur Gründung und regelmäßigen Abhaltung von Seminarkursen in Zusammenarbeit mit den Volkshochschulen. Als hervorragendes Beispiel gelten die Seminarkurse der Universität Göttingen, nach deren Vorbild an anderen wissenschaftlichen Hochschulen außeruniversitäre Studienprogramme institutionalisiert wurden, vgl. *Raapke/Skowronek*, Seminarkurse, S. 21 ff.

[41] *Strzelewicz/Raapke/Schulenberg*, Bildung und gesellschaftliches Bewußtsein, S. 39 ff. und S. 62 ff. Zur Evaluation und Interpretation der Erhebungsdaten vgl. die Studie von *Pröpper* u. a., Zur Situation der Weiterbildung in der Bundesrepublik Deutschland, S. 39 ff.

schule in der Erwachsenenbildung in einem veränderten Licht erscheint: Es ist dies der durch Arbeit und Beruf, weniger durch ein abstraktes Bildungsbedürfnis determinierte Wunsch nach lebenlangem Lernen[44].

In der Erkenntnis, daß als Folge der hohen Veraltungsrate von Wissen, der insgesamt gestiegenen Komplexität aller Lebensbereiche und des Bedeutungsverlustes der Erfahrung als des traditionell wichtigsten Handlungsregulativs die berufliche Erstausbildung für das ganze Leben kaum hinreicht und zwecks Erhaltung der beruflichen Kompetenz des einzelnen unter Umständen mehrmals erneuert und fortentwickelt werden muß, wird seit der Veröffentlichung des Bildungsgesamtplanes im Jahre 1973 Aufbau und Organisation eines eigenständigen Hauptbereiches Weiterbildung als öffentliche Aufgabe gefordert[45] und zum Teil verwirklicht[46].

---

[42] Die Bezeichnung wird *Tietgens* zugeschrieben, vgl. *Lenz*, Grundlagen der Erwachsenenbildung, S. 30.

[43] *Pöggeler*, in: ders. (Hrsg.), Erwachsenenbildung, Bd. 1, S. 77 f.

[44] Der abschlußbezogenen und berufsbezogenen Weiterbildung haben sich vor allem die Volkshochschulen mehr und mehr zugewendet, zunächst unter dem Gesichtspunkt der Nothilfe in der Nachkriegszeit, später zum Ausgleich von Defiziten in der Erstausbildung, vgl. hierzu *Jochimsen*, Weiterbildung im Gesamtbildungssystem, in: Neue Sammlung, 7. Sonderheft, Weiterbildung, 1975, S. 23 (31), obgleich vorherrschende (auf die in der deutschen Pädagogik üblich gewesene Trennung von Bildung und Ausbildung zurückzuführende) antischulische und antiinstitutionelle Affekte in der Anfangsphase die Bewältigung dieser Aufgabe verhinderten, vgl. *Tietgens*, Das Problem der Verschulung, in: Prokop/Rückriem (Hrsg.), Erwachsenenbildung — Grundlagen und Modelle, S. 151 (155). — Erste theoretische Ansätze, Berufs- und Arbeitswelt in die bildungstheoretischen Überlegungen einzubeziehen, finden sich bereits bei *Kerschensteiner*, Grundfragen der Schulorganisation, S. 21 (28 ff.), und bei *Spranger*, Grundlegende Bildung, Berufsbildung, Allgemeinbildung, passim. Die angeführten Autoren konnten jedoch erst in der Gegenwart unter dem Druck der beruflichen Anforderungen und der Struktur der modernen Arbeitswelt Einfluß auf die Bildungsplanung gewinnen. Allgemein zum Meinungsstand in dieser Frage vgl. *Siebert*, Probleme der Erwachsenenbildung, in: Knoll (Hrsg.), Lebenslanges Lernen, S. 268 f. — Zur Aufgabenstellung der Volkshochschule heute vgl. *Dolff* (Hrsg.), Die deutschen Volkshochschulen, S. 27 ff.

[45] Vgl. schon Deutscher Bildungsrat, Strukturplan für das Bildungswesen, 1970, S. 197 ff.; Bildungsbericht '70 — Bericht der Bundesregierung zur Bildungspolitik, S. 112; ferner Gesamtplan für ein kooperatives System der Erwachsenenbildung, hrsg. vom Kultusministerium Baden-Württemberg 1968; dgl. den Ersten Bericht der Planungskommission Erwachsenenbildung/Weiterbildung, hrsg. vom Kultusminister des Landes Nordrhein-Westfalen, und vor allem den Strukturplan für den Aufbau des öffentlichen Weiterbildungssystems in der Bundesrepublik Deutschland, vorgelegt vom Arbeitskreis Strukturplan Weiterbildung, 1975.

[46] Allgemein ist die Situation gekennzeichnet durch ein historisch begründetes, wenig planvoll abgestimmtes Nebeneinander von Einrichtungen und Trägern, von denen neben den Volkshochschulen, Industrie- und Handelskammern, Handwerkskammern, Landwirtschaftskammern, das gewerkschaftliche Bildungswesen, die konfessionellen Bildungswerke und die internen Fortbildungssysteme der öffentlichen Verwaltung erwähnenswert sind. In neuerer Zeit sind Fortbildungskurse in Rundfunk und Fernsehen hinzu-

2. Die gegenwärtige Beteiligung der wissenschaftlichen Hochschule an Aufgaben der Weiterbildung

Der wissenschaftlichen Hochschule wächst mit der Schaffung eines allen anderen Stufen und Bereichen des Bildungswesens nachfolgenden und in Intervallen organisierten vierten Bildungssektors Weiterbildung[47] allmählich eine neue Aufgabe zu: die Durchführung der akademischen Berufsfortbildung[48].

---

getreten, wie beispielsweise die Funkkolleg- und Telekollegveranstaltungen und die Fortbildungsprogramme des WDR. Ferner verdienen die vielfältigen Kursusangebote privater Fernlehrinstitute in diesem Zusammenhang Beachtung. Statt vieler vgl. die Übersicht bei *Knoll*, Reformtendenzen im post-sekundären Bildungswesen, in: ders. (Hrsg.), Lebenslanges Lernen, S. 13 (34 f.). — Welche Fortschritte in der Institutionalisierung der Weiterbildung in den siebziger Jahren erzielt worden sind, zeigt ein Vergleich der zuletzt genannten Schrift mit der Schilderung des organisatorischen Gefüges der Erwachsenenbildung von *Hürten* aus dem Jahre 1966, in: ders. und Beckel, Struktur und Recht der deutschen Erwachsenenbildung, S. 9 ff. — Darüber hinaus markiert Weiterbildung, und zwar „ständige Weiterbildung" als Prinzip, den Prozeß des Weiterlernens als solchen, vgl. Strukturplan für das Bildungswesen, S. 51. Synonyme Begriffe für dieses Prinzip sind recurrent education, éducation permanente, lebenslanges Lernen. Zu den Einzelheiten von Weiterbildung in diesem Sinne s. *Schmitz*, Zur Begründung von Weiterbildung als einer „recurrent education", in: Neue Sammlung, 7. Sonderheft, Weiterbildung, 1975, S. 69 ff.; *Edding*, Verwirklichung des lebenslangen Lernens, in: Picht u. a., Leitlinien der Erwachsenenbildung, S. 40 ff. — Das Reformkonzept einer „recurrent education" wird in allen europäischen Ländern diskutiert und in verschiedenen Organisationsmodellen erprobt. Die Konvergenz der Problemlösungsstrategien zeigt, daß die dynamischen Veränderungen im Bildungswesen letztlich ihre Ursache in einer alle Industriestaaten und deren Bildungsinstitutionen erfassenden, allgemeinen gesellschaftlichen Orientierungskrise finden. Vgl. hierzu den Überblick von *Wolfgang Krüger*, Universität und Erwachsenenbildung, in: ders. (Hrsg.), Universität und Erwachsenenbildung in Europa, S. 6 (32 f., mit weiterführenden Literaturhinweisen) und aus juristischer Sicht *Karpen*, Rechtsfragen des lebenslangen Lernens, S. 3 ff., zugleich erschienen in: RdJB 1979, S. 430 ff.

[47] Der Wechsel der Terminologie — der Begriff Weiterbildung verdrängt den Begriff Erwachsenenbildung — signalisiert eine Akzentverschiebung im Aufgabenbereich der Bildung Erwachsener in Richtung auf Maßnahmen der beruflichen Aus- und Fortbildung. Im Anschluß an die im Strukturplan für das Bildungswesen, S. 51, verankerte Begriffsbestimmung umfaßt der Begriff Weiterbildung heute die Teilbereiche berufliche Fortbildung, Umschulung und Erwachsenenbildung im Sinne von Allgemeinbildung. — Die augenblickliche Sprachverwirrung (zur Kritik an den gewählten Begriffen vgl. *Siebert*, Probleme der Erwachsenenpädagogik, in: Knoll (Hrsg.), Lebenslanges Lernen, S. 268 f., und *Pöggeler*, in: ders. (Hrsg.), Handbuch der Erwachsenenbildung, Bd. 1, S. 22 f.) hat auch vor den Landesgesetzen zur Erwachsenenbildung nicht haltgemacht. Dort werden die Begriffe Erwachsenenbildung und Weiterbildung uneinheitlich verwendet, in inhaltlicher Übereinstimmung unterlegen sie jedoch dem jeweils gewählten Begriff Erwachsenenbildung oder Weiterbildung ein Bildungsspektrum, das sich auf allgemeine, berufliche und politische Bildung erstreckt, vgl. § 1 Abs. 1 bwWBG; Art. 1 bayErwachsBG; § 1 Abs. 1 breWBg.; § 1 Abs. 1 heEBG; § 1 1. nwWBG; hingegen dominiert die herkömmliche Aufgabenstellung noch in § 1 rpWBG und in § 1 Abs. 2 saEBG. — Zu den Rechtsgrundlagen der Erwachsenenbildung vor Erlaß der neueren

Bislang ergibt sich in diesem Bereich ein in mancherlei Einzelheiten und in scheinbar divergierende Tatbestände zerfließendes Bild einer typischen Übergangsperiode von der herkömmlichen Erwachsenenbildungs- zur beruflichen Fortbildungsaufgabe. Obgleich für das Bundesgebiet insgesamt empirische Erhebungen und Analysen über Art und Umfang der an wissenschaftlichen Hochschulen stattfindenden Berufsfortbildung fehlen[49], läßt sich doch sagen, daß der Prozeß der Institutionalisierung der akademischen Berufsfortbildung — wenngleich nicht in systematischer Form[50] — in Gang gekommen ist.

In der Mehrzahl der Fälle wurden die vielfach in Zusammenarbeit mit anderen Trägern eingerichteten längerfristigen Seminarkurse[51]

Weiterbildungsgesetze vgl. *Köttgen/Dolff/Küchenhoff*, Die Volkshochschule in Recht und Verwaltung, S. 37 ff.

[48] Vgl. *Kommer*, in: DUZ 1979, S. 368; daneben wurde die Wissenschaftsdisziplin Andragogik neu belebt, die sich mit der notwendigen Professionalisierung des Weiterbildungspersonals befaßt, s. hierzu die Empfehlung der KMK zur Beteiligung der wissenschaftlichen Hochschulen an der Erwachsenenbildung, B. vom 28./29. Oktober 1965 und die Zweite Empfehlung der KMK zur Erwachsenenbildung vom 4. März 1971. — Zur allgemeinen Tendenz der Verwissenschaftlichung von Weiterbildung vgl. *Weingart*, Verwissenschaftlichung und Reflexivität der Praxis als Strukturprinzipien von Weiterbildung in: Neue Sammlung, 7. Sonderheft, Weiterbildung, 1975, S. 96 ff.

[49] Einige, ohne Anspruch auf Vollständigkeit vorgenommene Datenerhebungen vom Beginn der siebziger Jahre geben trotz aller Vorbehalte einen kleinen Einblick in die Größenordnung:

Hatte eine Teilnehmerbefragung im Wintersemester 1969/70 ein Kursusangebot von nur 160 Seminarkursen ergeben (vgl. *Werner Schneider*, in: AUE [Hrsg.], Universitäre Erwachsenenbildung—Wissenschaftliche Weiterbildung, S. 110, 113), so berichtet ders. S. 86 ff. für das Jahr 1971/72 allein für Göttingen über 82 Seminarkurse, für Hannover für das Jahr 1973/74 über 185 Kurse und erwähnt bereits für das Jahr 1971 Lehrgänge der Technischen Akademien Wuppertal und Stuttgart mit 25 000 bis 30 000 Teilnehmern. — Für etwa den gleichen Zeitraum ermittelten *Kuntz/Brunner* und *Werner Schneider*, in: AUE (Hrsg.), Kontaktstudium an den wissenschaftlichen Hochschulen der Bundesrepublik, S. 26, 929 Veranstaltungen, die von 33 wissenschaftlichen Hochschulen gemeldet wurden. Die relativ meisten Veranstaltungen werden für Ingenieure und Naturwissenschaftler, die wenigsten für Juristen angeboten, vgl. *Kuntz/Brunner*, S. 43, 76. — Einen Überblick über die neuere Entwicklung unter Berücksichtigung laufender Modellversuche verschaffen die Tagungsberichte eines Expertenkolloquiums, herausgegeben von *Kochs/Dandl*, Kontaktstudium in der Bundesrepublik, und der Bericht von der Jahrestagung des AUE zum Thema „Öffnung der Hochschulen für die Weiterbildung", jeweils aus dem Jahre 1978. — Zum Stand des Entwicklungsprojektes „Aufgaben der Hochschulen in der Weiterbildung", vgl. AUE-Information Nr. 182, Juni 1979. In Vorbereitung ist eine Dokumentation der Institutionen der Weiterbildung in der Bundesrepublik, hrsg. vom AUE.

[50] Um überregionale Koordinierung aller Veranstaltungen universitärer Weiterbildung bemühen sich der im Jahre 1970 gegründete Verein „Arbeitskreis Universitäre Erwachsenenbildung (AUE)" und im Rahmen einer Projektförderung des Bundes eingeführte Kontaktstellen für wissenschaftliche Weiterbildung, vgl. die Zusammenstellung von *Wolfgang Krüger*, Universität und Erwachsenenbildung, in: ders. (Hrsg.), Universität und Erwachsenenbildung in Europa, S. 6 (22 f.). — Ausgesprochene Servicefunktion käme ferner

unter dem Nachfragezwang der Adressaten zu beruflichen Fortbildungsveranstaltungen umstrukturiert, zuweilen öffnen einzelne Hochschulen ihr Veranstaltungsangebot für den Erstausbildungsbereich ausdrücklich für Hochschulabsolventen der jeweiligen Fachrichtungen[52], zum Teil werden Kontaktstudiengänge[53] in Zusammenarbeit mit den Massenmedien entwickelt[54].

Einen Sonderfall bildet die Fernuniversität Hagen, die auf Grund des Errichtungsgesetzes vom 26. November 1974 (GV NW S. 1470) am 1. Dezember 1974 als Gesamthochschule gegründet wurde und am 1. Oktober 1975 für Vollzeitstudenten, Teilzeitstudenten und Kursstudenten ihren Studienbetrieb aufnahm. Abweichend von der anfänglichen bildungspolitischen Zielsetzung hat sich auch hier eine Prioritätenverschiebung zugunsten der Weiterbildungsinteressen der Fernstudenten ergeben[55].

Von der ursprünglichen Bildungskonzeption ist wenig mehr übriggeblieben als die häufige Offenhaltung der Veranstaltungen für Teilnehmer ohne Hochschulabschluß, ja sogar ohne Hochschulreife, und weitgehende Kooperation mit anderen Trägern der Weiterbildung. Inhaltliche Zielsetzung der akademischen Fortbildungsveranstaltungen ist jetzt einzig und allein, den für die berufliche Praxis erforderlichen Anschluß an den sich ständig verändernden wissenschaftlichen Erkenntnisstand herzustellen.

Die Beteiligung der wissenschaftlichen Hochschule an Aufgaben der wissenschaftlichen Weiterbildung nach heutiger Praxis stellt eine

---

dem bereits projektierten Weiterbildungsinformationssystem zu, vgl. *Dieckmann* u. a., Modellentwurf eines Weiterbildungsinformationssystems, S. 15 ff.

[51] Beispiele sind: Technische Akademie e. V. Wuppertal, das Außeninstitut der RW TH Aachen, das Sekretariat für Erwachsenenbildung der FU Berlin, das Fort- und Weiterbildungszentrum der Technischen Akademie Esslingen e. V., das Institut des Kontaktstudiums an der Universität Stuttgart, u. v. a. m., vgl. die Aufzählung in: Deutscher Volkshochschulverband (Hrsg.), Die Volkshochschule. Handbuch für die Praxis der Leiter und Mitarbeiter, S. 97.

[52] So im Fachbereich Landwirtschaft an der TU Berlin, an der Medizinischen Hochschule Hannover und in allen Fachbereichen der Universität Freiburg.

[53] Der vom *Wissenschaftsrat* (Empfehlungen zur Struktur und zum Ausbau des Bildungswesens im Hochschulbereich nach 1970, Bd. 1, S. 77, Bd. 2, S. 45 ff.) geprägte Begriff Kontaktstudium wird heute zumeist durch den weiteren, in § 21 HRG verwendeten Begriff des weiterbildenden Studiums ersetzt.

[54] Beispielsweise das Quadriga-Funkkolleg.

[55] Die sich an den Studentenzahlen ablesen läßt: Von den 1978 eingeschriebenen 11 600 Studenten sind lediglich 11 % Vollzeitstudenten, 85 % sind voll berufstätig, vgl. *Wolfgang Krüger*, Universität und Erwachsenenbildung, in: ders. (Hrsg.), Universität und Erwachsenenbildung in Europa, S. 6 (23). — Ende 1979 hatte die Fernuniversität bereits 22 322 Studenten; zu weiteren statistischen Einzelheiten vgl. *Der Minister für Wissenschaft und Forschung des Landes Nordrhein-Westfalen* (Hrsg.), Handbuch Hochschulen in Nordrhein-Westfalen, S. 287 ff.

logische, zeitbedingte Fortentwicklung ihrer traditionellen Ausbildungsaufgabe im akademischen Bereich dar[56].

3. Die Integration der Weiterbildungsaufgaben in die Aufgabenkataloge der wissenschaftlichen Hochschule durch unterverfassungsrechtliche Normen

Diesem Wirklichkeitswandel von der Erwachsenenbildungsarbeit zur akademischen Berufsfortbildungsaufgabe wurde in § 2 Abs. 3 HRG und in den Hochschulgesetzen der Bundesländer durch entsprechende Erweiterung der Aufgabenkataloge der wissenschaftlichen Hochschule zumeist in zutreffender Art und Weise Rechnung getragen[57]. Nicht selten allerdings bleibt nach den Bestimmungen, die die Aufgaben der Hochschulen um eine Beteiligung an der „Erwachsenenbildung", der „Weiterbildung" oder der „Fort- und Weiterbildung" ergänzen, unklar, ob ein so weit gefaßter Auftrag eine Mitwirkung an Aufgaben der allgemeinen Erwachsenenbildungsarbeit einschließt[58]. Wird die Verpflichtung der wissenschaftlichen Hochschulen in der Erwachsenenbildung eindeutig auf Aufgaben bezogen, die über die wissenschaftliche Fortbildung hinausgehen[59] und Aufgaben allgemeiner Bildung betreffen, so ist es konsequent, in diesen Fällen eine organisierte Form der Zusammenarbeit zwischen Einrichtungen der Weiterbildung und wissenschaftlichen Hochschulen vorzusehen[60].

Die Expansion der Erwachsenenbildung zu einem selbständigen quartären Bildungssektor zieht somit auch für den Bereich der wissenschaftlichen Hochschule Veränderungen nach sich, die die ohnehin vorhandene Tendenz der Überflutung mit Ausbildungsaufgaben noch um den Teilbereich der akademischen Berufsfortbildung verschärfen.

Ob sich aus der wissenschaftlichen Aufgabenstellung der Hochschule darüber hinaus ein Auftrag zur Vermittlung von Bildung — sei es im Wege der Erwachsenenbildung, sei es allgemein für Erststudierende — ableiten läßt, ist eine belangvolle und heikle Frage, der im folgenden nachgegangen werden muß. Sollte sich nämlich herausstellen, daß eine derartige allgemeine Bildungsaufgabe keinen sachimmanenten Bezug zum Bereich der Wissenschaft aufweist, würde bereits § 2 Abs. 8 Satz 2

---

[56] Übereinstimmend *Knöpfle*, in: Menschenwürde und freiheitliche Rechtsordnung, Festschrift für Geiger, S. 591 (599).

[57] So richtig die entsprechende Aufgabenzuweisung in § 3 Abs. 2 Satz 1 bwUG; Art. 2 Abs. 3 BayHSchG; § 3 Abs. 3 Satz 1 HHG; § 2 Abs. 3 Satz 1 NHG.

[58] z. B. die Formulierung in § 2 Abs. 1 Satz 3 2. Halbs. shHSG.

[59] z. B. § 4 Abs. 6 Satz 2 2. Halbs. BerlHG.

[60] So die nordrhein-westfälische Regelung in § 3 Abs. 2 Satz 1 nwWissHG i. V. m. § 5 1. WBG i. d. F. der Bekanntmachung vom 8. Februar 1980 (GV NW S. 156).

HRG einer Übernahme von Bildungsaufgaben durch die wissenschaftlichen Hochschulen einen Riegel vorschieben.

II. Die Erweiterung der Hochschulaufgaben um einen Bildungsauftrag

1. *Die Verpflichtung zur Vermittlung allgemeiner Bildungsinhalte*

Der Schlüsselbegriff Bildung steht im Dienste individueller Vervollkommnung und neuerdings auch gesellschaftlicher Veränderung[61].

Es hat nicht an Versuchen gefehlt, trotz der Wandlungen im Gesamtbild der wissenschaftlichen Disziplinen und trotz der gewachsenen Komplexität wissenschaftlicher Erkenntnisse von der Beschäftigung mit Wissenschaft Anleitungen zum konkreten Handeln des einzelnen zu erhoffen.

Sie alle stehen unter dem Eindruck des durch *Wilhelm von Humboldt* geprägten Bildungsbegriffes des Neuhumanismus. Unter Vernachlässigung dieses primär wissenschaftshistorischen Aspektes wird die prinzipiell ungebrochene Gültigkeit des Humboldtschen Bildungsbegriffes postuliert. Bildung soll dem einzelnen möglichst konfliktfreie Anpassung an die Anforderungen der modernen Lebenswelt vermitteln. Sie soll seine Fähigkeit zu geistiger und sittlicher Souveränität gegenüber den mannigfaltigen Sachzwängen des Lebens ausbilden und seinen Sinn für Eigenverantwortlichkeit entwickeln.

Für Wilhelm von Humboldt waren Bildung und Wissenschaft unlöslich dergestalt miteinander verbunden, daß die Beschäftigung mit Wissenschaft zweckorientiert dem Bedürfnis des Menschen nach Ausbildung seines Charakters und seiner geistigen Kräfte untergeordnet wurde[62]. Die Erfüllung der praktisch-sittlichen Funktion ist der Wertmaßstab, an dem wissenschaftliches Tun gemessen wird.

Die für das Individuum und die Gesellschaft auch heute bestehende Notwendigkeit von Bildung im Sinne einer nach einem bestimmten geschichtlichen Ideal geprägten Lebenshaltung soll nicht bestritten werden. Ob gegenwärtig Wissenschaft als System oder die seit Mitte des 19. Jahrhunderts immer weiter spezialisierten Einzeldisziplinen auf jeweils eigene Weise einen solchen Bildungsanspruch einzulösen imstande sind, erscheint indessen fraglich.

---

[61] *Roth*, 25 Jahre Bildungsreform in der Bundesrepublik, S. 117 f.; *Leder*, Wissenschaft und Bildung, in: Wissenschaft und Bildung als spezifisches Problem der Pädagogischen Hochschule, S. 15 (22); zur Entwicklungsgeschichte der Bildungsidee vgl. *Wilhelm Richter*, Der Wandel des Bildungsgedankens, passim.

[62] *Wilhelm von Humboldt*, Theorie der Bildung des Menschen, Werke, Bd. 1, S. 234 ff.

Die tatsächliche Entwicklung zur Universalität der Wissenschaften, die zum Verschwinden ihrer Einheit geführt hat, widerspricht dem Konzept einer Bildung durch Wissenschaft[63].

In der Reformeuphorie der Nachkriegsepoche hatte man noch geglaubt, die in Verlust geratene Einheit der Wissenschaften könne wiederhergestellt werden. „Hier heißt es wirklich nur die Scheuklappen eines sich künstlich absondernden Fachpartikularismus abwerfen", schrieb *Litt* im Jahre 1952[64]. Hochschulprogramme wurden ins Leben gerufen, die durch ein „studium generale"[65] einen Einblick in die Gesamtheit der Wissenschaften vermitteln zu können meinten. Mag dieser bescheiden anmutende Anspruch hier und dort erfüllt worden sein, die versunkene Einheit der Wissenschaften ließ sich nicht zurückholen[66].

Aber selbst wenn es gelungen wäre, ein einheitliches Bild der Wissenschaft neu zu etablieren, hätte es nicht die letzte Richtschnur einer moralischen Handlungsanleitung entsprechend dem postulierten Bildungsanspruch bieten können. Auch einer vereinheitlichten Wissenschaft würde heute ein weltstabilisierendes Deutungssystem wie die philosophische Überzeugung des Idealismus Humboldtscher Prägung fehlen, das dem einzelnen zum Ausgangs- und Orientierungspunkt seines Handelns dienen könnte[67].

So laufen in der Folgezeit bevorzugte Lösungen, die einen selbständigen — neben Forschung und Lehre wahrzunehmenden — Bildungs- und Erziehungsauftrag der wissenschaftlichen Hochschule vorsehen, auf das Eingeständnis hinaus, daß die ihrer praktisch-philosophischen Dimension beraubte Wissenschaft aus eigener Kraft zur sittlichen Formung der Einzelpersönlichkeit letztlich nichts mehr beizutragen wisse[68]. Ein solch allgemeiner und selbständiger Erziehungsauftrag ist aus dem Strukturzusammenhang mit der Wissenschaft herausge-

---

[63] *Schelsky*, Der Mensch in der wissenschaftlichen Zivilisation, in: ders., Auf der Suche nach Wirklichkeit, S. 439 (463 f.). Schelsky begreift Bildung als Transzendierung der Wissenschaften, vgl. S. 464 ff.

[64] Der Bildungsauftrag der deutschen Hochschule, S. 24.

[65] Gutachten zur Hochschulreform vom Studienausschuß für Hochschulreform („Blaues Gutachten"), abgedruckt bei *Neuhaus*, Dokumente zur Hochschulreform, S. 289 (332 ff.).

[66] *Heimpel*, Probleme und Problematik der Hochschulreform, S. 27; *Horkheimer*, Gegenwärtige Probleme der Universität, S. 37.

[67] *Sturmfels*, Der heutige Auftrag der Universität, S. 45; zum Verlust des Bildungsgedankens, erläutert am Beispiel der philosophischen Fakultät, *Boehm*, in: Marburger Forum Philippinum, Wissenschaft und Gesellschaft, S. 61 ff.

[68] *Gerlach*, Forschung und Erziehung als Aufgaben der Hochschule, S. 40; *Reinhardt*, Universität und Staat — Selbstverwaltung oder Staatsverwaltung als Ziel einer Hochschulreform, S. 7; *Pieroth*, Störung, Streik und Aussperrung an der Hochschule, S. 24.

löst und steht der zentralen Aufgabe der wissenschaftlichen Hochschule — der Beschäftigung mit Forschung und Lehre — fern. *Habermas* konnte daher zu Recht feststellen: „Hier wird im Namen der Bewahrung der Humboldtschen Universität deren wichtigste Maxime: Bildung durch Wissenschaft preisgegeben[69].“

Die als Folge des Strukturwandels von Wissenschaft vollzogene Abkehr von einer allgemeinen Bildungsfunktion der Wissenschaft bedeutet indessen nicht, daß Forschung und Fachschulung nicht über die Vermittlung von Kenntnissen und Können hinaus bildende Wirkung entfalten können, insoweit sie eine wissenschaftliche Grundhaltung des einzelnen fördern, die ihn in die Lage versetzt, wieder und wieder zugunsten objektiver Erkenntnis die eigenen Wertungen für je einen Augenblick zu suspendieren[70] und entgegen weitverbreiteter irrationaler Wissenschaftsgläubigkeit an die Grenzen menschlicher Erkenntnis zu erinnern und zu mahnen[71].

2. Das Postulat politischer Aufklärungsfunktion der wissenschaftlichen Hochschule

Ähnlich problematisch erscheint es, einen Bildungsauftrag der wissenschaftlichen Hochschule mit politisch aufklärendem Inhalt zu befürworten.

Beispielhaft für das Bemühen, durch ein Bildungsengagement der Wissenschaft das Spannungsverhältnis zwischen Wissenschaft und Politik aufzubrechen, steht die Auffassung von *Habermas*[72].

In der Vorbereitung der staatsbürgerlichen Öffentlichkeit auf ihre Funktion, an die Politiker gerichtete Empfehlungen zu Festsetzungen gesellschaftlicher Ziele auszusprechen, sieht Habermas den eigentlichen Inhalt der Bildungsfunktion der Wissenschaft; nur die Wissenschaft könne die Rationalität der im Staatsbürgerpublikum nach demokratischen Regeln ablaufenden Willensbildungsprozesse gewährleisten. Grundlegende Voraussetzung einer wissenschaftlich orientierten, nicht „naturwüchsigen Interessen oder vorwissenschaftlicher Dezision“[73]

---

[69] Vom sozialen Wandel akademischer Bildung, in: Theorie und Praxis, S. 359 (363 f.). Ähnlich der Gedanke *Jaspers,* in: Jaspers/Rossmann, Die Idee der Universität, S. 80: „Durch die Aufstellung der Bildung zu einem besonderen, in Loslösung von den Wissenschaften erreichbaren Ziel, wird gerade solche Bildung verloren.“

[70] *Jaspers,* in: Jaspers/Rossmann, S. 79.

[71] In diesem Sinne ebenso *Rüegg,* in: Marburger Forum Philippinum, Wissenschaft und Gesellschaft, S. 173 (180 f.).

[72] Vom sozialen Wandel akademischer Bildung, in: Theorie und Praxis, S. 359 ff.

[73] S. 359 (370).

überlassenen Handlungsanleitung für die Allgemeinheit ist auch nach seinem Verständnis die Entstehung eines einheitlichen, wissenschaftlich begründeten Weltbildes.

Nach dem Verlust der idealistischen Anschauungen komme heute weder den Wissenschaften in ihrer Gesamtheit noch der Philosophie, sondern den Sozialwissenschaften die Schrittmacherfunktion zu, Direktiven für ein aufgeklärtes staatsbürgerliches Handeln zu entwerfen[74]. Verneine man die einende Kraft der Sozialwissenschaften, so könne der emanzipatorische Bildungsanspruch der Gesellschaft an die Wissenschaft dennoch eingelöst werden; es werde nämlich gelingen, in herrschaftsfreier Diskussion und durch rational begründeten consensus omnium der an Lehr- und Forschungsprozessen beteiligten Gruppen[75] ein einheitliches „wisenschaftlich expliziertes Weltverständnis" aufzufinden.

Die Kritik hat für beide Varianten zur Begründung einer politischen Bildungsfunktion der Wissenschaft an der gleichen Stelle anzusetzen.

Die Habermassche Betrachtung suggeriert, jeder inneruniversitäre Meinungsaustausch — sei er nun begrenzt auf die Sozialwissenschaften oder auf alle Wissenschaften ausgedehnt — werde die Einheitlichkeit des Willens und des Bewußtseins der Wissenschaftler hervorbringen. Indessen ist jedem, der in hochschulischen Gremien jemals an Akten der Entscheidungsfindung teilgenommen hat, der utopische Charakter einer solchen angeblich pressionslosen Konsensfindung offenkundig. Unter den realen Bedingungen organisierter Wissenschaft kann die Möglichkeit nicht grundsätzlich eliminiert werden, daß die Durchsetzung einer wissenschaftlichen Meinung auf politischen Fraktionsbildungen und Machtballungen in der Gruppe der Wissenschaftler beruht. Alternative Vorstellungen könnten verdrängt werden — nicht als Ergebnis einer lebendigen Entwicklung, sondern durch unkontrollierte Ausübung gesellschaftlich-wissenschaftlicher Machtbefugnisse.

Selbst bei immanenter Betrachtung des Modells, die von der Richtigkeit der Annahme auszugehen hat, daß eine Konsensfindung im rationalen Diskurs in der Gruppe der Wissenschaftler tatsächlich möglich ist, sind Bedenken gegen das mit dem Habermasschen Bildungsideal verbundene Übergewicht der Wissenschaft als indirekter Bestimmungsfaktor der politischen Ordnung des Staates anzumelden.

---

[74] S. 359 (373).

[75] Die wissenschaftstheoretischen Begründungen der Teilnahme der Mitglieder der Universität an den Entscheidungsprozessen der Universitätsorganisation — Referat, veröffentlicht in: WRK Dokumente zur Hochschulreform I/1969, S. 5 (9), und ders., in: Habermas/Luhmann, Theorie der Gesellschaft, oder Sozialtechnologie, S. 115, zum Begriff diskursiver Verständigung.

Die über die Bereitstellung von Informationen und die Erstellung von Prognosen hinausgehende Vorentscheidung gesellschaftlicher Zielsetzungen durch Wissenschaftler zöge die Ausweitung politischen Entscheidungsspielraumes für die Wissenschaft und die Verminderung der Entscheidungsmacht der Staatsorgane nach sich, obgleich deren Zuständigkeit und Verantwortlichkeit für die Entscheidung gesamtgesellschaftlicher Fragen in der Verfassung festgelegt ist und ihrer demokratischen Legitimation entspricht.

Konkrete normative Aussagen im politischen Bereich dringen von vorbereitender wissenschaftlicher Entscheidungshilfe zu Akten der politischen Entscheidung selbst vor. Sie sprengen den Rahmen, den die Beschäftigung mit Wissenschaft der wissenschaftlichen Hochschule setzt.

Würde die wissenschaftliche Hochschule zu politisch aufklärender Bildungsarbeit im beschriebenen Sinne verpflichtet, so hätte sie eine Aufgabe wahrzunehmen, die sich nicht mehr aus ihrem spezifisch wissenschaftlichen Auftrag ableitet.

Das Resümee dieses Abschnittes lautet demnach: Allein die Aufgabe der Weiterbildung (akademischen Berufsfortbildung) weist noch genügend innere Bezüge zu den typusbestimmenden Aufgaben der wissenschaftlichen Hochschule in Forschung und Lehre auf, daß sie als logische Weiterentwicklung des ursprünglichen Auftrages gedacht werden kann.

TEIL III

Die Gewährleistungssubstanz der Verfassungsgarantie

Der vorangegangene Überblick hat den Wandel der Erscheinungsform der sozialen Institution Wissenschaft offengelegt und verdeutlicht, welche Vielfalt an Sinngebungen das Grundrecht trotz substanziell gleichbleibenden Wortlautes erfahren hat.

Diese Umstände legen die Frage nach dem aktualen Sinn der grundgesetzlichen Gewährleistung freier Wissenschaft besonders nahe und begründen die Suche nach rational faßbaren Kriterien zu ihrer Konkretisierung im Hinblick auf das gestellte Thema.

Dem unter den heute vorherrschenden Ausübungsbedingungen für wissenschaftliche Betätigung der Norm innewohnenden, intersubjektiv feststellbaren Sinn die fehlende Bestimmtheit zu geben, ohne die Grenze des durch den Verfassungstext legitimierten Normverständnisses[1] zu überschreiten, ist demnach das Anliegen des dritten Teiles der Untersuchung.

1. Abschnitt: Der individualrechtliche Aspekt freier wissenschaftlicher Betätigung

Derjenige, der dem im Grundgesetz verwendeten Freiheitsbegriff tendenziell ein traditional liberales Verständnis unterlegt[2], wird auch

[1] Das hier angedeutete Problem einer verfassungsändernden Gestaltungskraft des Faktischen (der Begriff geht zurück auf *Georg Jellinek*, Allgemeine Staatslehre, S. 338 ff.) betrifft die allgemein verneinte Zulässigkeit eines „stillen Verfassungswandels" durch Veränderung der Begriffsinhalte zentraler Begriffe der Verfassung, wenngleich die Grenze zwischen Verfassungsänderung und Verfassungsauslegung fließend ist. — Zu diesem Problemkreis vgl. die einschlägige Studie von *Grimmer*, Die Rechtsfiguren einer „Normativität des Faktischen", passim. Aus dem umfangreichen Schrifttum s. auch *Herbert Krüger*, in: DÖV 1961, S. 721 ff., der die Rechtsprechung des BGH bezüglich des Verhältnisses des Staates zu den Kirchen (BGH, Urt. vom 16. März 1961, abgedruckt in: DÖV 1961, S. 384 f.) als einen Musterfall materieller Verfassungsänderung unter Berufung auf veränderte Verhältnisse analysiert; ferner *Lerche*, in: Festgabe für Maunz, S. 284 ff.; *Maunz*, Deutsches Staatsrecht, § 9 V, S. 59, und ders., in: BayVBl. 1969, S. 1 ff.; *Knöpfle*, in: DVBl. 1971, S. 852; *Konrad Hesse*, in: VVDStRL Heft 17 (1959), S. 11 ff., und ders., in: Festschrift für Scheuner, S. 123 ff.

das Grundrecht der Wissenschaftsfreiheit im Sinne einer umfassenden Abwehr staatlicher Eingriffe in die als Reservat konzipierte private Sphäre des einzelnen interpretieren.

Die aus der Auseinandersetzung mit dem Absolutismus hervorgegangenen zu subjektiven öffentlichen Rechten erstarkten Grundrechte[3] waren ursprünglich dazu bestimmt, dem als Individualität und Persönlichkeit begriffenen, vernunftbegabten einzelnen Menschen eine staatliche Garantie der Nichteinmischung in besonders bedrohte Lebensbereiche zu geben[4]. Daß sich mit dem der rechtlich garantierten Differenzierung zwischen einer vorstaatlichen Sphäre natürlicher Freiheit und dem staatlichen Herrschaftsbereich auch die gesellschaftliche Gesamtordnung in freiheitlichem Geist entfalten werde, entsprach dem Grundgedanken der geistigen und politischen Strömung des Liberalismus[5].

Darüber, ob die liberale Grundauffassung vom Staat noch unverminderte Gegenwärtigkeit besitzt, ist an dieser Stelle nicht zu befinden. Solange aber das vom Grundgesetz vorausgesetzte, den Wertungen des Verfassunggebers getreue Menschenbild die autonome, als Individualität begriffene Person[6] meint, zielt die Funktion der Grundrechte prinzipiell auf Gewährleistung eines unantastbaren Bereiches privater Lebensgestaltung, der jeder Einwirkung der öffentlichen Gewalt entzogen ist[7].

In Anbetracht der auch im demokratischen Sozialstaat der Gegenwart existenten staatlichen Herrschaftsmacht bleibt der Aspekt individual-

---

[2] *Forsthoff*, in: Festschrift für Carl Schmitt, S. 35 ff., und ders., Der Staat der Industriegesellschaft, S. 146 ff.; *Hans H. Klein*, Die Grundrechte im demokratischen Staat, S. 73 ff., und passim.

[3] Grundlegend *Georg Jellinek*, System der subjektiven öffentlichen Rechte, S. 40 ff., 85 ff.

[4] Grundrechtskataloge enthalten beispielsweise: Verfassungsurkunde für das Königreich Bayern vom 26. Mai 1818, abgedruckt bei *Ernst Rudolf Huber* (Hrsg.), Dokumente zur deutschen Verfassungsgeschichte, Bd. 1, Nr. 53, S. 155 ff.; Verfassungsurkunde für das Großherzogtum Baden vom 22. August 1818, Nr. 54, S. 172 ff.; Verfassungsurkunde für das Königreich Württemberg vom 25. September 1819, Nr. 55, S. 187 ff.; Verfassungsurkunde für das Kurfürstentum Hessen vom 5. Januar 1831, Nr. 58, S. 238 ff.; Verfassung des Deutschen Reiches vom 28. März 1849, Nr. 108, S. 375 ff.; Verfassungsurkunde für den preußischen Staat vom 31. Januar 1850, Nr. 194, S. 501 ff.

[5] Zu den historischen und staatstheoretischen Hintergründen der liberalen Grundrechtskonzeption s. *Grabitz*, Freiheit und Verfassungsrecht, S. 3 ff.; *Menger*, Verfassungsgeschichte der Neuzeit, S. 117 ff.; *Erichsen*, Staatsrecht und Verfassungsgerichtsbarkeit, Bd. 1, S. 80.

[6] Bei aller Betonung der „Gemeinschaftsbezogenheit und Gemeinschaftsgebundenheit der Person", wie vom Bundesverfassungsgericht in ständiger Rechtsprechung hervorgehoben, vgl. vor allem BVerfGE Bd. 4, S. 7 (15).

[7] BVerfGE Bd. 33, S. 367 (376); so auch BVerfGE Bd. 6, S. 32 (41); BVerfGE Bd. 27, S. 1 (6), und S. 344 (350 f.); BVerfGE Bd. 32, S. 373 (378 f.); nachdrücklich i. d. S. jetzt BVerfGE Bd. 50, S. 290 (337).

rechtlicher Eingriffssicherung gegen die staatliche Gewalt Kernstück des Schutzgehaltes der Freiheitsrechte[8] und sonach auch der Wissenschaftsfreiheit. Denn auch wenn man davon ausgeht, daß der nach liberalem Grundrechtsverständnis vorausgesetzte Dualismus von Staat und Gesellschaft[9] weitreichenden Verschränkungen Platz gemacht hat, läßt sich die Notwendigkeit grundrechtlicher Absicherung einer prinzipiell freien Entfaltungsmöglichkeit des einzelnen gegenüber dem Staat nicht leugnen.

Freiheit der Wissenschaft bedeutet daher auch heute: Schutz wissenschaftlicher Betätigung vor wissenschaftsfremden, staatlichen Ingerenzen, prinzipielle Zweckfreiheit und Unlenkbarkeit des wissenschaftlichen Arbeitsprozesses[10] unter Einschluß der Themenstellung und der Methodenwahl sowie der Freiheit wissenschaftlicher Kommunikation[11].

Die folgenden Überlegungen stellen demgemäß den Versuch dar, die notwendig abstrakte und globale Verfassungsnorm des Art. 5 Abs. 3 Satz 1 GG im Hinblick auf die Betätigung des einzelnen in universitärer Forschung, Lehre und Studium zu konkretisieren und mögliche Interdependenzen der drei Handlungsbereiche aufzudecken.

---

[8] *Dürig*, in: Maunz/Dürig/Herzog/Scholz, Grundgesetz, Kommentar, Bd. 1, Art. 3 Rdn. 135; *Friesenhahn*, in: Verhandlungen des 50. Deutschen Juristentages, G 1 (G 3 ff., 11); *Ossenbühl*, in: NJW 1976, S. 2100 (2105); *Konrad Hesse*, Grundzüge des Verfassungsrechts der Bundesrepublik Deutschland, § 9 II 3. a), S. 125; *Maunz*, Deutsches Staatsrecht, § 13 II 1. a), S. 101.

[9] Zur Tragweite der Unterscheidung von Staat und Gesellschaft s. *Carl Schmitt*, Der Hüter der Verfassung, S. 73 ff.; *Herbert Krüger*, Allgemeine Staatslehre, S. 526 ff.; *Böckenförde*, in: Rechtsfragen der Gegenwart, Festgabe für Hefermehl, S. 11 ff. Gegen die Unterscheidung von Staat und Gesellschaft haben sich ausgesprochen: *Ehmke*, in: Staatsverfassung und Kirchenordnung, Festgabe für Smend, S. 23 ff.; *Habermas*, Strukturwandel der Öffentlichkeit, § 16, S. 158 ff.; *Ulrich K. Preuß*, Zum staatsrechtlichen Begriff des Öffentlichen, S. 81 ff.; kritisch auch *Häberle*, Öffentliches Interesse als juristisches Problem, S. 214; *Bull*, Die Staatsaufgaben nach dem Grundgesetz, S. 64 ff. — *Zippelius*, Allgemeine Staaatslehre, § 20, S. 179 ff., greift auf systemtheoretische Überlegungen zurück und befürwortet die Aufrechterhaltung der Trennung nach rollenspezifischen Kriterien; ähnlich *Ryffel*, Grundprobleme der Rechts- und Staatsphilosophie, S. 485 ff., und *Konrad Hesse*, in: DÖV 1975, S. 437 (440).

[10] *Wehrhahn*, Lehrfreiheit und Verfassungstreue, S. 42; nach *Kuno Lorenz*, La Science pour la Science, in: Kambartel u. a. (Hrsg.), Zum normativen Fundament der Wissenschaft, S. 79 (85 f.), gehört es zum Begriff Wissenschaft, auf autonome Art betrieben zu werden. Jede heteronome Inanspruchnahme von Wissenschaft müsse ihrerseits in die Autonomie der Wissenschaft überführt werden, indem die zunächst äußerlichen Zielsetzungen in die wissenschaftliche Praxis selbst eingefügt und dort auf ihre Güte überprüft werden müßten. — Zu wissenschaftsimmanenten Funktionalisierungstendenzen vgl. andererseits *van den Daele/Krohn*, in: Weingart (Hrsg.), Wissenschaftsforschung, S. 213 ff.

[11] *Erichsen/Krebs*, in: VerwArch. Bd. 68 (1977), S. 371 (373); *Schmidt-Bleibtreu/Franz Klein*, Kommentar zum Grundgesetz, Art. 5 Rdn. 16.

I. Grundstrukturen freier Forschung

Das Bundesverfassungsgericht kennzeichnet Forschung als eine „geistige Tätigkeit mit dem Ziel, in methodischer, systematischer und nachprüfbarer Weise neue Erkenntnisse zu gewinnen“[12].

Aus dieser begrifflichen Umschreibung lassen sich zwei beherrschende Wesenszüge der Forschungsfreiheit ablesen, die als Anhaltspunkte für eine Normbereichsanalyse dienen können:

Zum einen die Zielvorgabe, neue Erkenntnisse auf dem jeweiligen Arbeitsgebiet hervorzubringen, zum anderen, die Autonomie des „Produktionsprozesses“ wissenschaftlicher Arbeitsresultate. Aus dem Verzicht auf die Nennung weiterer struktureller Determinanten des Normbereiches der Forschungsfreiheit, die sich als handliche Subsumtionsformel verwenden ließen, folgt zwingend die Notwendigkeit, unter Berücksichtigung von Eigenart und Funktion des Grundrechts dessen sachlichen Gehalt im Wege der Konkretisierung der Norm herauszudestillieren.

Das Bemühen um neue wissenschaftliche Erkenntnis richtet sich auf den grenzenlosen Komplex aller Erscheinungsformen organischen und anorganischen Lebens, so daß sich aus der Art der geschützten Tätigkeit keine Beschränkungen der gegenständlichen Reichweite der Vorschrift ergeben.

Andererseits sind dem Schutzbereich der Norm insofern vorgegebene Grenzen gesetzt, als lediglich wissenschaftsspezifische Verhaltensweisen erfaßt werden, die als wesentlicher Bestandteil des wissenschaftlichen Denk- und Handlungskomplexes angesehen werden dürfen[13]. Jenseits des Normbereiches liegt also jegliches Verhalten, das sich nicht mehr aus der Eigengesetzlichkeit wissenschaftlicher Vorgehensweise begründen läßt[14].

---

[12] BVerfGE Bd. 35, S. 79 (113), unter wörtlicher Übernahme der Definition des Bundesberichtes Forschung III, BT-Drs. V/4335 S. 4.

[13] *Schmitt Glaeser*, in: WissR Bd. 7 (1974), S. 107 (120).

[14] Daraus erhellt, daß es keine vom Einzelfall unabhängige Beurteilung der Einbeziehung von Vorarbeiten in den Schutzbereich der Norm gibt, entgegen *Schrödter*, Die Wissenschaftsfreiheit des Beamten, S. 84, der jedes Experiment eines Naturwissenschaftlers sowie jede Zusammenstellung und Aufbereitung von Materialien durch einen Geisteswissenschaftler pauschal dem Schutz der Forschungsfreiheit unterstellen möchte. Zu eng sind andererseits die von *Köttgen*, in: Neumann u. a. (Hrsg.), Die Grundrechte, Bd. 2, S. 296 (297 f.), gesetzten Maßstäbe, nach welchen der gesamte Bereich der Vorarbeiten dem Grundrecht der Forschungsfreiheit entzogen ist. — Die Feststellung, ob nach der jeweiligen Fallgestaltung der Normbereich der Forschungsfreiheit tangiert ist, bleibt den zuständigen Gerichten überlassen.

Zum eingriffsfesten Kernbestand autonomer Gestaltung der wissenschaftlichen Tätigkeit zählt die freie Bestimmung über Gegenstand, Ziele und Methoden des jeweiligen Projektes[15].

Die Eigenart moderner Forschung liegt weniger in dem Aspekt kritischer Erkenntnissammlung isoliert schöpferisch tätiger Gelehrter, deren Erkenntnisprozeß sich in der Tat kontroll- und lenkungsfrei vollziehen könnte, als in der weitreichenden Abhängigkeit der Forschung von Fremdfinanzierung durch öffentliche oder private Auftraggeber und in dem Bedürfnis zur Einigung und Zusammenarbeit differenzierter Forschergruppen, die infolge der hohen Komplexität heutiger Aufgabenstellungen die wichtigste Chance der Auffindung neuer Erkenntnisse bieten. Dementsprechend lauert die Gefahr für die Freiheit der Forschung einerseits im Dickicht der indirekten Einflußnahme und Steuerung wissenschaftlicher Tätigkeit über das Mittel der Öffnung oder Schließung der Geldquellen und andererseits in der Gestaltung der Mitwirkungs- und Kontrollbefugnisse, die der betriebsförmig-organisatorische Forschungsablauf sachnotwendig mit sich bringt. Der Aktionsraum des an der wissenschaftlichen Hochschule forschenden Wissenschaftlers wird in seinem realen freiheitlichen Gehalt demnach mitbestimmt durch die Grundausstattung der Institution mit personellen, finanziellen und organisatorischen Mitteln[16] und durch die individuelle Ausstattung mit ausreichender Zeit für die Durchführung von Forschungsvorhaben.

Zuweilen wird aus der Verwertbarkeit von Forschungsergebnissen im staatlichen und gesellschaftlichen Raum die Forderung abgeleitet, die Forschungsproblematik müsse nach Inhalten und Zielen dem bestimmenden Einfluß staatlicher Instanzen oder gesellschaftlicher Gruppen überantwortet sein[17].

---

[15] *Geck*, in: VVDStRL Heft 27 (1969), S. 143 (161); ähnlich die inhaltliche Umschreibung in § 3 Abs. 2 Satz 1 HRG.

[16] Zum entsprechenden Anspruch des einzelnen Wissenschaftlers vgl. BVerwGE Bd. 52, S. 339 (348 f.); zum Problem der Ableitung von Leistungsansprüchen aus Art. 5 Abs. 3 GG vgl. jetzt auch Bundesverwaltungsgericht, in: NJW 1980, S. 718.

[17] Gegen derartige Tendenzen wendet sich *Lübbe*, Planung oder Politisierung der Wissenschaft, in: Hübner u. a. (Hrsg.), Die politische Herausforderung der Wissenschaft, S. 13 ff. — Davon zu unterscheiden — wenngleich sachnah — ist die Problematik der gesellschaftlichen Folgenverantwortung durch Wissenschaftler. Der in der 7. Legislaturperiode von der Bundesregierung eingebrachte Entwurf des § 3 HRG enthielt die Klausel „im Bewußtsein ihrer Verantwortung vor der Gesellschaft"; sie wurde nach Beanstandung durch den Bundesrat fallengelassen. Zu den Einzelheiten und Nachweisen vgl. *Thieme*, in: Hamburg, Deutschland, Europa, Festschrift für Ipsen, S. 189 (192 f.). — Die jetzige Fassung des § 22 Satz 2 HRG wird von *Scholz*, in: Maunz/Dürig/Herzog/Scholz, Grundgesetz, Kommentar, Bd. 1, Art. 5 Abs. 3 Rdn. 99, mit vorsichtiger Kritik bedacht, weil der Gesetzgeber jeglichen Anschein des

Die Prämissen dieser Auffassung sind jedoch zweifelhaft. Sie geht nämlich von der Annahme aus, Gebrauchswert und Folgen wissenschaftlicher Erkenntnisse seien voraussehbar und deshalb im Wege einer Kosten-Nutzen-Analyse augenblicklich relevanten gesellschaftlichen Zielkonzeptionen zu unterwerfen. Sie verkennt, daß die Innovationsfähigkeit der Wissenschaft, ihre Offenheit gegenüber neuartigen, ungewöhnlichen Fragestellungen, kurzum die Eigenart des wissenschaftlichen Produktionsprozesses — etwa im Gegensatz zum Herstellungsprozeß von Gegenständen nach festgelegten Regeln — gerade auf der Verwertung intuitiver Momente und spontaner Assoziationen beruht, die allzu oft erst zur Entdeckung des zutreffenden und weiterführenden Forschungsansatzes hinleiten.

Daß angesichts der generellen Knappheit staatlicher und privater Ressourcen eine sachkundige Auswahl der zu fördernden wissenschaftlichen Vorhaben erreicht werden muß, weil eine gleichmäßige und gleichgewichtige Verteilung der Finanzmittel für alle Wissenschaftler schon aus sachimmanenten Gründen der Rationalität und Effizienz nicht in Betracht kommt, steht nicht im Widerspruch zu der Forderung nach autonomer Bestimmung des Forschungsgegenstandes durch den einzelnen Forscher[18]. Hier sind zwei verschiedene Entscheidungsebenen betroffen.

Prioritätensetzung auf Grund von Forschungsplanung zur Vermeidung kostenintensiver Doppelforschung ist dem Entschluß des einzelnen Wissenschaftlers, eine bestimmte Forschungsthematik aufzugreifen, vorgelagert. Hat er sich für die Bearbeitung eines Projektes frei entschieden, obliegt ihm die Detailplanung unter Einbeziehung der anzuwendenden Methode und des Untersuchungszieles[19].

Versuches zur inhaltlichen Determination von Forschung zu vermeiden habe. — Die in § 6 Abs. 1 HUG i. d. F. vom 6. Dezember 1974 (GVBl. I S. 603) enthaltene und in der geltenden Fassung vom 6. Juni 1978 (GVBl. I S. 348) aufrechterhaltene Verpflichtung aller an Forschung und Lehre beteiligten Mitglieder und Angehörigen der Universitäten, „die gesellschaftlichen Folgen wissenschaftlicher Erkenntnis mitzubedenken“, war Gegenstand bundesverfassungsgerichtlicher Überprüfung. Das Bundesverfassungsgericht (Bd. 47, S. 327 [379 ff.]) hält die Bestimmung bei enger Auslegung für mit Art. 5 Abs. 3 GG vereinbar.

[18] Zum Problem der Überlagerung der Forschungsfreiheit durch staatliche und inneruniversitäre Forschungsplanung vgl. *Scholz*, in: Maunz/Dürig/Herzog/Scholz, Grundgesetz, Kommentar, Bd. 1, Art. 5 Abs. 3 Rdn. 176.

[19] Daß auch eine unter der Verantwortung des einzelnen Forschers stehende Forschung thematisch in den gesellschaftlichen Kontext eingebunden ist, wird durch vielfältige gesellschaftliche Mechanismen ohnehin besorgt, u. a. dadurch, daß jeder Wissenschaftler neben seiner Berufsrolle weitere Rollen innehat, die verhindern, daß er die gesellschaftliche Relevanz seiner Tätigkeit aus den Augen verliert, vgl. *Luhmann*, Selbststeuerung der Wissenschaft, in: Jb. f. Sozialwissenschaft Bd. 19 (1968), S. 147 (158).

Die freie Bestimmung des Forschungsgegenstandes durch den schöpferisch tätigen Wissenschaftler bleibt daher das wesentliche Element der Forschungsfreiheit.

Der Gehalt des Grundrechts freier Forschung wäre nicht vollständig erschlossen, würde nicht ein weiteres wesentliches Strukturelement erwähnt, die Freiheit zur Verbreitung wissenschaftlicher Informationen und im besonderen, die ungestörte Möglichkeit zur Veröffentlichung eigener Forschungsergebnisse[20].

Diesen kommunikativen Aspekt des Grundrechts freier Forschung hervorzuheben, ist vordringlich in einer Zeit, in der wissenschaftliche Lehre ihre Bedeutung als Multiplikator und Publizitätsquelle von Forschungsergebnissen zu wirken, mehr und mehr einbüßt. An dieser Entwicklung haben die immer zahlreicher werdenden technischen Möglichkeiten einer weltweiten Verbreitung wissenschaftlicher Informationen, die sinkende Fluktuation der Studenten von einer wissenschaftlichen Hochschule zur anderen und nicht zuletzt die durch die Spezialisierung der Wissenschaften hervorgerufene Differenzierung zwischen Lehr- und Forschungsproblematik gleichen Anteil.

Die sachlich-inhaltliche Freihaltung wissenschaftlicher Kommunikation von heteronomen Bestimmungsfaktoren ist somit heute wesensmäßig mit Freiheit der Forschung und mit Freiheit der Lehre verknüpft.

Von dieser Auffassung abweichend sieht neuerdings *Wussow* das Moment ungehinderter Verbreitung von Forschungsergebnissen allein durch eine begriffslogische Verknüpfung von Forschung und Lehre gesichert. Eine Interpretation der Forschungsfreiheit, die nicht Freiheit der Lehre impliziere, nehme dem einzelnen Forscher die Möglichkeit, Forschungsergebnisse zu verbreiten oder weiterzugeben, beeinträchtige ihn sonach in seiner Forschertätigkeit[21]. Da Freiheit der Forschung nur bestehe, wenn zugleich die Freiheit der Lehre gegeben sei, garantiere Art. 5 Abs. 3 Satz 1 GG mit der Freiheit der Forschung und Lehre auch deren Einheit.

Wussow verkürzt damit im Gegensatz zur herrschenden Ansicht den Grundrechtsschutz freier Forschung in unzulässiger Weise auf den Aspekt der Verbreitung von Forschungsergebnissen im Wege der Lehre. Eine solche Sicht verfehlt den im Vergleich zur Entstehungszeit der Idee der Einheit von Forschung und Lehre wesentlich expansiveren Anwendungsbereich des Grundrechts der Forschung, wie er sich aus den oben soeben geschilderten strukturellen Veränderungen ergibt.

---

[20] Zur Verdeutlichung vgl. die in § 3 Abs. 2 Satz 1 HRG rezipierte herrschende Meinung, s. BVerfGE Bd. 35, S. 79 (112); BVerfGE Bd. 43, S. 242 (267), und statt vieler *von Münch*, in: ders. (Hrsg.), Grundgesetz-Kommentar, Bd. 1, Art. 5 Rdn. 68.

[21] In: WissR Bd. 13 (1980), S. 1 (7).

Gegen Wussows Begründung der These einer reziproken Abhängigkeit von Forschung und Lehre erheben sich des weiteren wegen des grundsätzlichen, dahinterstehenden grundrechtstheoretischen Ansatzes Bedenken. Die angeblich unaufhebbare und nicht anders zu denkende Verklammerung von Forschung und Lehre wird nämlich durchgängig aus dem Gesichtspunkt der „Existenz der Forschung“[22], somit aus einem die Existenz eines gesellschaftlichen Sachverhaltes Wissenschaft berücksichtigenden Maßstab begründet. Verselbständigt man die Frage, welches die institutionellen Bedingungen zur Erhaltung des wissenschaftlichen Systems sind, so ist Wussows Gedanke, daß der Bereich Forschung auf die Dauer nicht ohne freie Lehre funktionsfähig bleiben kann, einleuchtend und überzeugend. Die primäre Bedeutung, der bleibende und ursprüngliche Sinn des Grundrechts freier Wissenschaft ist jedoch die Wahrung der Freiheit des einzelnen Wissenschaftlers. Auch und vor allem um der Funktion der Sicherung freier wissenschaftlicher Betätigung des einzelnen willen genießen Wissenschaft, Forschung und Lehre verfassungsrechtlichen Schutz[23].

II. Grundstrukturen freier Lehre

Wenngleich im rechtswissenschaftlichen Schrifttum allgemein die Auffassung Eingang gefunden hat, Lehre im Sinne des Art. 5 Abs. 3 GG sei lediglich als wissenschaftliche Lehre vom Schutzzweck der Norm umfaßt[24], bereitet die Bestimmung des über diese allgemeine Bedeutung hinausgehenden konkreten Begriffsinhaltes Schwierigkeiten. Sie sind in der Notwendigkeit begründet, die Abhängigkeitsrelationen zwischen Forschung und Lehre exakt zu verdeutlichen.

Auch hier liegt ein Ausweichen auf formale Begriffskriterien nahe.

So hat in neuerer Zeit *Schrödter*[25] in Weiterführung seiner formalen Definition des Begriffes Wissenschaft[26] den Versuch unternommen, das vor dem Hintergrund der Schaffung neuartiger und der Erweiterung vorhandener Bildungseinrichtungen akute Problem der Geltung des

---

[22] S. 6.

[23] Vgl. zu dieser grundrechtlichen Ausgangsposition zuletzt BVerfGE Bd. 50, S. 290 (337 ff.).

[24] Vgl. *Thoma*, Die Lehrfreiheit der Hochschullehrer und ihre Begrenzung durch das Bonner Grundgesetz, S. 13; *Werner Weber*, Die Rechtsstellung des deutschen Hochschullehrers, S. 13, 18, 27; *Wehrhahn*, Lehrfreiheit und Verfassungstreue, S. 13, 20; *Thieme*, Deutsches Hochschulrecht, S. 59 f.; *Knemeyer*, Lehrfreiheit, S. 41 ff.; *Scholz*, in: Maunz/Dürig/Herzog/Scholz, Grundgesetz, Kommentar, Bd. 1, Art. 5 Abs. 3 Rdn. 104.

[25] Die Wissenschaftsfreiheit des Beamten, S. 63 ff., zusammenfassend S. 73.

[26] Zur Kritik s. oben Teil I 1. Abschn. II. 2. a. E.

Grundrechts der Lehrfreiheit an Hand formaler Kategorien zu lösen. Er differenziert wie folgt:

Alle Lehrenden an wissenschaftlichen Hochschulen und Fachhochschulen dürfen sich prinzipiell auf das Grundrecht der Lehrfreiheit berufen, Lehrenden an Verwaltungsschulen von Bund und Ländern ist in Ausübung ihrer beruflichen Tätigkeit die Berufung auf das Grundrecht hingegen zu versagen. Lehrende an Volkshochschulen kommen als Grundrechtsträger wiederum in Betracht, wenn ihre Veranstaltung dem inhaltlichen Vergleich mit Veranstaltungen der wissenschaftlichen Hochschule standhält[27].

Der Vorteil scheinbar problemloser Feststellung des Schutzbereiches wissenschaftlicher Lehrfreiheit wird hier indessen auf methodisch und inhaltlich anfechtbare Weise erkauft. Bestimmte man mit Schrödter den Geltungsbereich des Grundrechts im Prinzip nach formalen Grundtypen von Bildungseinrichtungen, überließe man die Abgrenzung des Geltungsbereiches einer Verfassungsnorm letztlich dem einfachen Gesetzgeber, dem es bei dieser Art der Verfassungsauslegung freistünde, die Kriterien der Wissenschaftlichkeit einer Hochschule oder einer Fachhochschule durch einfachgesetzliche Regelung festzulegen[28].

Diese Bedenken wären ausgeräumt, wenn man das Schutzobjekt der Lehrfreiheit ausschließlich auf die Vermittlung eigener Forschungsergebnisse beschränkte.

So zutreffend diese Deutung den Bezug der Lehre zur geistig-schöpferischen Komponente wissenschaftlicher Tätigkeit hervorhebt, so fragwürdig ist das sich darin reflektierende Verständnis der Komplementarität von Forschung und Lehre.

Entwicklungsgeschichtlich war es zunächst richtig, Forschung und Lehre als eine Einheit zu betrachten und Lehrfreiheit als Komplementärgrundrecht zur Forschungsfreiheit zu charakterisieren[29]. Die bereits oben[30] angedeuteten gravierenden Veränderungen auch im Hinbick auf die kommunikativen Abläufe im Forschungsbereich, die zur Aus-

[27] Hier nimmt *Schrödter* eine materiale Argumentation zu Hilfe.

[28] Problematisch in seiner formalen Abgrenzung deshalb auch der Vorschlag von *Kimminich*, in: WissR Bd. 6 (1973), S. 193 (202), „den Begriff der Hochschule und des Hochschullehrers auszuweiten, so daß sich der Kreis der Grundrechtsträger des Art. 5 Abs. 3 GG erweitert". — Vgl. in diesem Zusammenhang die an dem formalen Hochschulbegriff des § 1 HRG geübte Kritik von *Thieme*, in: WissR Bd. 9 (1976), S. 193 (201 f.).

[29] Die historisch typische Gefährdung des freien Lehrvortrages konnte noch im Jahre 1954 *Köttgen* zu der Bemerkung veranlassen, die vorrangige Diskussion des Grundrechts der Lehrfreiheit sei gerechtfertigt, weil die Forschungstätigkeit ohnehin nicht gefährdet sei, vgl. dens., in: Neumann u. a. (Hrsg.), Die Grundrechte, Bd. 2, S. 291 (299).

[30] s. Teil III 1. Abschn. I.

weitung des Grundrechts der Forschungsfreiheit auf die ungehinderte Verbreitung von Forschungsergebnissen[31] geführt haben, lassen es indessen heute zweifelhaft erscheinen, die eigenständige grundrechtliche Bedeutsamkeit der Lehrfreiheit sogleich wieder auf den grundrechtlich durch die Forschungsfreiheit schon abgesicherten kommunikativen Aspekt freier Mitteilung von Forschungsergebnissen einzugrenzen.

Außerdem wäre die Begrenzung auch deshalb problematisch, weil Forschungsergebnisse immer seltener einer einzigen Forscherpersönlichkeit zugerechnet werden können. Und welcher Forscher sollte bei im Team erbrachten Leistungen berechtigt sein, das Forschungsresultat oder Teile desselben als Gegenstand seiner Lehre zu reklamieren? Gegenstand der Forschung bilden zudem winzige Teilbereiche spezialisierter Disziplinen. Die Verbreitung ihrer Einzelergebnisse im Rahmen der Lehre wäre ohnehin in den meisten Fällen zum Scheitern verurteilt, weil den Lernenden ohne Grundkenntnisse der jeweiligen Disziplin jegliches Verständnis eines so gearteten Lehrstoffes abginge. Die Vermittlung der systematisch-allgemeinen Kenntnisse in den einzelnen Wissenschaften würde infolge dieser restriktiven Interpretation des Grundrechts außerhalb der grundrechtlich geschützten Sphäre vonstatten gehen mit der potentiellen Folge, daß die akademische Berufsausbildung und die Ausbildung junger Wissenschaftler in dieser Phase wissenschaftsfremden Einflüssen zugänglich werden könnte.

Einen ausschließlich auf die Vermittlung eigener Forschungsergebnisse eingeengten Begriff wissenschaftlicher Lehre zu vertreten, hieße dem Grundrecht insoweit stark praktische Relevanz zu versagen.

Auf Grund ähnlicher Erkenntnisse hat sich schon *Friedrich Klein*[32] bemüht, die negativen Folgen der Begrenzung des Normbereiches auf die Verkündung eigener Forschungsergebnisse[33] zu umgehen, indem er den Begriff „eigene Forschung" auf „das vergleichende und wertende Zusammenstellen fremder Forschungsergebnisse, insbesondere zum Zwecke der Lehre", ausdehnte.

Zweifelsohne kann in Anbetracht der Fülle wissenschaftlicher Publikationen in der Kompilation und Systematisierung wissenschaftlicher Ergebnisse durchaus eine eigenständige Forschungsleistung zu erblicken sein; für den Regelfall eigener Forschung bilden sie jedoch nicht den Endpunkt, sondern den Ausgangspunkt eigener schöpferischer Leistungen.

---

[31] Ausdrücklich BVerfGE Bd. 35, S. 79 (113).

[32] In: von Mangoldt/Klein, Das Bonner Grundgesetz, Bd. 1, Art. 5 Anm. X. 4. a), S. 255.

[33] Für die er grundsätzlich eintritt, vgl. Art. 5 Anm. X. 5. a), S. 257.

Klein erweitert mit dieser Aufspaltung des Forschungsbegriffes in „Forschung“ und „Forschung, insbesondere zum Zwecke der Lehre“, den personalen Anwendungsbereich des Grundrechts[34]. Zu vermissen bleibt aber ein verläßliches Abgrenzungskriterium der Grundrechte freier Forschung und freier Lehre voneinander.

Für die Untersuchung kommt es mithin darauf an, Unterscheidungsmerkmale aufzufinden, die es ermöglichen, das normative Element der Freiheit wissenschaftlicher Lehre und seine typischen Sachstrukturen zu beachten, ohne nun ins andere Extrem einer so extensiven Deutung des Grundrechts zu fallen, daß selbst das Vorlesen eines wissenschaftlichen Textes[35] durch jedermann[36] unter dem Grundrechtsschutz der Lehrfreiheit stünde.

Manche Äußerungen im staatsrechtlichen Schrifttum der Gegenwart lassen die Tendenz erkennen, den Rahmen für die Auslegung des Grundrechts der wissenschaftlichen Lehre sehr weit abzustecken.

Sie betreffen das Problem der Erweiterung des Kreises potentieller Träger des Grundrechts, insbesondere im Hinblick auf die Stellung der Lehrer an Schulen. Hinter dem unterschiedlichen Problemansatz verbirgt sich gleichwohl die These, daß Lehre im Sinne des Art. 5 Abs. 3 GG als wissenschaftlich zu rubrizieren sei, auch wenn sie des durch die Person des Lehrenden vermittelten Kontaktes zur Forschung entbehre.

Einige Stimmen im Schrifttum, die sich zugunsten der Anwendung der Lehrfreiheit des Art. 5 Abs. 3 GG auf Lehrer an Schulen erhoben

[34] Das gleiche Ergebnis erreicht er darüber hinaus durch die Einbringung eines subjektiven Momentes in die Begriffsbestimmung, vgl. hierzu dens., in: von Mangoldt/Klein, Das Bonner Grundgesetz, Bd. 1, Art. 5 Anm. X. 5. b), S. 258: „Für die Beurteilung der Frage, ob eine Tätigkeit Forschung oder Lehre darstellt, wird man im Zweifel die Willensrichtung des Handelnden beachten müssen. Jeder ernsthafte Wissenschaftler forscht jedenfalls auch dann, wenn er nach außen hin als Lehrer auftritt, da er auch dabei in nie erlahmender Selbstkritik an der Vervollkommnung seiner Auffassungen arbeitet und gegebenenfalls eine als irrig erkannte Meinung fallen läßt.“ — Den von *Klein* zur Erläuterung der Freiheit wissenschaftlicher Lehre geprägten Begriff Lehrforschung verwendet *Wussow,* in: WissR Bd. 13 (1980), S. 1 (6), in einem von Klein nicht intendierten Sinn, indem er aus diesem Begriff die grundsätzliche Ausrichtung von Forschung auf Lehre deduziert.

[35] So das polemisch gefärbte Beispiel von *Klein,* in: von Mangoldt/Klein, Das Bonner Grundgesetz, Bd. 1, Art. 5 Anm. X. 5. a), S. 257.

[36] Die Feststellung des Bundesverfassungsgerichts, daß das Grundrecht freier Wissenschaft, Forschung und Lehre jedermann zukomme, vgl. BVerfGE Bd. 35, S. 79 (112 f.), ist für den vorliegenden Zusammenhang nicht fruchtbar zu machen. Sie hat Bedeutung für die Frage, ob es sich bei den Grundrechten des Art. 5 Abs. 3 GG um individuelle Rechte des einzelnen oder um eine institutionelle Gewährleistung handelt. Aktualisiert werden die Grundrechte erst mit dem Tätigwerden in Forschung und wissenschaftlicher Lehre, so zutreffend *Kimminich* in der Besprechung des angeführten Hochschulurteils, in: WissR Bd. 6 (1973), S. 193 (202).

haben[37], weisen auf eine durch die Beschränkung der Lehrfreiheit auf wissenschaftliche Lehrtätigkeit bewirkte Privilegierung der Universitäten hin[38]. Dieser Einwand wäre beachtenswert, wenn die unterschiedliche Behandlung ausschließlich an den organisatorischen Gesichtspunkt der Durchführung der Lehre in Schulen oder Hochschulen anknüpfen würde. Dies wäre in der Tat kein ausreichend sachliches Unterscheidungskriterium. Denn mit *Staff*[39] kann freilich nicht von vornherein in Abrede gestellt werden, daß auch der Lehrer an einer Schule, insbesondere an einem Gymnasium, seine Unterrichts- und Erziehungstätigkeit am Wahrheitsgehalt des jeweiligen Sachverhaltes unter Ausschluß der Ideologie — somit wissenschaftlich — gestaltet. Er kann daher durchaus — und im Zuge der Neugestaltung der Sekundarstufe II an den Oberstufen der Gymnasien geschieht das in steigendem Maße — seinen Unterricht mit neuesten wissenschaftlichen Erkenntnissen anreichern und sich wissenschaftlicher Methoden bedienen. In der Zusammenarbeit zwischen Lehrer und Schülergruppen können im Einzelfall auch neue wissenschaftliche Ergebnisse erzielt werden.

Daß Lehrer nur fremde Forschungsergebnisse vortragen, kommt als Abgrenzungskriterium ebensowenig ernstlich in Betracht, da auch die Lehrtätigkeit des akademischen Lehrers weitestgehend durch das ihm vorgeschriebene Lehrgebiet, durch Prüfungs- und Studienordnungen, durch festgelegte Pflichtvorlesungen und daher indirekt durch den Zwang zur Darstellung auch fremder Gedanken gekennzeichnet ist[40].

Das sachliche Argument, das eine unterschiedliche Behandlung von Lehrern an Schulen und Hochschullehrern plausibel macht, ist in der grundsätzlich verschiedenen Funktion beider Berufsgruppen zu sehen[41].

Den Lehrern ist vom Staat im Interesse der Allgemeinheit die Erziehung und Unterrichtung der Jugend anvertraut. Diese Aufgabe der gleichmäßigen Tradierung des Bildungsgutes wird inhaltlich weder durch Übermittlung wissenschaftlicher Kenntnisse allein noch in

---

[37] *Perschel*, in: DÖV 1970, S. 34 (38); *Kollatz*, in: DÖV 1970, S. 594; *Staff*, in: DÖV 1969, S. 627 ff.; *Roellecke*, in: JZ 1969, S. 726 (729); Zweifel an der Überzeugungskraft der überkommenen Auffassung melden an *Ingo Richter*, Bildungsverfassungsrecht, S. 210 f., und *Beck*, Rechtswissenschaftliche Diss., S. 174, und passim; ausdrücklich offengelassen ist die Frage auch bei *Niehues*, Schul- und Prüfungsrecht, S. 158 Rdn. 310.

[38] z. B. *Roellecke*, in: JZ 1969, S. 726 (729).

[39] In: DÖV 1969, S. 627 (629).

[40] Zum Verhältnis von Lehrfreiheit und Lehrverpflichtung unter der Geltung des HRG vgl. *Avenarius*, in: WissR Bd. 13 (1980), S. 43 (51 ff.); ders., Hochschulen und Reformgesetzgebung, S. 30 ff.; *Thieme*, in: Hamburg, Deutschland, Europa, Festschrift für Ipsen, S. 189 (200 ff.); zum Problem allgemein jetzt auch *Bauer*, Wissenschaftsfreiheit in Lehre und Studium, S. 62 ff.

[41] Zur Abgrenzung der Schulen von den Hochschulen vgl. BVerfGE Bd. 37, S. 313 (321), mit Anmerkung von *Dittmann*, in: DÖV 1974, S. 743 f.

Form fortlaufender Meinungsäußerungen des Lehrers erfüllt, so daß die Normbereiche der Grundrechte freier Meinungsäußerung und freier wissenschaftlicher Lehre regelmäßig nicht berührt sind. Die den Lehrern allgemein zugestandene pädagogische Freiheit[42] ist ein aus dem Beamtenstatus fließendes Recht zur freien Unterrichtsgestaltung[43], das sich in den rechtlichen Grenzen der in den Landesverfassungen und den Schulgesetzen festgelegten und als besonders wertvoll erkannten Bildungsziele[44] bewegen muß. Die im öffentlichen Interesse wahrgenommene Funktion unterliegt somit zu Recht staatlicher Aufsicht gem. Art. 7 Abs. 1 GG.

Soweit Lehrer an Schulen im Rahmen ihrer beamtenrechtlichen Tätigkeit handeln, gilt für sie Art. 5 Abs. 3 Satz 1 GG nicht[45].

Über die Unterschiede in der ausgeübten Funktion hinaus hat vor allem *Maunz* zur Begründung der unterschiedlichen Behandlung von Hochschullehrern und Lehrern an Schulen beigetragen[46]. In dem qualifizierteren Ausbildungsstand von Lehrenden und Lernenden an wissenschaftlichen Hochschulen sieht er den eigentlichen Rechtfertigungsgrund für eine differenzierende Betrachtungsweise. Ihm gelingt insoweit eine dogmatisch einwandfreie und generelle Abgrenzung, als die zwar nach formalisierten Qualifikationsmerkmalen getroffene, systematische Unterscheidung eben doch auf der Grundlage nachprüfbarer Leistungen, also nach materialen Kategorien erfolgt[47].

---

[42] Vgl. z. B. § 38 Abs. 2 bwSchG; Art. 38 Abs. 1 bayVoSchG; § 10 Abs. 1 und Abs. 2 blnSchulVerfG; § 52 Abs. 2, § 55 heSchVG; § 23 Satz 2, § 101 NSchG; § 14 Abs. 3 nwSchVG; § 20 Abs. 1 rpSchulG; § 20 Abs. 1 saSchOG.

[43] *Heckel/Seipp*, Schulrechtskunde, S. 209; *von Münch*, in: DVBl. 1964, S. 792 (794); *Niehues*, Schul- und Prüfungsrecht, S. 155 ff., Rdn. 303 ff.

[44] Hierzu *Evers*, Die Befugnisse des Staates zur Festlegung von Erziehungszielen in der pluralistischen Gesellschaft, passim.

[45] Diese Auffassung steht im Einklang mit dem sowohl in der Literatur (vgl. *Fuß*, in: VVDStRL Heft 23 [1966], S. 199 [226] m. w. N.; *Maunz*, in: Maunz/Dürig/Herzog/Scholz, Grundgesetz, Kommentar, Bd. 1, Art. 7 Rdn. 61 m. w. N., und *Starck*, in: DÖV 1979, S. 269 [273]), als auch in der Rechtsprechung (vgl. OVG Lüneburg OVGE Bd. 3, S. 138 [144]; Disz.hof Rhld.-Pf., in: ZBR 1964, S. 92 f., insbesondere zu den Begrenzungen der Meinungsäußerungsfreiheit des Lehrers durch Erziehungs- und Bildungsziele der Schule) meist unter Anführung historischer Gründe vertretenen Ergebnis.

[46] In: Maunz/Dürig/Herzog/Scholz, Grundgesetz, Kommentar, Bd. 1, Art. 7 Rdn. 61.

[47] In ständiger Rechtsprechung hat auch das Bundesverfassungsgericht (vgl. die Entscheidungen in Bd. 35, S. 79 [118, 133 f.]; Bd. 39, S. 247 [255 f.]; Bd. 43, S. 242 [269]; Bd. 47, S. 327 [389], und zuletzt bestätigt in Bd. 51, S. 369 [379]) im Rahmen der Erläuterung des aus Art. 5 Abs. 3 Satz 1 GG abgeleiteten Homogenitätsgebotes bezüglich der Zusammensetzung der Gruppe der Professoren in den gruppenrepräsentativ besetzten Hochschulgremien die Hochschullehrereigenschaft nach materiellen Kriterien bestimmt. Eine derartige materielle Qualifikation nach Aufgabenstellung, Funktion und Verantwortlichkeit, Einstellungsvoraussetzungen und Berufungsverfahren, Dauer

Schon die oberflächliche Betrachtung zeigt, daß Maunz Hochschullehrern die Berufung auf das Grundrecht der Lehrfreiheit offenläßt, weil sie sich in der Forschung, nicht aber weil sie sich in der Lehre bewährt haben. Das ergibt sich aus dem Vergleich des Ausbildungsstandes der Hochschullehrer und der Lehrer an Schulen, der sich im wesentlichen erst in dem Augenblick unterscheidet, in dem der Hochschullehrer die spezifische Qualifikation zur Ausübung seines Berufes durch den Nachweis hervorragender Forschungsleistungen auf fachwissenschaftlichem, nicht auf didaktisch-pädagogischem Feld erwirbt. Maunz sieht demnach den inneren Grund zur Differenzierung in der durch die Person des Hochschullehrers gewährleisteten Verbindung der Forschung zur Lehre. Ob er Hochschullehrern das Grundrecht der Lehrfreiheit auch ohne Fortführung der Forschungstätigkeit nach Erlangung der Berufsqualifikation zuerkennt, ob er endlich den Lehrinhalt durch Inbezugnahme von Forschungsergebnissen inhaltlich determiniert wissen will, geht aus seinen Äußerungen nicht mit letzter Deutlichkeit hervor.

Die von Maunz für die unterschiedliche grundrechtliche Behandlung von Lehrern und Hochschullehrern herangezogene Begründung lehnt sich an den hergebrachten Typ des Hochschullehrers an, der sich auf dem Gebiet seiner venia legendi durch Forschungsleistungen ausgezeichnet hat. Sie erweist sich als unergiebig zur Bestimmung des Grundrechtsschutzes für denjenigen Personenkreis, der im Zuge der Schaffung neuartiger Bildungsinstitutionen und der Umstrukturierung des Personalkörpers der Hochschulen in großem Umfang Lehraufgaben wahrnimmt, hingegen wenig oder überhaupt keine Gelegenheit zu eigener Forschung erhält[48].

Deshalb muß über die Feststellung der Berufsqualifikation von Hochschullehrern hinausgehend nach sachlichen Kriterien gesucht werden, die die Frage beantworten, wann Lehre im Sinne des Art. 5 Abs. 3 GG ihrem Charakter nach als wissenschaftlich und somit als zum Normbereich der Lehrfreiheit gehörig betrachtet werden kann.

---

der Zugehörigkeit zur Universität und Interessenlage (s. BVerfGE Bd. 47, S. 327 [389]) ist insofern formalisiert, als die für die Zuordnung maßgeblichen Merkmale nicht hinsichtlich der Einhaltung der wissenschaftlichen Standards durch den einzelnen Kandidaten überprüft werden, sondern auf Beachtung der die materielle Qualifikation feststellenden Verfahren. Der zuletzt angeführte Beschluß des Bundesverfassungsgerichts war für *Burmeister* Anlaß zu einer umfassenden Besprechung der Hochschulrechtsprechung des Bundesverfassungsgerichts, vgl. MittHV Bd. 27 (1979), S. 271 (274).

48 Zum Inhalt der Lehrfreiheit und zur Gruppierung der potentiellen Grundrechtsträger unter der Geltung des § 3 HRG vgl. *Hailbronner*, in: Groß-kreutz/Hailbronner/Ipsen/Walter, Kommentar zum Hochschulrahmengesetz, § 3 Rdn. 44 ff.; *Dellian*, in: Dallinger/Bode/Dellian, Hochschulrahmengesetz, Kommentar, § 3 Rdn. 11 ff.

Dem Verfassungsexegeten ist es hierbei verwehrt, ohne nähere Prüfung auf den fast grenzenlos erweiterten Begriffsinhalt wissenschaftlicher Lehre zu rekurrieren, wie er sich auf allen Stufen unseres Bildungswesens ausbreitet. Es herrscht die Vorstellung vor, als Folge der wissenschaftlichen Durchdringung aller Lebensbereiche habe sich die gesamte Ausbildung und Fortbildung der Bevölkerung in wissenschaftlicher Art und Weise zu vollziehen. Die Erfüllung dieses in erster Linie pragmatischen Gesichtspunktes stieße allerdings recht schnell an die Grenzen des Leistungsvermögens des wissenschaftlichen Systems, bliebe man dem Postulat treu, daß wissenschaftliche Arbeitsweise die ständige Konfrontation mit dem noch nicht Erkannten beinhaltet. Ist aber das schöpferisch-geistige Potential als grundsätzlich begrenzt anzunehmen, so kann der umfassende Ausbildungsanspruch an die Wissenschaft nicht voll eingelöst werden. Was infolge des immer noch herrschenden Andranges zu den Bildungsinstitutionen als wissenschaftliche Lehre beschrieben wird, entbehrte dann schließlich jeder Beziehung zum schöpferisch-innovatorischen Wesenselement wissenschaftlichen Wirkens, wäre allein Weitergabe von Wissensstoff, der zu irgendeinem Zeitpunkt Gegenstand wissenschaftlicher Erörterung gewesen ist.

Ein Rechtsfertigungsgrund für die Übernahme eines solchermaßen überdehnten Begriffsverständnisses[49] in die Interpretation des Art. 5 Abs. 3 GG, der den Sachbereich Wissenschaft in allen seinen Erscheinungsformen zugunsten von Wissenschaftlern und deren innovatorischen Leistungen vor wissenschaftsfremden Einflüssen abschirmen soll, ist schwerlich zu finden.

Behandelt man die Freiheit wissenschaftlicher Lehre als eine Handlungsvariante im weiten Sachbereich wissenschaftlicher Betätigung, so tauchen bei dem Versuch einer inhaltlichen Bestimmung der Wissenschaftlichkeit des Lehrens die gleichen Schwierigkeiten auf, denen man sich bei der definitorischen Abgrenzung des wissenschaftlichen vom nichtwissenschaftlichen Erkenntnisbereich bereits ausgesetzt sah[50].

Zur Ermittlung des Normzweckes wissenschaftlicher Lehrfreiheit sinnvoller ist deshalb ein Vorgehen, das für die Konkretisierung des Norminhaltes die typischen Sachstrukturen der Lehre zum Ausgangspunkt der Überlegungen wählt.

Die spezielle Wirkungsrichtung des Grundrechts der Lehrfreiheit erhellt aus dem anders gearteten Adressatenkreis des Kommunikations-

---

[49] Zutreffend *Kirchhof*, in: Gedächtnisschrift für Klein, S. 227 (239): „Das Wächteramt für die Sprache des Rechts ist grundsätzlich den Juristen anvertraut."

[50] Vgl. dazu die Ausführungen oben Teil I 1. Abschn. II.

vorganges. Die Tatsache, daß wissenschaftliche Lehre begriffsnotwendig Lehrende und Lernende voraussetzt, deren Kenntnisstand sich in bezug auf den Gegenstand der Lehre maßgeblich unterscheidet, führt zu einigen den Normbereich der Lehre typisierenden Begriffsmerkmalen.

Der primäre Schutzzweck der Freiheit wisenschaftlicher Lehre ist ebenso wie im Bereich der Forschungsfreiheit auf die ungestörte Vermittlung der Produkte geistig-schöpferischen Tuns gerichtet. Freiheit wissenschaftlichen Lehrens bedeutet daher Freiheit der Weitergabe der Resultate eigenen Forschens.

Erweiternde Modifizierungen des grundrechtlichen Normbereiches der Lehrfreiheit ergeben sich jedoch aus dem Umstand, daß ein lernendes Publikum zuerst dazu befähigt werden muß, der Darstellung wissenschaftlicher Sachverhalte zu folgen. Dieser zu einem rechten Verständnis der Forschungsprobleme des jeweiligen Studienfaches vorgelagerte Lehrprozeß systematisch-hinführender, einleitender Erklärungen, der wesensnotwendig mit der Vermittlung fremder Forschungsresultate und anerkannter Lehrmeinungen verbunden ist, bedarf in gleichem Maße kraft sachlogischen Zusammenhanges mit der Weitergabe eigener Forschungsergebnisse an die Studierenden des grundrechtlichen Schutzes.

Wissenschaftliche Lehre bedingt zudem eine didaktisch-pädagogische Art der Darstellung, die geeignet ist, den studierenden Nachwuchs an die Problemstellungen der jeweiligen Fachdisziplinen heranzuführen. Die Kategorisierung potentieller Träger des Grundrechts der Lehrfreiheit muß mithin dieser Umschreibung des Tätigkeitsfeldes wissenschaftlicher Lehre konform sein.

Alle diejenigen, die den qualitativen Anforderungen an den wissenschaftlichen Charakter der Lehre genügen, kommen als Träger des Grundrechts in Betracht, d. h. potentiell jedermann, dessen Wissensvermittlung den inhaltlichen Anspruch wissenschaftlicher Lehre erfüllt[51].

Da das Grundrecht der Freiheit wissenschaftlicher Lehre im gedanklichen Zusammenhang mit dem allgemeinen Schutzzweck der Norm steht, die Verbreitung wissenschaftlicher Erkenntnisse nicht zu unterdrücken und mittelbar mögliche Erkenntnisfortschritte nicht zu ersticken, kann allein derjenige den Schutz des Grundrechts der Lehrfreiheit für sich beanspruchen, der eigene Forschungserfahrungen aufzu-

[51] Diesem Gedanken entsprechend, hat das Bundesverwaltungsgericht für Fachhochschullehrer die Postulationsfähigkeit gem. § 67 Abs. 1 VwGO verneint, vgl. die Entscheidungen in: DVBl. 1975, S. 435 f., und BVerwGE Bd. 56, S. 336.

weisen hat. Denn effiziente Vorbereitung auf das Ziel, die nachfolgende Generation zu forschender Kritikausübung und zu wissenschaftlichem Arbeiten anzuleiten, kann nur derjenige bewältigen, dessen Kenntnisstand über die Erlangung theoretischer und experimenteller Fertigkeiten hinausragt und der auf einem Teilbereich der wissenschaftlichen Disziplin, die er als Lehrer vertreten möchte, wenigstens den Versuch unternommen hat, die Unsicherheit der Entscheidung, die sich in allen Grenzgebieten der Forschung eröffnet, durch rationale Entscheidungskriterien einzudämmen.

Daß dem hergebrachten Typ des Hochschullehrers eine gewisse Leitbildfunktion nicht abzusprechen ist, macht die Absicherung seiner beruflichen Tätigkeit durch das Grundrecht der Lehre nicht zu einer unzulässigen Privilegierung.

Infolge der schwindelerregenden Akzeleration des Wissens, der ständigen Veränderung und des Anpassungsdruckes auch wissenschaftlicher Methoden und Arbeitsweisen kann die einmalige Forschungsleistung eines Wissenschaftlers nicht mehr den wissenschaftlichen Charakter seiner Lehrveranstaltungen über mehrere Jahrzehnte hinweg verbürgen. Sein wissenschaftlicher Wirkungskreis hätte möglicherweise den Kontakt zu den der Zeit entsprechenden Problemstellungen verloren.

Daher ist für die Inanspruchnahme des Art. 5 Abs. 3 Satz 1 GG ein kontinuierlicher Kontakt zur Forschung[52] zu fordern, der es erlaubt, den Gegenstand der Lehre stets neu und kritisch zu überdenken. Auf diese Weise bewirkt das Grundrecht wissenschaftlicher Lehrfreiheit den Schutz derjenigen, die wissenschaftlichen Nachwuchs für die Aufgabe ausbilden, mit geeignetem Rüstzeug die Bewältigung unbekannter Situationen in Angriff zu nehmen. Eine derartige Interpretation verhindert, daß der Grundrechtsschutz auf immer wissenschaftsfernere Bereiche erstreckt wird, was die Gefahr in sich birgt, den Schutz des innovatorischen und kritischen Fundaments der Wissenschaft zu schwächen und das Grundrecht einem internen Erosionsprozeß auszuliefern.

Die in der Person des Lehrenden verwirklichte notwendige Verbindung der beiden Funktionen Forschung und Lehre trifft somit den Kern des Grundrechts wissenschaftlicher Lehre. Hier findet sich der in der wechselvollen Geschichte des Grundrechts der Lehrfreiheit immer durchschimmernde Wesenszug der Einheit von Forschung und Lehre erhalten: die personale Verknüpfung von Forschung und Lehre.

---

[52] Turnusmäßige Gelegenheit zur Forschungsarbeit würde diesem Kriterium genügen.

III. Lernfreiheit

Nicht selten wird auch heute noch die Ansicht vertreten, dem Grundrecht wissenschaftlicher Lehrfreiheit entspreche ein aus der Wissenschaftsfreiheit fließendes Grundrecht der Lernfreiheit rsp. der Studierfreiheit, das allen Studierenden an wissenschaftlichen Hochschulen zustehe[53].

Eine solche Ausweitung des Geltungsbereiches und des Adressatenkreises des Art. 5 Abs. 3 Satz 1 GG muß kritisch bedacht sein, will sie nicht den Vorwurf ernten, jenseits des Normzweckes liegende Tatbestände zu subsumieren.

Wenn unter der Geltung früherer Verfassungen Lernfreiheit den selbstverständlichen Charakter eines Komplementärrechts zum Grundrecht der Lehrfreiheit angenommen hatte, so ist dies aus dem Einfluß des dem idealistischen Wissenschaftsbegriff immanenten Postulates der Einheit von Lehrenden und Lernenden auf die Verfassungsinterpretation zu erklären[54]. Mit dem Verlust universellen Geltungsanspruches des idealistischen Wissenschaftsverständnisses ist aber zugleich die Möglichkeit geschwunden, Lernfreiheit als notwendige Ergänzung der Lehrfreiheit aus der dialogischen Struktur von Wissenschaft zu deduzieren[55].

Ein weiteres Bedenken tritt hinzu.

Der Wortlaut des Art. 5 Abs. 3 GG enthält das Grundrecht der Lernfreiheit nicht. Hätte seine Anerkennung als selbständiges Grundrecht dem Willen des Verfassunggebers entsprochen, hätte die Einbeziehung in den Verfassungstext in dem Augenblick nahegelegen, als der Grundsatzausschuß des Parlamentarischen Rates einer Anregung aus studentischen Kreisen folgend, die freie Wahl der Ausbildungsstätte in den Text des Art. 12 Abs. 1 GG aufnahm[56]. Daß ein entsprechender Schritt

---

[53] In diesem Sinne *Nitsch* u. a., Hochschule in der Demokratie, S. 202 ff.; *Mallmann/Strauch*, Die Verfassungsgarantie der freien Wissenschaft als Schranke der Gestaltungsfreiheit des Hochschulgesetzgebers, S. 70; *Ulrich K. Preuß*, Das politische Mandat der Studentenschaft, S. 108 ff. — Die vom Bundesverfassungsgericht in BVerfGE Bd. 35, S. 79 (125), vertretene Auffassung, Studenten könnten sich auf das Recht aus Art. 5 Abs. 3 GG berufen, steht unter dem ausdrücklichen Vorbehalt, „solange und soweit sie an der Forschung und wissenschaftlichen Lehre teilnehmen" und muß im Kontext der zur Entscheidung vorgelegten Frage der Gruppenrepräsentation gesehen werden.

[54] So auch die Beurteilung durch *Fries*, Die Rechtsstellung des Studenten innerhalb der wissenschaftlichen Hochschule, S. 54 f.

[55] Angreifbar deshalb auch *Rinken*, in: JuS 1968, S. 257 (260 ff.). Er betont das Element des Dialogischen jedes Wissenschaftsprozesses und erhebt es zum begriffsnotwendigen Inhalt von Wissenschaft. Das erlaubt ihm, Lernfreiheit mit Wissenschaftsfreiheit in unmittelbare Beziehung zu setzen. Die Ähnlichkeit mit dem idealistischen Wissenschaftsbegriff wird offenbar.

unterblieb, mag als Indiz rechtlicher Differenzierung im Verhältnis des Lehrenden zu den Lernenden zu deuten sein.

Die Annahme eines Grundrechts der Lernfreiheit setzt eine studentischen Handlungen typischerweise anhaftende innere Sachbeziehung mindestens zu einer der beiden Handlungsmodalitäten von Wissenschaft — Forschung oder Lehre — voraus.

Das wissenschaftliche Studium kann kaum zutreffend als autonome Beteiligung der Studierenden am wissenschaftlichen Erkenntnisprozeß und mithin als selbständiger Forschungsbeitrag verstanden werden. Studentische Lernprozesse werden im allgemeinen, wenngleich mit Variationen nach Art der Fächer, in den hergebrachten Formen der Vorlesung, der Übung, des Seminars oder des Praktikums abgewickelt, die zwar qua Organisationsform nicht schlechthin untauglich sind, selbständige wissenschaftliche Beiträge der Studenten zu initiieren; eine illusionsfreie Betrachtung gegenwärtigen Studienablaufes muß aber trotz dieser seit dem 19. Jahrhundert im Prinzip unveränderten formalen Organisation des Lehr- und Studienbetriebes und der ehedem unter ihrer Geltung noch möglichen gemeinsamen Behandlung wissenschaftlicher Fragestellungen durch Lehrende und Lernende zu der Erkenntnis führen, daß heute akademische Veranstaltungen der genannten Art allein schon wegen der häufig in die Hunderte reichenden Teilnehmerzahlen keine aktive Zusammenarbeit von Lehrenden und Lernenden am einzelnen Forschungsprojekt aufkommen lassen. Überdies gestattet der betriebsförmige Ablauf von Forschungsprozessen und die für viele Wissenschaften — sogar die Geisteswissenschaften sind hiervon nicht mehr vollständig ausgenommen — vorhandene Abhängigkeit von Apparaturen, Laboratorien, Datenverarbeitungsanlagen, die Beteiligung der Studenten an universitären Forschungsarbeiten nicht mehr. Indirekt, aber nicht minder wirksam, verhindern auch starre Studienordnungen, akademische und staatliche Prüfungsordnungen, daß sich der Durchschnittsstudent in Muße detaillierten Forschungsaufgaben zuwenden kann.

Gleichwohl begründen einige Verfasser den Verfassungsschutz der Lernfreiheit mit dem Argument, Wissenschaft sei ein Kommunikationsprozeß, der Forschung, Lehre und Studium gleichgewichtig umfasse. In den Wissenschaftsprozeß als System kumulierender Erkenntnis werde die nachfolgende Wissenschaftlergeneration durch aktive und autonome Beteiligung integriert. Auf diese Art und Weise werde Wissenschaft als soziales System im Interesse der Existenz und des Fortschrittes der Gesellschaft garantiert[57].

---

[56] In der 28. Sitzung vom 3. Dezember 1948, vgl. *Matz,* in: JöR N. F. Bd. 1 (1951), S. 136.

Diese Überlegungen basieren auf einem verfassungstheoretisch fundierten Verständnis von Wissenschaft, das Art. 5 Abs. 3 GG im gesamtgesellschaftlichen Interesse den Schutz der Institution Wissenschaft aufgibt und folgerichtig die Komponenten individuellen Grundrechtsschutzes nach Maßgabe ihrer gesamtgesellschaftlichen Nützlichkeit gewichtet.

Zunächst verträgt sich dieser Ausgangspunkt der rechtlichen Betrachtung nicht mit der hier gewählten Sicht, nach der die Freiheitsrechte um ihrer selbst willen gewährleistet sind. Vom Standpunkt individueller Freiheitssicherung entfaltet der Normbegriff Wissenschaft seine Wirkungskraft im Aktionsfeld des einzelnen Wissenschaftlers, primär bezogen auf den konkreten wissenschaftlichen Arbeitsprozeß und nicht bezogen auf einen generationen- und fächerübergreifenden Systemzusammenhang von Wissenschaft.

Aber auch wenn man Wissenschaft als einen unter aktiver Beteiligung der Studierenden ablaufenden Prozeß begreift, ist das, was aus der Tätigkeit eines Studierenden an Grundrechtsproblematik erwachsen kann, nicht mit schöpferischen wissenschaftlichen Leistungen verbunden, sondern allenfalls aus dem eigenständig zu bewertenden Gesichtspunkt des wissenschaftlichen Studiums abzuleiten, so daß auch hier der mangelnde Bezug zur Forschung sichtbar wird.

Das läßt sich deutlich bei *Hauck* und *Lüthje* nachweisen. Den wesentlichen Inhalt der Lernfreiheit umschreiben sie mit der unbestimmten Forderung nach freiem Zugang zur Wissenschaft[58]. Hinter der weitgefaßten Formel verbirgt sich jedoch die bis in die Formulierungen alter deutscher Universitätstradition[59] entsprechende und in der Gegenwart noch verbreitete Auffassung[60] von der Lernfreiheit, die sich in der freien Auswahl der Lehrveranstaltungen innerhalb der festgelegten Studien- und Prüfungsordnungen und in der Freiheit, Vorlesungen zu hören oder nicht zu hören, erschöpft.

Ebensowenig dient der unter dem Schlagwort „Forschendes Lernen" an die Hochschule gerichtete Anspruch auf studentische Beteiligung an

---

[57] *Hauck/Lüthje*, Wissenschaftsfreiheit durch Mitbestimmung, S. 14; *Ulrich K. Preuß*, in: Leibfried (Hrsg.), Wider die Untertanenfabrik, S. 353; *Nitsch* u. a., Hochschule in der Demokratie, S. 203 f.; *Badura* u. a., Universitätsreform — Alternativen der Vernunft, S. 19.

[58] *Hauck/Lüthje*, S. 17.

[59] *Dahlmann*, Die Politik, S. 321 sub 281; *von Mohl*, Politik, 2. Bd., S. 124 f.; *Bluntschli*, in: Bluntschli's Staatswörterbuch, Bd. 2, Artikel Lehrfreiheit und Lernfreiheit, S. 539 ff.; *Zachariae*, Deutsches Staats- und Bundesrecht, S. 381; *Max Müller*, Staatswissenschaftliche Diss., S. 203 f.

[60] *Geck*, in: VVDStRL Heft 27 (1969), S. 143 (158 ff.); *Rupp*, in: VVDStRL Heft 27 (1969), S. 113 (123); *Thieme*, Deutsches Hochschulrecht, S. 212 f.; *Oppermann*, Kulturverwaltungsrecht, S. 80 f.; *Reuhl*, Rechtswissenschaftliche Diss., S. 77.

wissenschaftlichen Vorhaben dem Ziel, eine Steigerung der Effizienz hochschulischer Forschungsleistungen zu erreichen. „Forschendes Lernen" ist ein hochschuldidaktisches Prinzip, das auf der Erkenntnis beruht, daß sich die Beschäftigung mit Forschungsaufgaben gut zur Erlernung wissenschaftlicher Methoden eignet[61]. „Forschendes Lernen" ist nicht mehr als ein weiteres Mittel zum Zweck der Gestaltung des Studienablaufes.

Der Grundsatz der Lernfreiheit stellt demnach keine wesensimmanente Komponente der Garantie freier Hochschulforschung dar.

Ein Grundrecht der Lernfreiheit wäre sonach allenfalls zu bejahen, wenn wegen der engen Beziehung des Lernens zur wissenschaftlichen Lehre der Schutzzweck des Art. 5 Abs. 3 Satz 1 GG nicht anders verwirklicht werden könnte.

Wissenschaftliche Lehre steht in unlöslicher Verbindung zum Kreise der Lernenden, ohne deren Existenz sie als Schutzobjekt des Art. 5 Abs. 3 Satz 1 GG ins Leere fiele. Das Grundrecht der Lehrfreiheit ist daher in die Reihe der Fälle einzuweisen, in denen die Verfassung einen interpersonalen Vorgang ihrem Schutz unterstellt, ohne alle denknotwendig Beteiligten ausdrücklich als geschützte Personen zu benennen. Zur strukturellen Erfassung dieser Gruppe von Grundrechten hat vor allem *Kloepfer* beigetragen.

In seiner auf Vervollkommnung des Grundrechtsschutzes zielenden Studie[62] behandelt er im Gesamtrahmen der Entstehenssicherung von Grundrechten unter dem Begriff der Entsprechungsrechte „die individualrechtliche Erfassung eines notwendig mindestens zwei Personen berührenden Vorganges in der Verbürgung bei einem Rechtssubjekt"[63]. Es kann sich dabei einmal um den unproblematischen Fall der „parallelen Entsprechungsrechte" — wie im Falle der Vereinigungsfreiheit —

---

[61] Vgl. grundlegend hierzu: Forschendes Lernen — Wissenschaftliches Prüfen, Schriften der BAK, Heft 5, passim; *Ludwig Huber*, Forschendes Lernen, in: Neue Sammlung Bd. 10 (1970), S. 227 ff. — Die Vorstellung forschenden Lernens wird meist mit einem Theorie und Praxis verknüpfenden Wissenschaftsverständnis verbunden. Ein Beispiel ist § 6 Abs. 1 Satz 2 BremJAG: „Die Möglichkeiten forschenden Lernens in Projekten (Projektstudium) sind zu nutzen", § 19 Abs. 4: „Forschendes Lernen in Projekten ist die bevorzugte Arbeitsweise im Hauptstudium II." — Zu den Absichten des Projektstudiums s. wiederum beispielhaft den Bericht der Universität Bremen über den Stand der Studiengangplanung im Studiengang Juristenausbildung vom 28. März 1974, S. 17: „Damit (d. h. im Projektstudium) bietet sich die Möglichkeit und zugleich die Verpflichtung, den Bezug auf die berufliche Praxis und auf fächerübergreifende gesellschaftliche Problemfelder in der Ausbildung zu verknüpfen mit der aktiven Beteiligung der Studenten am Ausbildungsprozeß."

[62] Mit dem Titel „Grundrechte als Entstehenssicherung und Bestandsschutz".

[63] S. 46.

handeln, oder um den für die Lehrfreiheit heranzuziehenden Fall der „ergänzungsbedürftigen Entsprechungsrechte", in dem die Verfassung nur das eine und deswegen ergänzungsbedürftige Entsprechungsrecht erwähnt. Folgt man Kloepfer, so ist das andere „entsprechende" Recht durch Interpretation der Grundrechte, die eine geschlossene Sinneinheit[64] ergeben müssen, zu ergänzen.

Diese Ordnungsprinzipien könnten im vorliegenden Zusammenhang insofern wertvoll sein, als die Problemlösung grundrechtlichen Schutzes der Lernfreiheit aus der Lehrende und Lernende voraussetzenden Struktur der Lehrfreiheit gewonnen werden könnte.

Anzuknüpfen ist an Kloepfers eigene Vorstellungen zur Anwendung der entsprechungsrechtlichen Kategorie auf das Verhältnis der Lehrfreiheit zur Lernfreiheit[65]. Er befürwortet zwar die entsprechungsrechtliche Ergänzung der Freiheit der Lehre durch die Freiheit des Lernens, betont aber den primär rezeptiven, passiven Charakter der ungehinderten Aufnahmemöglichkeit des Lehrstoffes. Die vergleichsweise schwache Position der in Art. 5 Abs. 3 GG beheimateten Lernfreiheit, die er als „weitreichende Akzessorietät zur Lehrfreiheit" erkennt, genügt demnach eben doch nicht für die Zuordnung zum übergreifenden Gedanken der ergänzungsbedürftigen Entsprechungsrechte[66], aus dem auf den Grundrechtscharakter der Lernfreiheit geschlossen werden könnte.

Eine Lücke grundrechtlichen Schutzes ergibt sich hierdurch nicht. Infolge der Angewiesenheit der Lehrenden auf freien Zugang der Lernenden zur wissenschaftlichen Arbeit wirkt sich jede Behinderung der Studierenden als unmittelbare Beeinträchtigung des Grundrechts der Lehrenden aus[67].

---

[64] S. 30.

[65] S. 91 f.

[66] Aus *Kloepfers* Darlegungen geht nicht mit letzter Deutlichkeit hervor, ob er unter den gegenwärtigen Bedingungen für den Grundrechtscharakter der Lernfreiheit eintritt. Einerseits behält er die Entwicklung eines selbständigen Grundrechts der Lernfreiheit der Zukunft vor, vgl. S. 91, andererseits kann seine Äußerung: „Niemand kann sich also auf die Lehrfreiheit berufen, ohne die ergänzend-entsprechende Lernfreiheit zu bejahen, *was natürlich auch umgekehrt gilt*", vgl. S. 91 FN 366 (Hervorhebung nicht im Original), im Zusammenhang nur so verstanden werden, daß auch die Lernfreiheit hic et nunc als eigenständiges Grundrecht geltend gemacht werden kann. — Entsprechungsrechtliches Denken im Sinne des Kloepferschen Modells liegt unausgesprochen denjenigen Stellungnahmen zugrunde, welche die Frage untersuchen, ob sich der Student als solcher auf das Grundrecht der Lehrfreiheit berufen kann, vgl. *Köttgen*, in: DUZ 1954, Heft 13, S. 3 (4); ders., Das Grundrecht der deutschen Universität, S. 65 f. *Kimminich*, in: DVBl. 1968, S. 679 (683), und ders., in: von Münch (Hrsg.), Besonderes Verwaltungsrecht, Stichwort Wissenschaft, S. 679 (706), differenziert: dem Studenten stehe zwar das Grundrecht der Lehr- und Forschungsfreiheit nicht zu, Art. 5 Abs. 3 GG habe aber Ausstrahlungswirkungen auf seine Rechtsstellung.

Es ist daher richtig, Lernen als tatsächliches Korrelat[68] zum Lehren zu begreifen, in rechtlicher Hinsicht hierin nicht mehr als einen Reflex der Lehrfreiheit[69] zu erblicken.

2. Abschnitt: Institutionelle Gewährleistung

Die gegenüber dem 19. Jahrhundert veränderten Bedingungen individueller Freiheit berechtigen indessen zu der Auffassung, eine Ausweitung des grundrechtlichen Wirkungsbereiches auch der Freiheitsrechte über ihren Abwehrcharakter hinaus als zwingend geboten erscheinen zu lassen, um dem Schutzbedürfnis des einzelnen Bürgers gerecht zu werden.

Dem Grundgesetz ist ein rein subjektiv-defensives Grundrechtsverständnis fremd[70].

Aus der Würde des Menschen (Art. 1 Abs. 1 GG), die alle staatliche Gewalt zu achten hat (Art. 1 Abs. 3 GG), und aus der Konstituierung der Bundesrepublik als Sozialstaat (Art. 20 Abs. 1 GG) folgt grundsätzlich die staatliche Verpflichtung, den einzelnen schützend und fördernd[71] vor Eingriffen in seine grundrechtlich geschützte Rechtssphäre zu bewahren.

Diese allgemeine Einstufung auch der Freiheitsrechte ist Ausdruck eines Grundrechtsdenkens, das an einem möglichst intensiven Schutz menschlicher Personalität orientiert ist, aber auch berücksichtigt, wie stark die technisch-industriell geformte Umwelt und die Komplexität der sozialen Beziehungen die freie, aktive Lebensgestaltung des einzelnen vom Bestand der staatlichen und gesellschaftlichen Institutionen abhängen läßt.

---

[67] Wird Studierfreiheit als Recht zur freien Ausbildungswahl interpretiert, ist sie verfassungsrechtlich in Art. 12 Abs. 1 GG zu verorten. Diese Problematik bildet jedoch nicht den Gegenstand der vorliegenden Untersuchung, vgl. dazu *Hailbronner*, in: Großkreutz/Hailbronner/Ipsen/Walter, Kommentar zum Hochschulrahmengesetz, § 3 Rdn. 60.

[68] *Geck*, in: VVDStRL Heft 27 (1969), S. 143 (156).

[69] *Scholz*, in: Maunz/Dürig/Herzog/ Scholz, Grundgesetz, Kommentar, Bd. 1, Art. 5 Abs. 3 Rdn. 113 m. w. N. — Auch nach der Konzeption des § 3 Abs. 4 HRG handelt es sich bei der Studierfreiheit wohl eher um ein nicht verfassungsfestes Recht, vgl. die entsprechende Interpretation von *Thieme*, in: Hamburg, Deutschland, Europa, Festschrift für Ipsen, S. 189 (202); zur Rechtslage nach den einzelnen Hochschulgesetzen der Bundesländer vgl. die Übersicht bei *Avenarius*, in: WissR Bd. 13 (1980), S. 43, 48 ff.

[70] Vgl. aus letzter Zeit BVerfGE Bd. 39, S. 1 ff.; *Konrad Hesse*, in: EuGRZ 1978, S. 427 (430 ff.).

[71] BVerfGE Bd. 39, S. 42 - 44; zur Würde des Menschen als oberstem Verfassungswert schon BVerfGE Bd. 5, S. 85 (204).

I. Einrichtungsgarantie

Dem trägt zunächst die Vorstellung Rechnung, den Schutz der Grundrechte auf diejenigen Sozialgebilde und Einrichtungen zu erstrecken, ohne die der einzelne seine Kräfte nicht entwickeln könnte. Von dieser Konzeption her bedeutet der Fortbestand der institutionellen Garantie als verfassungsrechtlich brauchbare Kategorie weder die Begründung einer Antinomie zwischen dem Grundrecht als subjektivem Recht und der objektiv gewährleisteten Einrichtung[72] noch die Gefahr der Instrumentalisierung des Grundrechts zugunsten der sich verselbständigenden Zwecke der Einrichtung.

Unter der Geltung des Art. 5 Abs. 3 GG ist der Rückgriff auf die von *Carl Schmitt* entwickelte institutionelle Garantie mit dem Gedanken der wissenschaftlichen Hochschule als einer in der gesellschaftlichen Wirklichkeit existenten und auf dem Sachgebiet Wissenschaft auch tatsächlich funktionierenden Wirkeinheit verbunden worden[73]. Wenngleich der Bezug auf den in der Rechtsordnung bereits vorhandenen Typus „wissenschaftliche Hochschule" keine Bestandsgarantie der einzelnen wissenschaftlichen Hochschule impliziert[74], haftet der herkömmlichen und bis zum Hochschulurteil des Bundesverfassungsgerichts[75] allgemein vertretenen Lehre von der institutionellen Garantie doch ein traditionales Element an, das sich dahin auswirkt, mit der Berücksichtigung des Geschichtlich-Gewordenen bei der Bestimmung des Inhaltes der institutionellen Garantie den in alten Traditionen verwurzelten wissenschaftlichen Hochschulen die bewährten Grundstrukturen ihrer überkommenen Gestalt zu erhalten[76].

---

[72] *Peter Schneider*, Pressefreiheit und Staatssicherheit, S. 51.

[73] *Köttgen*, Das Grundrecht der deutschen Universität, S. 25 ff., 43 f., allerdings als Ableitung aus der umfassenden Garantie des Sachbereiches freie Wissenschaft, vgl. dens., in: Neumann u. a. (Hrsg.), Die Grundrechte, Bd. 2, S. 292 (302 ff.); *Hans H. Klein*, „Demokratisierung" der Universität?, S. 20 f.; *Oppermann*, Kulturverwaltungsrecht, S. 307, vgl. aber auch dessen Stellungnahme zum Hochschulurteil in: JZ 1973, S. 433 ff.; *Achterberg*, in: Die Universität Münster 1780 - 1980, Festschrift, S. 69 (78), und ders., in: JA 1980, S. 273 (274); *Fries*, Die Rechtsstellung des Studenten innerhalb der wissenschaftlichen Hochschule, S. 46. Ein Überblick über den älteren Meinungsstand findet sich bei *Bley*, Die Universitätskörperschaft als Vermögensträger, S. 37, und bei *Waibel*, Die Rechtsprechung auf dem Gebiet des Hochschulrechts seit 1945, S. 28 f.

[74] Bereits *Carl Schmitt* hatte eine Existenzsicherung für die einzelne Einrichtung als Folge seiner Theorie der institutionellen Garantie ausgeschlossen, vgl. dazu, wenngleich mit ausdrücklichem Bezug auf die Existenzsicherung der einzelnen Gemeinde durch die Garantie kommunaler Selbstverwaltung: Grundrechte und Grundpflichten des deutschen Volkes, in: Anschütz/Thoma (Hrsg.), HdbDStR, Bd. 2, S. 572 (592).

[75] BVerfGE Bd. 35, S. 79 ff.

[76] Die Rezeption der institutionellen Garantie legitimiert sonach nicht die mit Verfassungskraft ausgestattete Fixierung der universitären Sach- oder

Die komplementäre Schutzfunktion ergreift nach allgemeinem Verständnis nur das, „was sich im Laufe der geschichtlichen Entwicklung in den einzelnen Ländern als unerläßlich für eine freie Betätigung der Universitäten in Wissenschaft, Forschung und Lehre herausgebildet hatte“[77]. Welche Eigenschaften der wissenschaftlichen Hochschule demnach letztlich als typusbestimmend und schutzwürdig zu betrachten sind, wird nicht unmittelbar aus der Tradition entnommen, sondern nach Maßgabe ihrer heutigen Funktion entschieden, gem. Art. 5 Abs. 3 GG und im Rahmen der allgemeinen Verfassungsordnung von Fremdbestimmung unbehelligte, freie wissenschaftliche Betätigung des einzelnen zu gewährleisten[78]. Die historisch gewachsenen Strukturen indizieren jedoch in gewissem Umfang Sachlogik[79].

Kernpunkt dieser Position einer auf den Bereich der wissenschaftlichen Hochschule begrenzten institutionellen Umhegung[80] der individuellen Wissenschaftsfreiheit ist daher die verfassungskräftige Sicherung eines wissenschaftlichen Aufgabenbereiches und einer wissenschaftsangemessenen Organisationsstruktur der Hochschulen[81]. Von diesem — wesentliche Aspekte der objektivrechtlichen Dimension des Grundrechts ansprechenden und deshalb insoweit nicht überholten — Ansatz ausgehend, ergibt sich als Problemstellung der vorliegenden Untersuchung:

Rechtslage auf einen bestimmten Stichtag, sondern enthält lediglich Status-quo-Elemente, die eine Anpassung an veränderte soziale Gegebenheiten nicht völlig ausschließen. Entsprechend der zwischen institutionellen Garantien, reinen Status-quo-Garantien und Status-quo-Garantien in der Form konnexer und komplementärer Garantien differenzierenden Terminologie Carl Schmitts — zum Vergleich s. dens., Freiheitsrechte und institutionelle Garantien, in: Verfassungsrechtliche Aufsätze, S. 140 (155) — handelt es sich hier also nicht um eine Status-quo-Garantie.

[77] z. B. legt das Bundesverfassungsgericht in seiner Entscheidung im 15. Band, S. 256 (264), diese Abgrenzungsformel zugrunde, obgleich das Bestehen einer institutionellen Garantie dort ausdrücklich offenbleibt.

[78] *Rupert Scholz*, Die Koalitionsfreiheit als Verfassungsproblem, S. 246.

[79] *Zacher*, Hochschulrecht und Verfassung, S. 99.

[80] *Giacometti*, Das Staatsrecht der Schweizerischen Kantone, S. 161, hat diesen Begriff zur Kennzeichnung des freiheitsschützenden Charakters der nach der Praxis der Schweizerischen Bundesgerichte als verfassungsmäßig anerkannten Rechte geprägt; in die deutsche Staatsrechtslehre hat der Begriff mit der im Text verwendeten Bedeutung seit den Ausführungen *Rupps* zur Stellung der Studenten in der Universität, in: VVDStRL Heft 27 (1969), S. 113 (121), Eingang gefunden.

[81] Die Garantie des „Typus wissenschaftliche Hochschule“ schließt den Bestand der Einrichtung und die Erhaltung ihrer wesentlichen Funktionen ein. Nach *Schmidt-Jortzig*, Die Einrichtungsgarantien der Verfassung, S. 30 f. FN 48, wäre institutioneller Schutzgegenstand „das funktionsfähig organisierte Hochschulwesen“, die „akademische Selbstverwaltung“ allenfalls „in einem sehr weiten, die tatsächlich erfolgten Konkretisierungen noch offenlassenden Sinne“, vgl. oben Teil I FN 166 a. E.

Hat das bestehende[82] organisatorische Gefüge der wissenschaftlichen Hochschulen das Strukturprinzip der Einheit von Forschung und Lehre umschlossen und in dieser Form die Freiheit der Wissenschaft traditionell gehegt, so darf der Gesetzgeber dieses Gefüge nicht in einer Weise ändern, die die Selbstbestimmung des einzelnen Grundrechtsträgers aufhebt oder gravierend beeinträchtigt[83].

II. Garantie des Sachbereiches Wissenschaft

Ob mit der auf den Bereich der wissenschaftlichen Hochschule begrenzten Diskussion des Zusammenhanges individueller und organisatorischer Aspekte der Wissenschaftsfreiheit die Bezüge zu den Hauptproblemen aktuellen Grundrechtsschutzes und die Verantwortung des Staates für den Schutz der Wissenschaftsfreiheit ausreichend argumentiert wurden, geriet unterdessen mit dem Vordringen einer konstitutiv-institutionellen Deutung[84] der Grundrechte allgemein in immer stärkeren Zweifel.

Unter dem Eindruck tatsächlicher Angewiesenheit auf staatliches Handeln organisatorischer oder distributiver Art wird für die Verfechter institutionellen Denkens die Konzeption der vom Staat zu schützenden Freiheit zum Maßstab der Grundrechtsinterpretation schlechthin. Der Gesetzgeber habe den in der sozialen Wirklichkeit durch Verfassungs- und einfaches Gesetzesrecht konstituierten Grundrechtsbereich[85] immer aufs neue so auszugestalten, daß die Grundrechtsidee, deren Wandelbarkeit ebenfalls außer Diskussion steht[86], optimalen Ausdruck finde[87]. Dies schließe die staatliche Verpflichtung ein, die wirtschaftlichen, finanziellen und organisatorischen Grundlagen zu schaffen oder zu erhalten, von denen ein aktiver Freiheitsgebrauch nicht zu trennen sei[88]. Die institutionelle Sicherung der in den Grund-

---

[82] Eine Zäsur markieren die Hochschulreformmaßnahmen seit dem Ausgang der sechziger Jahre.

[83] Ähnliche Fragestellungen hält beispielsweise *Friesenhahn*, in: Verhandlungen des 50. Deutschen Juristentages, G 1 (G 33), auch heute noch für angemessen.

[84] Zum folgenden grundlegend *Häberle*, Die Wesensgehaltgarantie des Art. 19 Abs. 2 GG, passim; vgl. auch *Lerche*, Übermaß und Verfassung, S. 239 f.; *Rupert Scholz*, Die Koalitionsfreiheit als Verfassungsproblem, S. 223 ff.; *Willke*, Stand und Kritik der neueren Grundrechtstheorie, S. 111 ff., aus der Sicht der Systemtheorie; vgl. ferner die Synopse von *Böckenförde*, in: NJW 1974, S. 1529 (1532), und von *Ossenbühl*, in: NJW 1976, S. 2100 (2103 f.).

[85] *Häberle*, S. 96, 100.

[86] Ders., S. 215.

[87] Ders., S. 96.

[88] Ob einer solchen staatlichen Verpflichtung originäre oder derivative Teilhaberechte des einzelnen korrespondieren, bildet nicht den Gegenstand der hiesigen Erörterungen. Vgl. zu dieser Problematik vor allem die Referate

rechtsnormen angesprochenen Lebenssachverhalte oder Lebensformen führe zu einer staatlichen Garantie ihrer Existenz als soziale Gegebenheit[89]. Sie ist nach dieser Auffassung legitim, da Grundrechte die Funktion erfüllen, bestimmte, für das soziale Ganze als essentiell erkannte Lebens- und Tätigkeitsbereiche in ihrem Wesensgehalt[90] — und das heißt hier, in ihrer Bedeutung für die gemeinschaftsbezogenen Belange der Gesellschaft[91] — zu gewährleisten.

Die Bedeutsamkeit von Wissenschaft für die Gesellschaft ist augenfällig und vielfältig in ihren Auswirkungen, weshalb es naheliegt, ihr innerhalb dieser interpretativen Richtung einen zentralen Platz einzuräumen.

Wissenschaft steht in einem grundsätzlichen Verwertungszusammenhang zur Gesellschaft, so daß *Schelsky* sie zu Recht als primäre Produktivkraft unseres Wirtschaftssystems bezeichnet hat[92]. Während bis in die jüngste Vergangenheit der von den Leistungen der Wissenschaft

---

von *Martens* und *Häberle* auf der Staatsrechtslehrertagung 1971, in: VVDStRL Heft 30 (1972), S. 7 ff., und S. 43 ff.

[89] Für die Freiheit der Wissenschaft ist diese Konsequenz der institutionellen Deutung nicht neu. Vertraut mit den Gedankengängen *Smends* — vgl. VVDStRL Heft 4 (1928), S. 44 (64) — konnte *Köttgen*, in: Neumann u. a. (Hrsg.), Die Grundrechte, Bd. 2, S. 291 (302), den institutionellen Gehalt des Grundrechts freier Wissenschaft, wie folgt, bestimmen: „Die ‚Sache' der Wissenschaft bildet den Gegenstand besonderer verfassungsrechtlicher Garantierung, . . . wobei allerdings zwischen der Institution Wissenschaft und der lediglich mittelbar angesprochenen Institution Universität unterschieden werden muß." Für *Köttgen*, S. 303, bedeutet die institutionelle Garantie der Wissenschaftsfreiheit „zugleich eine Absage an alle diejenigen, die den Sinn der Wissenschaft außerhalb ihrer selbst glauben suchen zu sollen und so bewußt oder unbewußt instrumentalen Ansprüchen des Staates oder auch der Gesellschaft Vorschub leisten".

Als Vertreter der älteren institutionellen Richtung sind ferner zu nennen: *Klein*, in: von Mangoldt/Klein, Das Bonner Grundgesetz, Bd. 1, Art. 5 Anm. X. 2. b), S. 253. Für Klein verbindet sich die Garantie des gesellschaftlichen Sachverhaltes mit der Garantie akademischer Selbstverwaltung. *Waibel*, Die Rechtsprechung auf dem Gebiet des Hochschulrechts seit 1945, S. 29, spricht vom „verfassungsmäßig geordneten und gewährleisteten Sachbereich Wissenschaft"; *Thieme*, Deutsches Hochschulrecht, S. 43 ff., sieht in Art. 5 Abs. 3 GG eine Bestimmung über die autonome Regelung eines Sachbereiches.

Soweit die institutionelle Garantie des Sachbereiches Wissenschaft auch in jüngster Zeit den theoretischen Ausgangspunkt der Interpretation des Grundrechts bildet, wird aus ihr — ganz im Gegensatz zu *Köttgen* — der Zwang zu staatlich und gesellschaftlich geförderter Veränderung abgeleitet, vgl. etwa *Ulrich K. Preuß*, Das politische Mandat der Studentenschaft, S. 95 ff.; *Nitsch* u. a., Hochschule in der Demokratie, S. 148 ff.

[90] Hingewiesen sei in diesem Zusammenhang auf die Gefahren für den subjektiven Charakter des Grundrechts, wenn in Weiterentwicklung dieser Auffassung gefordert wird, das Grundrecht müsse der Gesellschaft in ihrer Totalität zustehen, so *Nitsch*, u. a., Hochschule in der Demokratie, S. 218; dazu kritisch *Schmitt Glaeser*, in: WissR Bd. 7 (1974), S. 107 (124 f.).

[91] Hierzu *Luhmann*, Grundrechte als Institution, passim.

[92] Abschied von der Hochschulpolitik, S. 183.

erwartete Fortschritt vornehmlich in einer Steigerung des industriellen Output und in einer hierdurch bewirkten Verbesserung des materiellen Lebensstandards gesehen wurde, wird in der Gegenwart von wissenschaftlicher Erkenntnis die Entwicklung von Lösungsmöglichkeiten zur Anpassung moderner Lebensweise an die natürlichen Gegebenheiten und zur Erhaltung der Umwelt erhofft. Nicht minder konstitutiv ist der Beitrag, den Wissenschaft zur Reduktion gesellschaftlicher Konflikte leistet. Vor allem die Geisteswissenschaften errichten einen Fundus gemeinsamer Wirklichkeitsvorstellungen, die für den einzelnen und die sozialen Gruppen eine gemeinsame Handlungsgrundlage schaffen und so zu gemeinsamen Werthaltungen der Gesamtgesellschaft führen[93].

Erwähnenswert ist ferner die notwendige Zusammenarbeit von Wissenschaft und Politik[94]. Wissenschaftlich aufbereitete Information ist zur Vorbereitung politischer Entscheidungen in Parlament und Regierung unerläßlich. Politisch verantwortliche Entscheidungsträger sind in der komplexen Gesellschaftsordnung von heute ebensowenig wie Führer gesellschaftlicher Gruppen kraft ihrer persönlichen Allgemeinerfahrung oder ihrer laienhaften Bildung befähigt, die für die jeweilige Sachentscheidung erheblichen Tatsachenkomplexe herauszuschälen und gesellschaftliche Strukturzusammenhänge aufzudecken.

Nicht an letzter Stelle in der Rangskala gesellschaftlicher Funktionen der Wissenschaft steht schließlich ihre Ausbildungsaufgabe, die das Maß erforderlicher Selbstrekrutierung des wissenschaftlichen Systems im Zuge der Verwissenschaftlichung aller Lebensbereiche und der Erweiterung des Kanons wissenschaftlicher Berufe um ein Vielfaches überschritten hat.

Die schematisch angedeuteten Abhängigkeiten gesellschaftlicher Problemlösungen von wissenschaftlicher Erkenntnis und die aufgewiesenen transsubjektiven Zusammenhänge wissenschaftlicher Betätigung lassen es im Kern richtig erscheinen, die gesellschaftspolitische Wichtigkeit der Wissenschaft in die grundrechtlichen Auslegungsfragen einzubeziehen und sich nicht der Tatsache zu verschließen, daß der moderne Staat auf dem Betätigungsfeld der Wissenschaft weit mehr an Aktivität entfalten muß, als ihm vergangene Generationen in diesem Bereich abverlangten.

---

[93] Dazu *Tenbruck*, Regulative Funktion der Wissenschaft in der pluralistischen Gesellschaft, in: Herbert Scholz (Hrsg.), Die Rolle der Wissenschaft in der modernen Gesellschaft, S. 61 (72); *Fraenkel*, Universität und Demokratie, S. 33.

[94] Hierzu allgemein *Albach*, in: Festschrift für Franz Böhm, S. 45 ff.; *Cartellieri*, Die Großforschung und der Staat, S. 32 ff.; *Lohmar*, Wissenschaftsförderung und Politik-Beratung, S. 98 ff., sowie *Lompe*, Wirtschafts- und sozialwissenschaftliche Diss., passim.

Dennoch erheben sich prinzipielle Bedenken, Inhalt und Reichweite des Freiheitsrechts ohne maßgebliche Berücksichtigung des naturgegebenen Interesses des einzelnen an Selbstverwirklichung und Selbstentscheidung ausschließlich durch den Gesetzgeber steuern zu lassen, der je nach der geltungszeitlichen Gewichtung des im Grundrecht der Wissenschaftsfreiheit zugleich angesprochenen sozial relevanten Aufgabenfeldes die realen Voraussetzungen für den Gebrauch des Freiheitsrechts maximieren oder minimalisieren kann.

Die starre Verknüpfung des Grundrechtsinhaltes mit der sozialen Bedeutung und der öffentlichen Aufgabe Wissenschaft ließe den Funktionsverlust der Wissenschaft im Funktionsverlust des Grundrechts sein Pendant finden, sobald der zivilisatorische Glaube an rationale Wissenschaft und Technik aus dem öffentlichen Bewußtsein verschwände und an seine Stelle wieder religiös oder metaphysisch begründete Überzeugungen und deren Institutionalisierungen träten oder wenn wegen der wachsenden Unfähigkeit der Wissenschaft in ihrer Gesamtheit, der Gesellschaft effektive Problemlösungsstrategien anzubieten, ein gesellschaftlicher Bedeutungsschwund zu besorgen wäre[95].

Selbst bei konstant bleibender oder steigender gesellschaftlicher Relevanz von Wissenschaft wäre eine Potenzierung des Freiheitsverlustes für den einzelnen zu befürchten, wenn ihm zugemutet werden könnte, vom Grundrecht der Wissenschaftsfreiheit durch Ausübung seines Berufes nach Maßgabe gesellschaftlicher Zielvorgaben Gebrauch zu machen[96].

Die Gesamtkonzeption grundrechtlichen Schutzes freier Wissenschaft muß für den einzelnen Wissenschaftler in Anbetracht der ihm durch Art. 1 GG zuerkannten Würde selbst bei Indifferenz seiner Arbeitsresultate für den gesellschaftlichen Nutzen[97] ein gleichbleibendes Maß

---

[95] Ansätze zu einer gewissen Wissenschaftsverdrossenheit — dazu allgemein *Lübbe*, in: Wirtschaft und Wissenschaft Jg. 23 (1976), 4., S. 2 ff. — sind nicht nur in Schriften skeptischer Wissenschaftler und in der sozialutopischen Gegenwartsliteratur zu erkennen; sie lassen sich als virtuelle Entwicklungstendenz auch an der Tatsache ablesen, daß ein rückläufiges Interesse an einer akademischen Ausbildung verzeichnet werden muß, für das die niedrige Geburtenrate als Erklärung nicht voll genügt, ferner daran, daß eine Abkehr von theoretischen Ausbildungsinhalten zugunsten eines stärkeren Theorie-Praxis-Bezuges spürbar ist. Zu diesem Problemkreis und den Rückwirkungen dieses Umdenkprozesses vgl. *Knöpfle*, in: Menschenwürde und freiheitliche Rechtsordnung, Festschrift für Geiger, S. 591 ff., und *Ludwig Raiser*, in: Flitner/Herrmann (Hrsg.), Universität heute, S. 245 (252 f.).

[96] Vgl. hierzu die kritischen Äußerungen *Ossenbühls*, in: NJW 1976, S. 2100 (2104).

[97] Im übrigen erscheint die Beurteilung, ob eine wissenschaftliche Arbeit Erkenntnisfortschritte im Sinne obiger Zweckbindung aufweist, ohnehin meist erst aus der historischen Perspektive möglich, s. *Popper*, Conjectures and Refutations, S. 215 ff.

staatlicher Freiheitsgarantie zulassen, das ihm gestattet, nach eigener Einsicht zu handeln oder nicht zu handeln[98].

Neben dem mangelnden Bezug zur Freiheit verleitet eine einseitige institutionelle Sicht der Grundrechte zu einer Vermengung von sachlichem Substrat der Grundrechtsbestimmung und ihrem Inhalt[99]. Durch die Verfassungsnorm des Art. 5 Abs. 3 Satz 1 GG kann zwar die staatliche Verpflichtung initiiert werden, durch Schaffung unterverfassungsrechtlicher Normen diejenigen Bedingungen herzustellen, die die Ausübung wissenschaftlicher Tätigkeit unter den heutigen sozialen Gegebenheiten erlauben; die staatliche Garantieverpflichtung läßt sich jedoch nicht auf den tatsächlichen Gebrauch des Grundrechts und die Ausführung wissenschaftlicher Tätigkeit durch den einzelnen erstrecken[100].

Sieht man hingegen mit *Rupp* den eigentlichen Sinn einer institutionellen Garantie der Wissenschaftsfreiheit in einer „verbindlichen Option für einen der Wissenschaftsfreiheit adäquaten organisatorischen Rahmen“[101], die wahrzunehmen dem Gesetzgeber obliegt, um den durch wachsende Eingliederung des einzelnen in den äußeren Ablauf der Wissenschaftsorganisation bedingten Freiheitsverlust zu kompensieren[102], so bleibt der subjektive, im Kern personale Gehalt des Grundrechts erhalten. Letztlich dient Rupps Gedanke des „Institutionellen in einem spezifischen — nicht mehr auf die Garantie der hergebrachten Institution wissenschaftlicher Hochschule begrenzten[103] — Verständ-

[98] *Freyer*, in: Festschrift für Carl Schmitt, S. 63 (68).

[99] Zu diesem Vorwurf bereits *Abel*, Die Bedeutung der Lehre von den Einrichtungsgarantien für die Auslegung des Bonner Grundgesetzes, S. 30 ff.; dgl. *Lerche*, Übermaß und Verfassungsrecht, S. 241 f., und mit besonderem Blick auf das Problem der Kunstfreiheitsgarantie *Knies*, Schranken der Kunstfreiheit als verfassungsrechtliches Problem, S. 181.

[100] Hier muß ergänzt werden, daß *Häberles* Theorie zwar der Intention nach nicht darauf gerichtet ist, den Freiheitsgehalt des Grundrechts durch dessen „soziale Funktion“ gänzlich zu usurpieren, vgl. dens., Die Wesensgehaltgarantie des Art. 19 Abs. 2 GG, S. 8 ff., 70 ff., vielmehr bilden für ihn die individuelle und die institutionelle Seite des Grundrechts zwei gleichgewichtige Komponenten, vgl. dens., S. 71. Ist jedoch der einzelne Grundrechtsträger bei der Ausübung des Grundrechts den Eigengesetzlichkeiten der als Teil eben jener Grundrechte begriffenen „institutionellen Ordnungen“ — vgl. dens., S. 100 — eingefügt, hat er sich dem „institutionellen Pflichtelement“ — S. 101 — zu unterwerfen, gewinnt die institutionelle Seite die beherrschende Rolle.

[101] s. VVDStRL Heft 27 (1969), S. 113 (120); offengelassen hat jüngst auch das Bundesverwaltungsgericht, in: DVBl. 1979, S. 909 f., das Bestehen einer institutionellen Garantie.

[102] *Rupp* arbeitet mit dem verschwommenen Begriff der „Transformation grundrechtlicher Verbürgungen“, vgl. dens., in: VVDStRL Heft 27 (1969), S. 120, was zu mancherlei Rätselraten über seinen grundrechtsdogmatischen Standort Veranlassung geboten hat. Am ausführlichsten die Deutungsversuche von *Schlink*, in: Der Staat Bd. 10 (1971), S. 244 (252 ff.), und von *Schumacher*, Rechtswissenschaftliche Diss., S. 62 ff.

nis"[104] als formelhafte Abbreviatur für die dem gegenwärtigen Erkenntnisstand entsprechende, den Grundrechten allgemein attestierte Doppelfunktionalität als subjektive Rechte und objektive Verfassungsprinzipien, die die Ausübung der Staatsgewalt im Bereich Wissenschaft inhaltlich determinieren und die Wissenschaftsfreiheit zugleich verfassungsrechtlich konstituieren[105].

III. Wertentscheidende Grundsatznorm

In ähnlicher Form weist das Bundesverfassungsgericht im Hochschulurteil der als Garantie freier Wissenschaft beschriebenen Norm des Art. 5 Abs. 3 GG mehrere Bedeutungsschichten zu[106].

Für sein Normverständnis gewinnt der wertentscheidende Grundsatzcharakter des Art. 5 Abs. 3 GG neben dem individuellen Freiheitsrecht eine zentrale Funktion.

Die Feststellung, Art. 5 Abs. 3 GG enthalte eine das Verhältnis zum Staat regelnde Wertentscheidung[107], wird in unmittelbaren Bezug zur ständigen Rechtsprechung des Gerichts gesetzt, nach der im Grundrechtsabschnitt der Verfassung eine objektive Wertordnung[108] verkörpert ist, die als verfassungsrechtliche Grundentscheidung für alle Bereiche des Rechts gilt und die eine prinzipielle Verstärkung der Geltungskraft der Grundrechte zum Ausdruck bringt[109].

---

[103] Vgl. *Rupp*, S. 120 f., ähnlich *Mallmann/Strauch*, Die Verfassungsgarantie der freien Wissenschaft als Schranke der Gestaltungsfreiheit des Hochschulgesetzgebers, S. 2 ff., 10, und ferner *Badura* u. a., Universitätsreform — Alternativen der Vernunft, S. 17.

[104] Ders., S. 119.

[105] Ferner *Rupp*, in: AöR Bd. 101 (1976), S. 161 ff., 172 ff.

[106] Grundlegend Urt. des Bundesverfassungsgerichts vom 29. Mai 1973, BVerfGE Bd. 35, S. 79 (114, 126).

[107] Leitsatz 2.

[108] Der Begriff der Wertordnung taucht u. a. in den folgenden Entscheidungen auf: BVerfGE Bd. 6, S. 32 (Leitsatz 2 und 3, S. 41); Bd. 12, S. 113 (124); Bd. 25, S. 167 (185); Bd. 27, S. 18 (29 f.); Bd. 28, S. 243 (261); Bd. 30, S. 173 (193 ff.); Bd. 33, S. 303 (330). — In der häufigen Berufung des Bundesverfassungsgerichts auf eine Wert*ordnung* offenbart sich ein systematisches Element, so daß keine inhaltliche Diskrepanz zu denjenigen Entscheidungen nachzuweisen ist, die die Grundrechte, rsp. die Verfassung insgesamt, als Wert*system* bezeichnen, dessen Grundwerte auf der Grundlage der Freiheit und Würde des Menschen als obersten Werten die freiheitliche demokratische Grundordnung bilden, z. B. die Entscheidungen in Bd. 10, S. 59 (81); Bd. 19, S. 226 (236); Bd. 25, S. 167 (179); Bd. 30, S. 173 (193).

[109] Die postulierte Wertqualität der Grundrechte hat Auswirkungen auf die Interpretationskompetenz der Verfassung. Geht man mit *Nicolai Hartmann*, Ethik, S. 141, S. 148 ff., und *Scheler*, Der Formalismus in der Ethik und die materiale Wertethik, S. 206 ff., 214 ff., davon aus, daß Werte diese ihre Wertqualität erst durch das emotionale Erfassen des einzelnen, nicht wertblinden Menschen erlangen, so wird Verfassungsauslegung potentiell zur

Soweit der Staat den grundrechtsspezifisch geschützten Aktionsraum einer rechtlichen Regelung unterzieht, hat dies demnach unter Berücksichtigung der grundrechtlichen Freiheitsdirektiven zu geschehen. Der Norminhalt wird auf diese Weise zur Interpretationsleitlinie unterverfassungsrechtlicher Rechtssätze[110].

Die Bedeutungsvielfalt der wertentscheidenden Grundsatznorm erschöpft sich hierin jedoch nicht. Sie wird auch dem Inhalt des als Recht des einzelnen Grundrechtsträgers begriffenen individuellen Freiheitsrechts zugerechnet[111]. Die Wertentscheidung überlagert somit den gesamten Grundrechtsinhalt und bestimmt maßgeblich die Interpretation des Grundrechts[112].

Angelegenheit jedermanns, wie von *Häberle*, in: JZ 1975, S. 297 (299), gefordert und von *Isensee*, in NJW 1977, S. 545 (550), anerkannt wird. Ob darüber hinaus die Grundrechtslehre des Bundesverfassungsgerichts generell auf wertphilosophisches Gedankengut zurückgeführt werden kann, wie *Forsthoff*, in: Festschrift für Carl Schmitt, S. 35 (41), meint, mag an dieser Stelle offenbleiben. Ein wesentlicher Unterschied jedenfalls zu *Schelers* Auffassung, vgl. S. 218, 224, besteht darin, daß für diesen Werte das Sollen zwar fundieren, Normen aber nicht selbst Werte sind. — Zur Darstellung und Kritik der Wertlehre vgl. im einzelnen *Häberle*, Die Wesensgehaltgarantie des Art. 19 Abs. 2 GG, S. 67; *Böckenförde*, in: NJW 1974, S. 1529 (1533 f.); *Ossenbühl*, in: NJW 1976, S. 2100 (2102 f., 2106 f.); *Forsthoff*, Der Staat der Industriegesellschaft, S. 67 f.; von *Pestalozza*, in: Der Staat Bd. 2 (1963), S. 425 (436 ff.); *Goerlich*, Wertordnung und Grundgesetz, passim; ebenso kritisch *Konrad Hesse*, Grundzüge des Verfassungsrechts der Bundesrepublik Deutschland, § 9 II 3. d), S. 127.

110 Mit weitreichenden Folgen für die Überprüfungsmöglichkeit gerichtlicher Entscheidungen durch das Bundesverfassungsgericht, weil jede Verkennung der Bedeutung des Grundrechts für die Interpretation einer Vorschrift des einfachen Rechts eine Beeinträchtigung der einschlägigen Verfassungsvorschrift darstellt, sowie entsprechende Konsequenzen für den Gesetzgeber zeitigt, sofern er Bedeutung und Tragweite der Grundrechtsnorm für die Grenzen seiner Gestaltungsfreiheit falsch bewertet. Vgl. zum Ganzen *Geiger*, in: BayVBl. 1974, S. 217 (219).

111 Zu erwähnen ist ferner die verschiedentlich anzutreffende Funktion, als Vorzugsregel zur Abwägung der einzelnen Grundrechte in ihrem Verhältnis zueinander zu dienen. Das Bundesverfassungsgericht hat sich ausdrücklich zur Wertordnung als einer Wert*rang*ordnung bekannt, vgl. Bd. 7, S. 198 (215), ähnlich Bd. 28, S. 243 (261). Das Rangverhältnis wertentscheidender Grundsatznormen zueinander wird allerdings — auch soweit es sich um verschiedene Grundrechte handelt — nicht abschließend geklärt, wenn das Bundesverfassungsgericht für diesen Konfliktfall nur die Vorrangigkeit der Menschenwürde als maßgebliche Ordnungsrelation angibt, vgl. hierzu die umfassende kritische Würdigung bei *Goerlich*, Wertordnung und Grundgesetz, S. 135 ff., ferner *Scheuner*, in: DÖV 1971, S. 505 (509).

112 Die Verweisung auf Wortlaut und Sinn des Art. 5 Abs. 3 GG zur Begründung des wertentscheidenden Grundsatzcharakters der Norm — s. BVerfGE Bd. 35, S. 79 (112) — genügt dem Erfordernis, auch die als Werteverwirklichung konzipierte Verfassungsinterpretation im Akt der Verfassunggebung zu verankern. Die Betonung der Schlüsselfunktion einer freien Wissenschaft sowohl für die Verwirklichung des einzelnen als auch für die gesamtgesellschaftliche Entwicklung liefert demnach für die bereits vorgegebene Wertsetzung nur die intersubjektiv einsehbare Erklärung.

In welcher Weise die wertorientierte Grundrechtsinterpretation den subjektivrechtlichen Gehalt des Grundrechts erfaßt, zeigen die weiteren Ausführungen des Bundesverfassungsgerichts im Hochschulurteil[113]:

Aufbauend auf der Erkenntnis, daß die wesentlichen Aktionsformen der Grundrechtsträger infolge des gewachsenen Zwanges zur Organisation im Bereich Wissenschaft von staatlicher Konkretisierung der Freiheit abhängen, entnimmt das Gericht der Wertentscheidung des Art. 5 Abs. 3 GG eine Einstandspflicht des Staates für die Idee einer freien Wissenschaft, die ihn dazu verpflichtet, „sein Handeln positiv danach einzurichten, d. h. schützend und fördernd einer Aushöhlung dieser Freiheitsgarantie vorzubeugen"[114]. Aus der dem Staat obliegenden Pflege der freien Wissenschaft resultiere die Verpflichtung, funktionsfähige Institutionen für einen freien Wissenschaftsbetrieb zur Verfügung zu stellen[115]. Dieser Verpflichtung habe der Staat „durch Bereitstellung von personellen, finanziellen und organisatorischen Mitteln" nachzukommen, „weil ohne eine geeignete Organisation und ohne entsprechende finanzielle Mittel, über die im wesentlichen nur noch der Staat verfügt, heute in weiten Bereichen der Wissenschaften, insbesondere der Naturwissenschaften, keine unabhängige Forschung[116] und wissenschaftliche Lehre betrieben werden kann"[117].

Das Kriterium der Funktionsfähigkeit des hochschulischen Wissenschaftsbetriebes wird zum Beurteilungsmaßstab organisatorischer Veränderungen durch den Hochschulgesetzgeber.

Für Art. 5 Abs. 3 GG formuliert das Bundesverfassungsgericht somit aus dem sozialen Staatsziel abgeleitete Verpflichtungen des Gesetzgebers zu garantieren, daß jeder Grundrechtsträger die tatsächlichen Voraussetzungen für die Ausübung seiner grundrechtlichen Freiheit vorfindet, ohne den Bezug zu diesem Staatsziel deutlich auszusprechen[118].

---

[113] BVerfGE Bd. 35, S. 79 ff.; bezüglich der grundrechtstheoretischen Ausgangsposition ebenso BVerfGE Bd. 43, S. 242 ff., und BayVGH, in: BayVBl. 1976, S. 272 (273).

[114] BVerfGE Bd. 35, S. 79 (114 f.).

[115] S. 115.

[116] Für den Bereich der Forschung trifft das Argument des faktischen Monopols des Staates angesichts des Umfanges der Industrieforschung nicht vollauf zu, vgl. die Kritik von *Schlink*, in: DÖV 1973, S. 541 (543); legt man hingegen mit *Menger*, in: VerwArch. Bd. 65 (1974), S. 75 (78), das Schwergewicht der Interpretation auf die Sicherstellung der Unabhängigkeit der Forschung, so ist die Aussage des Urteils nicht anzugreifen.

[117] BVerfGE Bd. 35, S. 79 (115).

[118] Daß sich das Bundesverfassungsgericht weitreichenden Impulsen der Sozialstaatsbestimmung nicht verschlossen hat, zeigt die ins einzelne gehende Schilderung der faktischen Bedingungen der Grundrechtsausübung für Wissenschaftler, wie sie der gesellschaftlichen Entwicklung des modernen Wohlfahrtsstaates entspricht. *Erichsen/Krebs*, in: VerwArch. Bd. 68 (1977),

Darüber hinaus verstärkt die Wertentscheidung den Abwehrcharakter des Grundrechts.

Der Gesetzgeber wird im Bereich des mit öffentlichen Mitteln eingerichteten und unterhaltenen Wissenschaftsbetriebes verfassungrechtlich verpflichtet, „durch geeignete organisatorische Maßnahmen dafür zu sorgen, daß das Grundrecht der freien wissenschaftlichen Betätigung soweit unangetastet bleibt, wie das unter Berücksichtigung der anderen legitimen Aufgaben der Wissenschaftseinrichtungen und der Grundrechte der verschiedenen Beteiligten möglich ist“[119]. Die Wertentscheidung enthält sonach eine Absage an staatliche Eingriffe[120] in den Kernbereich wissenschaftlicher Betätigung, der der Selbstbestimmung des einzelnen Grundrechtsträgers vorbehalten bleiben muß.

Diese letztere Komponente der Wertentscheidung ist inhaltlich identisch mit dem auch nach Auffassung des Gerichts in Art. 5 Abs. 3 GG zugleich enthaltenen individuellen Freiheitsrecht mit Abwehrcharakter, das jedem, der wissenschaftlich tätig ist oder tätig werden will, einen gegenüber Eingriffen der öffentlichen Gewalt — grundsätzlich vorbehaltlos — geschützten Freiraum gewährleistet[121]. Hieran wird besonders deutlich, daß das objektivrechtliche Element als Unterstützung des subjektivrechtlichen Aspektes fungiert und nicht, wie bei manchen der referierten institutionellen Deutungen, eine Beschränkung des individuellen Freiheitsgehaltes zur Folge hat[122].

S. 371 (376), halten eine solche Verpflichtung zum Schutz bzw. zur Herstellung realer grundrechtlicher Freiheit mit *Herzog*, in: Maunz/Dürig/Herzog/Scholz, Grundgesetz, Kommentar, Bd. 1, Art. 20 Rdn. 154 f., zwar im gesellschaftlichen Bereich für gerechtfertigt, melden jedoch Zweifel an, für die staatlich errichteten und unterhaltenen wissenschaftlichen Hochschulen auf die gleiche Begründung zu rekurrieren. Im Ergebnis dürfte eine staatliche Einstandspflicht auch hier zu bejahen sein, wenn der Staat — wie auf dem Gebiet der wissenschaftlichen Lehre und der unabhängigen Forschung — eine faktische Monopolstellung innehat. — Allgemein zum Problem der im Sozialstaat gebotenen realen Sicherung der Grundrechte vgl. nochmals *Häberle*, in: VVDStRL Heft 30 (1972), S. 42 (75 ff., 91 f.); *Scheuner*, in: Öffentliches Recht und Politik, Festschrift für Scupin, S. 323 (325).

119 BVerfGE Bd. 35, S. 79 (114 f.).

120 S. 115.

121 S. 113.

122 Für das Bundesverfassungsgericht geht die verfassungsrechtliche Aussage der Wertentscheidung indessen noch weiter. Es entnimmt ihr angesichts des von staatlichen Leistungen abhängigen Funktionsablaufes moderner Wissenschaft ein „Recht (des einzelnen) auf staatliche Maßnahmen auch organisatorischer Art, die zum Schutz seines grundrechtlich gesicherten Freiheitsraums unerläßlich sind“, vgl. S. 116; dgl. Bundesverfassungsgericht, in: NJW 1977, S. 1049. Dieses als Ausfluß der Teilhabe am öffentlichen Wissenschaftsbetrieb, vgl. BVerfGE Bd. 35, S. 79 (120 f.), klassifizierte Recht wird dem Inhalt des Individualgrundrechts zugeordnet, vgl. S. 114 f. Die Konstruktion der Teilhabe an staatlichen Leistungen, die die Tendenz zur Entfaltung allgemeiner Leistungsansprüche in sich trägt, hat vielfältige Kritik erfahren, vgl. etwa *Friesenhahn*, in: Verhandlungen des 50. Deutschen Juristentages,

Bei der Prüfung, welche Folgerungen für die Hochschulorganisation aus diesem grundrechtstheoretischen Ansatz im einzelnen abzuleiten sind[123], bleibt ausdrücklich offen, ob Art. 5 Abs. 3 GG ein (oder das) Grundrecht der deutschen Universität enthält, als dessen wesentlicher Inhalt die Selbstverwaltung in dem auf Forschung und Lehre bezogenen Bereich bezeichnet wird[124]. Das überlieferte Strukturmodell

---

G 1 (G 33); *Ossenbühl*, in: NJW 1976, S. 2100 (2104 m. w. N.), die sich im allgemeinen mit der den neuen Ansatz begründenden Entscheidung des Bundesverfassungsgerichts im 33. Bd., S. 303 ff., auseinandersetzen.

[123] Das Bundesverfassungsgericht hatte die organisationsdeterminierende Wirkung des Art. 5 Abs. 3 GG unter dem Gesichtspunkt der Mitwirkung der Hochschullehrer in der Hochschulorganisation der sogenannten Gruppenuniversität zu behandeln. Mitwirkungsrechte „der in der öffentlichen Wissenschaftsverwaltung Tätigen" werden differenzierend danach beurteilt, ob sie den Bereich allgemeiner Verwaltungsangelegenheiten betreffen oder „wissenschaftsrelevante", d. h. Forschung und Lehre unmittelbar berührende Angelegenheiten zum Gegenstand haben. Zur kritischen Würdigung des Urteils vgl. die zahlreichen Besprechungen, von denen eine Auswahl hier genannt sei: Neben der scharfen Kritik des Urteils in der abweichenden Meinung der Richter *Simon* und *Rupp - von Brünneck*, S. 79 (148 ff.), haben sich die folgenden Autoren grundsätzlich oder überwiegend ablehnend ausgesprochen: *Grimmer*, in: RdJB 1974, S. 21 ff.; *Schlink*, in: DÖV 1973, S. 541 ff.: *Rainer Schmidt*, in: BayVBl. 1974, S. 99; *Kimminich*, in: WissR Bd. 6 (1973), S. 193 (besonders S. 199 ff. zur Frage der Grundrechtsträgerschaft des Grundrechts der Lehrfreiheit). Im wesentlichen zustimmend hingegen: *Menger*, in: VerwArch. Bd. 65 (1974), S. 75 ff.; *Oppermann*, in: JZ 1973, S. 433 ff.; *Schmitt Glaeser*, in: WissR Bd. 7 (1974), S. 107 (129 ff.); *Knies*, in: JuS, S. 672; *Röper*, in: MDR 1974, S. 265 ff.; *Knemeyer*, in: Hollerbach u. a. (Hrsg.), Verfassungsprobleme des Hochschulwesens, S. 45 (48 ff.). — Zur hochschulpolitischen und verfassungsrechtlichen Rechtfertigung der Gruppenuniversität im allgemeinen sind zahlreiche Stellungnahmen erfolgt, von denen stellvertretend für viele weitere die folgenden erwähnt seien: *Denninger*, Das Hochschulrahmengesetz — Kernstück einer Bildungsreform?, S. 79 ff.; *Habermas*, Protestbewegung und Hochschulreform, S. 202 ff.; *Ulrich K. Preuß*, Gruppenpluralistische Hochschule und Amtsstruktur, Öffentlichkeitsformen in den deutschen Hochschulen, in: Kittner u. a., Mitwirkung in der Hochschule, S. 285 ff.; *Stuby*, Disziplinierung der Wissenschaft, S. 141 ff.; *Nitsch* u. a., Hochschule in der Demokratie, S. 186 ff. — Zur ablehnenden Gegenposition vgl. etwa *Hennis*, Die deutsche Unruhe, S. 79 ff.; *Hans H. Klein*, „Demokratisierung" der Universität?, S. 19 ff.; *Kübler*, Kommunikation und Verantwortung, S. 24 f.; *Rupp*, in: VVDStRL Heft 27 (1969), S. 113 (121 ff.); ders., in: WissR Bd. 7 (1974), S. 89 ff.; *Werner Weber*, Neue Aspekte der Freiheit von Forschung und Lehre, S. 15 ff., zugleich enthalten in: Festschrift für Felgentraeger, S. 225 (237 ff.); vermittelnd *Sontheimer*, in: Moderne Demokratie und ihr Recht, Festschrift für Leibholz, Bd. 1, S. 283 (293): gegen Proporz, aber für demokratische Gesinnung; ähnlich *Lobkowicz*, in: MittHV Bd. 28 (1980), S. 104 ff.

[124] Die Garantie akademischer Selbstverwaltung als wesentliche Komponente der institutionellen Garantie der wissenschaftlichen Hochschule bildete in den ersten Jahren des Bestehens der Bundesrepublik Deutschland den unbestrittenen, aus der Weimarer Zeit übernommenen Interpretationsansatz für Art. 5 Abs. 3 GG, vgl. hierzu den bei *Ingo Richter*, Bildungsverfassungsrecht, S. 155 ff., referierten Meinungsstand. Erst allmählich zeichnete sich eine Hinwendung zum individualrechtlichen Kerngedanken der Vorschrift ab. Diesen Entwicklungsprozeß schildert im einzelnen *Schlink*, in: Der Staat Bd. 10 (1971), S. 244 ff. — Der Betonung des Gedankens der akademischen Selbstverwaltung im verfassungsrechtlichen Schrifttum entspricht die parallel

der deutschen Universität steht, ebenso wie die bisherige Organisationsform des Wissenschaftsbetriebes an den Hochschulen, zur Disposition des Gesetzgebers[125]. Wie sich aus obigen Ausführungen indes ergibt, ist es dennoch nicht vorbehaltlos der jeweiligen Entscheidung des Gesetzgebers überlassen, welche organisatorische Ausgestaltung die wissenschaftliche Hochschule erfahren soll.

In diesem Zusammenhang gilt es nämlich über die erwähnten Maßstäbe hinaus noch folgendes zu bedenken: Hat der Hochschulgesetzgeber die aus der Wertentscheidung des Art. 5 Abs. 3 GG entnommene Verpflichtung erfüllt, funktionsfähige Einrichtungen für einen freien Wissenschaftsbetrieb zu erstellen oder aufrechtzuerhalten, so sind für den einzelnen, in der staatlichen Organisation tätigen Wissenschaftler die realen Bedingungen zur Ausübung der grundrechtlich geschützten Betätigung geschaffen worden, die dem Schutzbereich des Grundrechts der Wissenschaftsfreiheit zugeordnet werden müssen. Zumindest in objektivrechtlicher Hinsicht entfaltet das Grundrecht somit einen Bestandsschutz für staatlich gewährte Freiheit[126], dessen Reichweite sowohl hinsichtlich der Argumentation, welches die geeigneten, d. h. die Funktionsfähigkeit der wissenschaftlichen Hochschule gewährleistenden Maßnahmen sind, als auch bezüglich der praktisch-organisatorischen Konsequenzen mit der Deutung des Art. 5 Abs. 3 GG als das Freiheitsrecht umhegender institutioneller Garantie weitgehend übereinstimmt[127].

Auch bei der Zugrundelegung der vom Bundesverfassungsgericht unter dem Gesichtspunkt der Wertentscheidung erarbeiteten Kriterien für eine verfassungsgemäße Hochschulorganisation muß sich die Untersuchung daher im folgenden der Frage zuwenden, ob und in welcher Weise das Prinzip der Einheit von Forschung und Lehre zur Funktionsfähigkeit des hochschulischen Wissenschaftsbetriebes beiträgt und hierdurch die Schutzwirkung des Grundrechts für den einzelnen Wissen-

---

gelagerte Fragestellung in der hochschulrechtlichen Literatur, vgl. etwa die Schriften von *Kluge*, Universitätsselbstverwaltung; *Köttgen*, Das Grundrecht der deutschen Universität; *Waibel*, Die Rechtsprechung auf dem Gebiet des Hochschulrechts seit 1945, und dens., in: WissR Bd. 5 (1972), S. 258 ff.; *Hans J. Wolff*, Die Rechtsgestalt der Universität; *Reinhardt* und *Schuster/Graf Stenbock-Fermor*, in: WissR Bd. 1 (1968), S. 6 ff., rsp. 28 ff.; *Kimminich*, in: DÖV 1968, S. 376 ff. — Interessant, wenngleich dogmatisch unbefriedigend, sind in diesem Zusammenhang die Versuche von *Salzwedel*, in: VVDStRL Heft 22 (1965), S. 206 ff. (223 f.), zur Einordnung der akademischen Selbstverwaltung in eine Kategorie „gesellschaftliche Selbstverwaltung" und von *Ulrich K. Preuß*, in: Zum staatsrechtlichen Begriff des Öffentlichen, S. 148 f., 210 ff., in eine Kategorie „sozialstaatliche Selbstverwaltung".

[125] Ständige Rechtsprechung, vgl. BVerfGE Bd. 35, S. 79 (116); Bd. 39, S. 247 ff.

[126] *Erichsen/Krebs*, in: VerwArch. Bd. 68 (1977), S. 371 (379).

[127] *Menger*, in: VerwArch. Bd. 65 (1974), S. 75 (80 f.); *Oppermann*, in: JZ 1973, S. 433 (435).

schaftler verstärkt. Insofern wären dann der Gestaltungsfreiheit des Gesetzgebers in diesem wissenschaftlich relevanten Organisationsbereich Grenzen gesetzt.

TEIL IV

Die Aussagefähigkeit der Verfassungsgarantie für die Einheit von Forschung und Lehre an der wissenschaftlichen Hochschule

Wenn das Bundesverfassungsgericht die Funktionsfähigkeit der wissenschaftlichen Hochschule zum maßgeblichen Kriterium der Verfassungsmäßigkeit organisatorischer Gesetzgebungsakte erhebt[1], dann bedarf dieser Ansatz einer Präzisierung.

Der Maßstab der Funktionsfähigkeit ist anwendbar, soweit er an der in Art. 5 Abs. 3 Satz 1 GG normativ entworfenen Ordnungsvorstellung teilhat. Mit anderen Worten, zum Ausgangspunkt der verfassungsrechtlichen Überlegung, ob und in welchen Ausprägungen das Prinzip der Einheit von Forschung und Lehre für die Erhaltung der Funktionsfähigkeit der wissenschaftlichen Hochschule unerläßlich ist, dürfen allein diejenigen Funktionen oder Teile von Funktionen gemacht werden, die einen Bezug zum Gegenstand der Norm — Wissenschaft, Forschung und Lehre — aufweisen.

Die soeben geschilderten, dem empirischen Erscheinungsbild der wissenschaftlichen Hochschule entsprechenden Funktionen müssen deshalb hinsichtlich der Intensität ihrer Beziehung zum Schutzgegenstand der Norm des Art. 5 Abs. 3 GG überprüft werden. Je ausgeprägter die Sachnähe der jeweils untersuchten Funktion zum Kernbereich des Grundrechts ist, desto stärkeres Gewicht kommt ihrer Absicherung durch organisatorische Maßnahmen zu.

Man kann in Anknüpfung an die obige empirische Darstellung vier große, zum Teil ineinander verwobene Grundfunktionen der wissenschaftlichen Hochschule unterscheiden:

Forschung, Ausbildung des wissenschaftlichen Nachwuchses, akademische Berufsausbildung, Weiterbildung.

Für jeden der vier Funktionsbereiche sind, sofern nicht evident, die wissenschaftlichen Strukturelemente zu bestimmen. Ob und in welcher Form zu ihrer Funktionssicherung die Einheit von Forschung

[1] BVerfGE Bd. 35, S. 79 (115, 124).

und Lehre sachlich notwendig ist, ist die jeweils zu beantwortende Anschlußfrage.

Die von der Verfassung in Art. 5 Abs. 3 Satz 1 GG aufgestellten Maßstäbe sollten dabei nicht in zu großer Nähe zur bisherigen Rechtslage entwickelt werden, weil die Verfassung, wie erläutert, den Wandel der Verhältnisse immer mitberücksichtigt.

1. Abschnitt: Der Bereich Forschung

Daß Forschung den innersten Kern wissenschaftlicher Betätigung bildet, wurde schon mehrfach hervorgehoben. Auch die Nützlichkeit des Kontaktes zwischen Forschern und Studierenden läßt sich nicht bezweifeln. In diesem Sinne schreibt *Werner Weber* mit eindringlichem Pathos: „Es ist eine der geheimnisvollen Wirkungen der Universität, daß gerade in der Verbindung mit der akademischen Lehre die Forschung wirklich lebendig bleibt[2]."

Das hierin anklingende Plädoyer für die Erhaltung des hergebrachten Typs der wissenschaftlichen Hochschule entspricht der in Professorenkreisen allgemein verbreiteten Überzeugung[3], daß aus Gründen der stimulierenden Kraft des Kontaktes zur lernenden Generation für die Forschungstätigkeit die organisatorisch-institutionelle Verbindung von Forschung und Lehre nicht gelöst werden sollte. Fraglich ist, ob dieser Aspekt sich bei einer näheren Untersuchung der konkreten Ausübungsbedingungen heutiger Forschung zu einem Merkmal funktional unabdingbaren Schutzes verdichten kann.

In welcher Weise sich die lebendige Einwirkung der Lehre auf die Forschung in den Ablauf von Forschungsprozessen einfügt, zeigt das fächerübergreifend gültige Phasenmodell[4]. Auch wenn sich Forschung als Arbeitsprozeß durch einen im Gegensatz zu früheren Zeiten höheren Grad an Rationalisierung, Formalisierung und Organisation mit zunehmender Abhängigkeit von Gruppenarbeit und Institutionalisierung auszeichnet, ist sie doch von den geistigen Leistungen schöpferischer Einzelmenschen abhängig. Nach neueren psychologischen Erkenntnissen kann als gesichert gelten, daß jeder Forscher bei der Erarbeitung von Lösungskonzepten intuitiv-singuläre und rational-kommunikative Phasen durchläuft. Besonders in der Eingangsstufe, die der Auffindung eines Problems dient, wird er nicht selten durch einen

---

[2] In: Festschrift für Jahrreiß, S. 473 (479).

[3] Repräsentativumfrage des Instituts für Demoskopie, Allensbach, s. den Bericht von *Rüdiger Schulz*, in: WissR (1979), Beiheft 7, S. 67 (71).

[4] Zur Beschreibung vgl. *Krauch*, Die organisierte Forschung, S. 58 ff.

Stimulus aus der Umwelt auf eine bislang nicht untersuchte Frage gestoßen. Den entscheidenden Einfall zur Lösung eines Problems verdankt er gleichfalls oft der Berührung mit einer ihm fremden Erfahrungs- und Wissensstruktur.

Daß auch Studierende dem Forscher Denkanstöße solcher Art liefern können, liegt nach dem Gesagten auf der Hand. Ihr fortgeschrittener Wissensstand ist hierfür ebensowenig Voraussetzung wie ihr Wille, Forschungsaufgaben mitzugestalten. Manchmal genügt schon eine naive Frage oder ein Beitrag zu einem mit der Forschungsaufgabe nicht zusammenhängenden Themenkreis, um Assoziationsketten in Gang zu setzen, die den Forscher zu neuen Problemansätzen oder Lösungsmöglichkeiten hinleiten.

Durch solche Erfahrungssätze wird nahegelegt, Forscher nicht grundsätzlich von Lehraufgaben fernzuhalten, damit dieser Effekt und darüber hinaus eine durch den Kontakt mit Studierenden nicht auszuschließende motivationssteigernde Wirkung für die Forschungsarbeit erhalten bleiben.

Indessen folgt daraus nicht mit logischer Stringenz, daß Forschung und Lehre im Interesse des Forschers an der Institution wissenschaftliche Hochschule betrieben werden müßten. Dieser Schluß ließe sich nur ziehen, wenn die Verbindung von Forschung und Lehre conditio sine qua non für die Erbringung von Forschungsleistungen wäre. Daß dem nicht so ist, beweisen vielfältige effizient arbeitende Forscherteams, die außerhalb der wissenschaftlichen Hochschulen glanzvolle Leistungen erbringen.

Noch weniger verwertbar ist das bereits oben[5] im Zusammenhang mit dem Problem der Lernfreiheit der Studierenden erörterte Argument der Kooperation zwischen Forschern und Studierenden in Form der aktiven Beteiligung der jungen Generation an Forschungsprojekten. Hochspezialisierte Forschungsansätze verhindern, daß, abgesehen von einem kleinen Kreis einschlägig qualifizierter Wissenschaftler, gemeinsam geforscht wird. Nicht einmal allgemein wissenschaftlich vorgebildete Forscher können in den jeweils eng begrenzten Teilgebieten an Forschungsprojekten mitarbeiten, geschweige denn können von Studierenden, denen die systematischen und methodischen Grundkenntnisse fehlen, hilfreiche und aktive Forschungsbeiträge erwartet werden, die für eine geplante und schrittweise Lösung wissenschaftlicher Probleme unabdingbare Voraussetzungen sind[6].

---

[5] Teil III 1. Abschn. III.

[6] Die Ausführung wissenschaftlicher Hilfsfunktionen, wie sie in allen Fachbereichen studentischem Hilfspersonal übertragen wird, ist in diesem Zusammenhang gänzlich ohne Belang; hierbei fehlt die eigenständige Initia-

Demgemäß ist die Einheit von Forschung und Lehre im Sinne einer institutionell-organisatorischen Verbindung der beiden Aufgabenbereiche nicht die einzige, dem Gesetzgeber offenstehende, sachgerechte Organisationsform, um diejenigen Mindestbedingungen zu erfüllen, die für eine freie Betätigung in der Forschung unerläßlich sind.

Dieses Ergebnis bedeutet nicht, daß der Gesetzgeber nicht die hergebrachte Form der institutionell-organisatorischen Verbindung von Forschung und Lehre als sachgemäße Verwirklichungsform eines effizienten Hochschulsystems wählen könnte, sofern er dabei das Grundgesetz und insbesondere die Grundrechte beachtet. Es besagt lediglich, daß sich aus dem Gesichtspunkt funktionalen Schutzes der Forschungsfreiheit keine Sachzwänge ableiten lassen, welche alle vom Prinzip der Einheit von Forschung und Lehre in dem soeben umschriebenen Sinn abweichenden Organisationsformen als mit Art. 5 Abs. 3 Satz 1 GG unvereinbar erscheinen ließen. Dem Gesetzgeber in diesem Rahmen weitgehende Gestaltungsfreiheit einzuräumen, entspricht der relativen Offenheit der Verfassungsordnung, die dem geschichtlichen Wandel Rechnung zu tragen hat, auch wenn andererseits die Stabilisierungsfunktion der Verfassung nicht geleugnet werden soll.

Demnach bleibt festzuhalten:

> Für die Sicherstellung der Forschungsaufgabe bedarf es der Einheit von Forschung und Lehre nicht.

2. Abschnitt: Der Bereich der Ausbildung des wissenschaftlichen Nachwuchses

Unter dem übergeordneten Gesichtspunkt der Kontinuität und Entwicklung des wissenschaftlichen Systems betrachtet, handelt es sich bei der Ausbildung des wissenschaftlichen Nachwuchses um eine vitale Funktion der wissenschaftlichen Hochschule, ja sie bildet aus dieser Sicht ihren eigentlichen Daseinsgrund, weil die Selbstrekrutierung des wissenschaftlichen Systems unter den eingangs erwähnten Lehrfunktionen die größte Sachnähe zum Kernbereich der Wissenschaft aufweist.

Sollte sich herausstellen, daß Einheit von Forschung und Lehre als institutionell-organisatorische Einheit im weiten Sinne allein wegen der ordnungsgemäßen Ausbildung des wissenschaftlichen Nachwuchses

---

tive der Studierenden, die allein rechtfertigen könnte, von ihrem aktiven Forschungsbeitrag zu sprechen.

zwingend erforderlich ist, müßte die Organisation der wissenschaftlichen Hochschule insgesamt diesem Strukturtyp entsprechen, solange an ihr der gesamte Forschungsnachwuchs in integrierten Studiengängen mit den sich auf sonstige akademische Berufe vorbereitenden Studierenden herangebildet wird.

Es erschiene auf den ersten Blick eine Globalanalyse der dominierenden Strukturmerkmale gegenwärtiger Forschungsabläufe nicht unangebracht, um Rückwirkungen auf die Gestaltung der wissenschaftlichen Ausbildungsgänge zu erfassen. Es darf indessen nicht übersehen werden, daß der Aussagewert einer solchen allgemeinen Untersuchung durch von Fach zu Fach abweichende Konstellationen geschmälert würde, die auf Inhalt und Organisation des jeweiligen Ausbildungsganges durchschlagen müßten. Bei der Feststellung des verfassungskräftigen Minimums wissenschaftsgerechter Gestaltung der forschungsbezogenen Ausbildung geht es jedoch nicht um die Normierung optimaler forschungsgebotener, von Fach zu Fach divergierender Ausbildungsgehalte, sondern um eine empirisch fundierte, aber eben doch fächerübergreifende typologische Schematisierung, aus der sich verallgemeinerungsfähige Organisationsstrukturen deduzieren lassen.

Eine erwünschte Rückkoppelung zwischen heutiger beruflicher Forschungsarbeit und Ausbildung des wissenschaftlichen Nachwuchses setzt einen stetigen Prozeß der Adaptation von Ausbildungsgängen an die in der Forschung wirksamen Tendenzen voraus. Demnach rücken die charakteristischen, fächerübergreifenden Merkmale gegenwärtiger Forschung in das Blickfeld der sachgerechten Gestaltung wissenschaftlicher Ausbildung. Zumindest die folgenden Faktoren müssen demnach auch in der Ausbildung mitbedacht werden:

Die spezialisierende Schwerpunktbildung, die Hinwendung zu interdisziplinären Ansätzen, die arbeitsteilige und betriebsmäßig organisierte Gestaltung der Forschung als Partizipationsforschung, der gestiegene Aufwand an Apparaturen, Dokumentation und besonders die Abhängigkeit von Datenverarbeitungsanlagen.

I. Die Anfangsphase

Aus funktionaler Perspektive sieht man sich genötigt, bei der Überprüfung der sachlich-wissenschaftlichen Anforderungen an eine Ausbildung des Forschernachwuchses nicht erst bei dem fortgeschrittenen Abschnitt der Förderung wissenschaftlichen Nachwuchses anzusetzen, der nach gegenwärtiger Praxis in Übereinstimmung mit den Vorstellungen des Wissenschaftsrates[7] erst mit dem Stadium von Promotion und Habilitation einsetzt. Die Weichen für eine sachgerechte Ausbildung des wissenschaftlichen Nachwuchses werden bereits im Studium gestellt[8], so daß man diese erste Phase der Entwicklung zum Wissenschaftler nicht unberücksichtigt lassen darf. Bedacht werden muß allerdings auch die Endphase wissenschaftlicher Ausbildung mit ihren gleitenden Übergängen zu eigenverantwortlicher, wissenschaftlich produktiver Leistung, sei es im Zuge einer allgemeinen wissenschaftlichen Aufbauphase des Studiums[9], sei es innerhalb bestehender Dienstverhältnisse oder im Rahmen zu erwerbender Qualifikationen, wie Promotion oder Habilitation.

Weiter wäre es falsch, die Frage der wissenschaftlichen Nachwuchsausbildung allein an Kriterien zu messen, die für den Hochschullehrernachwuchs bedeutsam, für die Rekrutierung des außeruniversitären Forschungspotentials aber nicht belangreich wären.

Die erste Phase wissenschaftlicher Ausbildung bleibt dem gestaltenden Einfluß der genannten Prinzipien gegenwärtiger Forschungstätigkeit noch weitgehend entzogen. Das findet seine Ursache darin, daß die Grundzüge wissenschaftlicher Ausbildung — die Erarbeitung wissenschaftlichen Grundlagenwissens bis zum Erwerb der Fähigkeit des Studierenden, die Probleme seines Faches zu erkennen und übergeordnete Sinnzusammenhänge zu erschließen sowie die Einübung wissenschaftlichen Arbeitens unter dem Aspekt der fachspezifischen Methode — ohne direkte Mitarbeit an der eigentlichen Forschung zu vermitteln sind.

Daraus folgt:

> Für die Anfangsphase der Ausbildung wissenschaftlichen Nachwuchses ist Einheit von Forschung und Lehre in der Form institutionell-organisatorischer Verbindung der beiden Aufgabenbereiche an der wissenschaftlichen Hochschule kein unverzichtbares Element verfassungsrechtlichen Schutzes (institutionell-organisatorische Einheit im weiten Sinne).

Abweichend zu beurteilen ist hingegen die Frage nach der Bedeutsamkeit der in der Person des Lehrenden verwirklichten Verbindung von Forschung und Lehre in diesem Ausbildungsabschnitt. Da wissenschaftliche Ausbildungsinhalte auch in Bezug auf Grundlagenwissen

---

[7] So z. B. die Empfehlungen zum Ausbau der wissenschaftlichen Hochschulen bis 1970, 1967, S. 111 f.

[8] Vgl. *Thieme*, in: WissR Bd. 9 (1976), S. 193 (203).

[9] Wissenschaftsrat, S. 116 ff.

und Methodik abhängig sind vom gegenwärtigen Erkenntnisstand in der Forschung, ist bereits für die Anfangsphase der Ausbildung des wissenschaftlichen Nachwuchses unerläßliche Bedingung der Wissenschaftlichkeit der Lehre ihre Vermittlung durch selbst forschende Lehrpersonen.

Daraus folgt:

> Ist der wissenschaftlichen Hochschule die Aufgabe der Grundausbildung des wissenschaftlichen Nachwuches zugewiesen, dann muß sie eine Stätte der Lehre sein, an der Forscher die Ausbildung leiten. In diesem engen, personal verstandenen, aber doch auf die Institution ausgeweiteten Sinne ist die Einheit von Forschung und Lehre an der wissenschaftlichen Hochschule zum Schutz der Ausbildung wissenschaftlichen Nachwuchses zu erhalten (institutionell-organisatorische Einheit im engen Sinne).

II. Die Aufbauphase

Die wissenschaftliche Grundausbildung legt aber angesichts der zuvor genannten Bestimmungsfaktoren heutiger Forschung nur den Grundstock für eine langanhaltende Spezialausbildung. Innerhalb dieser allgemein verlängerten Aufbauphase setzt eine abgerundete Ausbildung des Forschernachwuchses einen nach Forschungsarten differenzierten Anlernprozeß durch Beteiligung an Forschungsprojekten voraus. An diesem Punkt müssen akademische Berufsausbildung und Ausbildung wissenschaftlichen Nachwuchses verschiedene Wege gehen. Pointiert ließe sich sagen, den praktischen Ausbildungsphasen in der akademischen Berufsausbildung müssen in der Nachwuchsausbildung für die Forschung zu irgendeinem relativ spät anzusetzenden Zeitpunkt unmittelbar forschungsbezogene Ausbildungsteile entsprechen.

Die forschungsbezogene Ausbildung ist als ein fortschreitender Prozeß der Verselbständigung in der wissenschaftlichen Arbeitsweise aufzufassen, in dessen Anfangsstadium Anleitung und Kontrolle durch Lehrpersonal überwiegen, dessen Endpunkt hingegen durch selbständige Forschungsbeiträge gekennzeichnet sein sollte. In diesem Ausbildungsabschnitt gewinnen die oben genannten Bestimmungsfaktoren der Forschung selbstverständlichen Einfluß, weil die Ausbildung nicht anders als in unmittelbarem Kontakt zur Forschung durchzuführen ist.

Gelegentlich ist versucht worden, zwischen Primär- und Sekundärforschung zu differenzieren. Letzterem Bereich sollten Forschungsprojekte angehören, bei denen es nicht um die Gewinnung neuer Erkenntnisse geht, sondern um den Nachvollzug eines Forschungsvorganges, also um die Wiederholung eines abgeschlossenen Erkenntnisprozesses mit dem Ziel, mit dieser Art der „Nachforschung" Studierende an Forschungsprobleme heranzuführen[10].

Die Verwendung des Begriffes Forschung für eine Tätigkeit, die in ihrer Zielsetzung den Erwerb neuer Erkenntnisse bewußt ausklammert, ist irreführend. Nicht Forschung, sondern ein durch die Bedürfnisse der Lehre qualifizierter Fall der Anwendung ihrer Ergebnisse liegt hier vor.

Eine derartige Form der Veranschaulichung des Unterrichts durch verbalen oder experimentellen Nachvollzug einzelner Forschungsergebnisse kann und soll die unmittelbar forschungsbezogene Ausbildung wissenschaftlichen Nachwuchses allenfalls ergänzen, aber nicht ersetzen.

Ähnlich problematisch erscheint es, einem Vorschlag von *Schelsky* zu folgen und den Zugang Studierender zur Forschung auf eine Kategorie der Forschung, die Lehrforschung, zu beschränken[11]. Für Schelsky stellt Lehrforschung keine inhaltliche Kategorie dar, sondern bezeichnet „die auf das für die Dozenten zur Erfüllung ihrer Lehrpflichten und für die Studierenden zur Berufsbildung erforderliche Ausmaß reduzierte" Hochschulforschung[12].

Soweit sich die „Lehrforschung" überhaupt von „Sekundärforschung" unterscheidet, wäre nach dieser Auffassung der Kontakt des wissenschaftlichen Nachwuchses in der fortgeschrittenen Studienphase auf die spärlichen Forschungsprojekte begrenzt, deren institutionelle Zuordnung zur wissenschaftlichen Hochschule vertretbar erschiene. In

---

[10] Demgegenüber kritisch: Empfehlungen des Wissenschaftsrates zur Struktur und zum Ausbau des Bildungswesens im Hochschulbereich nach 1970, 1970, Bd. 1, S. 94.

[11] Abschied von der Hochschulpolitik, S. 143.

[12] Ebd. — Der Begriff „Lehrforschung" wird mit unterschiedlichsten Bedeutungsinhalten gefüllt, die sich häufig, gleichwohl nicht vollständig, mit dem Begriffsinhalt von Hochschuldidaktik oder ihren Teilaspekten decken. So möchte z. B. *Schluchter*, in: Sozialtheorie und soziale Praxis, Festschrift für Baumgarten, S. 257 (275), mit der Etablierung einer Lehrforschung einen neuen, nicht mit Hochschuldidaktik identischen Forschungszweig und einen entsprechenden Rollentyp des Professors begründen, der sich auf die Vermittlung und Verwertung von Erkenntnisssen in der Lehre spezialisiert. — Abweichend hiervon verwendet *Dellian*, in: Dallinger/Bode/Dellian, Hochschulrahmengesetz, Kommentar, § 43 Rdn. 7, den Begriff „Lehrforschung" zur Bezeichnung der Möglichkeit von Fachhochschulprofessoren, die Entwicklung der Anforderungen der Praxis und die wissenschaftliche Entwicklung in ihrem Fach zu verfolgen. In letzterem Fall fehlt jegliches innovative und kreative Element der Tätigkeit, so daß der Begriff „Forschung" auch in der Zusammensetzung mit dem Begriff „Lehre" irreführt.

Anbetracht der Angewiesenheit gegenwärtiger Forschungsarbeit auf Großanlagen und großzügige Zusammenarbeit von Wissenschaftlern würden für die Hochschulforschung allenfalls Restbereiche der geisteswissenschaftlichen Forschung verbleiben. Der unmittelbare Kontakt zur Forschung würde für die überwiegende Mehrheit des wissenschaftlichen Nachwuchses damit unterbunden[13].

Demnach verbleibt im fortgeschrittenen Ausbildungsstadium als einzige sachgerechte Ausbildungsmöglichkeit des zukünftigen Forschers seine unmittelbare Beteiligung an genuiner Forschungsarbeit des jeweiligen Faches[14].

Zu den in den Normbereich hineinwirkenden Sachstrukturen einer ordnungsgemäßen Ausbildung des wissenschaftlichen Nachwuchses in einer forschungsbezogenen Ausbildungsphase zählen demnach:

1. Durchführung der Ausbildung unter Leitung von Personen, die mit — nicht notwendig an derselben Institution durchgeführten — Forschungsaufgaben und mit Lehraufgaben betraut sind und
2. Ausbildungsinstitutionen, in denen eine Heranführung und eine Beteiligung der Nachwuchsforscher an Forschungsaufgaben durch in obigem Sinne qualifiziertes Personal strukturell und organisatorisch ermöglicht wird (institutionell-organisatorische Einheit von Forschung und Lehre im weiten Sinne).

Daraus folgt des weiteren:

> Unter der Prämisse, daß die Ausbildung des Forschernachwuchses an der wissenschaftlichen Hochschule durchgeführt wird, muß diese eine Stätte von organisatorisch miteinander verquickter Forschung und Lehre sein.

---

[13] *Schelsky*, Abschied von der Hochschulpolitik, S. 143 ff., sieht zwar die Verengung der Hochschulforschung auf die Geisteswissenschaften, schweigt aber zu der unerträglichen Folge einer im übrigen von echter Forschung abgeschnittenen Ausbildung des wissenschaftlichen Nachwuchses.

[14] Begrenzt auf den Aufgabenbereich der Ausbildung wissenschaftlichen Nachwuchses in der forschungsbezogenen Ausbildungsphase ist deshalb denjenigen Autoren beizupflichten, die die wissenschaftliche Hochschule als Stätte der Forschung und der Lehre zum verfassungsgesicherten Bestandteil der Wissenschaftsfreiheit erheben, vgl. *Bettermann*, in: Universitätstage 1963, S. 56 (68); *Kimminich*, in: von Münch (Hrsg.), Besonderes Verwaltungsrecht, Stichwort Wissenschaft, S. 679 (689, 692); *Zacher*, Hochschulrecht und Verfassung, S. 42; *Ekkehart Stein*, Staatsrecht, S. 198; *Hans H. Klein*, „Demokratisierung" der Universität?, S. 28 ff.; *Köttgen*, Das Grundrecht der deutschen Universität, S. 29.

3. Abschnitt: Der Bereich der akademischen Berufsausbildung

I. Der wissenschaftliche Grundgedanke

Dem Umfang nach gibt die Aufgabe akademischer Berufsausbildung für die Ortsbestimmung der wissenschaftlichen Hochschule den Ausschlag. Die wichtigsten Wandlungen im Erscheinungsbild der wissenschaftlichen Hochschule rühren von den quantitativ gestiegenen Anforderungen an ihr Leistungsvermögen her. Die Ursache für diesen Tatbestand ist nicht allein in einem Anwachsen der Bevölkerung zu suchen[15], sondern liegt in der von Staat und Gesellschaft erkannten Bedeutung wissenschaftlicher Berufsausbildung für die berufliche Anpassungsfähigkeit des einzelnen und der auf diesem Wege ermöglichten Lösung individueller und gesamtgesellschaftlicher Probleme in allen Lebenslagen.

Darüber, ob sich dieser Trend in naher Zukunft umkehren könnte, ist an dieser Stelle nicht zu befinden. Anzeichen in diese Richtung sind vorhanden. Die Ausbreitung und Differenzierung der Wissenschaften, deren Folge eine immer weiter ausgreifende Akademisierung der Berufswelt ist, scheint eine Abkehr von wissenschaftlich-theoretischen Ausbildungsinhalten und eine Hinwendung zu praxisnaher Ausbildung entsprechend den Erfordernissen bestimmter, heute vorherrschender Berufsfelder auszulösen[16]. Die durchaus ambivalenten Tendenzen in den bildungspolitischen Vorstellungen haben jedenfalls auch Veränderungen in der Hochschullehre herbeigeführt. Sie entwickelt sich zur Zeit (noch?) mehr und mehr fort vom Idealtypus der Berufs*vor*bildung durch Kenntnisnahme der Grundlagen, Methoden und Problemstellungen einer Wissenschaft in Richtung einer auf die konkreten Bedürfnisse praktischer Berufe ausgerichteten Berufs*ausbildung*[17]. Zur

---

[15] Nach den Datenangaben des Wissenschaftsrates, Empfehlungen zu Umfang und Struktur des Tertiären Bereichs, 1976, S. 33, 58 ff., sollte die Zahl der im tertiären Bereich Ausbildung Suchenden erst 1982 auf über eine Million ansteigen und dann langsam wieder zurückgehen; nach den auf der jüngsten Sitzung des Wissenschaftsrates vom 2. Juni 1980 vom Vorsitzenden Heldrich mitgeteilten Zahlen stehen schon jetzt einer Kapazität der Hochschulen von 730 000 Studienplätzen fast eine Million Studierende gegenüber, vgl. FAZ Nr. 127 vom 3. Juni 1980, S. 4.

[16] Wenngleich sich schon genügend warnende Stimmen erhoben haben, die im Interesse einer lebenslangen Verwertbarkeit der Erstausbildung für eine abstrakt-theoretische Grundausbildung plädieren, vgl. etwa *Thieme*, in: DÖV 1979, S. 73 (76); *Ludwig Raiser*, in: Flitner/Herrmann (Hrsg.), Universität heute, S. 245 (264); *Rüegg*, in: Marburger Forum Philippinum, Wissenschaft und Gesellschaft, S. 173 (185). Diese Kritik wird sogar aus Wirtschaftskreisen an den praxisnahen Studiengängen der Fachhochschulen geübt, vgl. dazu das Colloquium der Evangelischen Akademie Tutzing zum Thema „Die Fachhochschule im Schatten des Studentenberges", Bericht, ohne Autorennennung, in: DUZ 1977, S. 797 f.

Kennzeichnung dieser Strömung sei auf die nunmehr den meisten Studiengängen eigentümliche Verschränkung theoretischer und praktischer Ausbildungsphasen[18], die Heranziehung von Praktikern zur Abhaltung von Lehrveranstaltungen und die von einigen wissenschaftlichen Hochschulen neuerdings in Angriff genommene Kooperation mit Gewerkschaften[19] oder Unternehmerverbänden[20] verwiesen.

Die verfassungsrechtliche Würdigung hat diesen Trend zur „Fachschule für Berufsbildung"[21], der den akademischen Lehrer mehr und mehr zum Vermittler eines auf die jeweiligen Einzeldisziplinen bezogenen Wissens und den Studierenden, gebunden an Studien- und Prüfungsordnungen, immer mehr zum lernenden Schüler degradiert, zu berücksichtigen.

Gleichwohl gilt es gegenüber allen Ansätzen zur inhaltlichen Veränderung im Berufsausbildungsbereich der wissenschaftlichen Hochschule, nicht die fortbestehende Grundausrichtung der akademischen Berufsausbildung auf die Wissenschaft außer acht zu lassen[22]. Sowohl

---

[17] In unmißverständlicher Deutlichkeit kommen entsprechende bildungspolitische Zielsetzungen im Hochschulrahmengesetz zum Ausdruck, vgl. *1.* die Aufgabenbestimmung der Hochschulen in § 2 Abs. 1 Satz 2, die nach *Dallinger*, in: Dallinger/Bode/Dellian, Hochschulrahmengesetz, Kommentar, § 2 Rdn. 4, wohl auch *Deumeland*, Hochschulrahmengesetz, Kommentar, § 2 Anm. zu Abs. 1, S. 20, eine Verpflichtung aller Hochschulen zur Vorbereitung auf berufliche Tätigkeiten, die die Anwendung wissenschaftlicher Erkenntnisse und Methoden erfordern, enthält; *2.* die in § 4 Abs. 3 niedergelegten Ziele der Neuordnung des Hochschulbereiches, insbesondere § 4 Abs. 3 Ziff. 3; *3.* die Studienzielbestimmung in § 7; *4.* die in § 8 aufgeführten Studienreformziele und *5.* die in § 10 vorgesehenen berufsqualifizierenden Studiengangsabschlüsse. — Der Wissenschaftsrat, vgl. Empfehlungen zur Differenzierung des Studienangebots, 1978, S. 165 ff., hat am Beispiel der Wirtschaftswissenschaften vier in den vorgegebenen Rahmen des Hochschulrahmengesetzes eingepaßte Organisationsmodelle entwickelt, Y-Modell, H-Modell, Konsekutiv-i-Modell, differenziertes Konsekutiv-Modell, denen mit Ausnahme des H-Modells, vgl. S. 167 f., die Vorstellung eines ersten berufsqualifizierenden Abschlusses mit diversen Aufbaustudienmöglichkeiten zugrundeliegt. Zur Kritik an ähnlichen bildungspolitischen Modellen, die *Braun*, Modelle einer Gesamthochschule, zusammengestellt hat, vgl. *Thieme*, in: DÖV 1979, S. 73 (75 f.).

[18] Praktizierte Beispiele: einphasige Juristenausbildung, vgl. dazu *Achterberg*, in: JZ 1974, S. 165 (166 ff.), „bedside teaching"-Modelle in Krankenhäusern u. v. a. m.

[19] Vgl. etwa entsprechende Kooperationsverträge der Universitäten Bochum, Bremen und Oldenburg.

[20] z. B. Kooperation zwischen der Universität Bochum und dem „Unternehmerseminar Wirtschaft". — Zu dieser Praxis insgesamt vgl. die kritischen Bemerkungen von *Kirchhof*, in: ZRP 1976, S. 238 = DUZ 1977, S. 9 f. — In die Richtung eines stärkeren Praxisbezuges weist auch die in § 9 Abs. 3 Satz 1 HRG vorgesehene Beteiligung von Fachvertretern aus der Berufspraxis an der Arbeit der Studienreformkommissionen.

[21] Peters, *in:* Festschrift für Jahrreiß, S. 319 (333); sinngemäß auch *Schelsky* im Nachtrag zu: Einsamkeit und Freiheit, S. 247, und *Rupp*, in: AöR Bd. 101 (1976), S. 161 (182); kritisch auch *Morkel*, in: DUZ 1979, S. 546 ff.

das die Entwicklung in den einzelnen Bundesländern vorprägende Hochschulrahmengesetz als auch die gesetzlichen Bestimmungen der Hochschulgesetze der Bundesländer gehen insoweit übereinstimmend von der überkommenen Aufgabenstellung der wissenschaftlichen Hochschule, „Pflege und Entwicklung der Wissenschaften durch Forschung, Lehre und Studium" (§ 2 Abs. 1 Satz 1 HRG), aus[23]. Ist eine derartige Festlegung der Grundstruktur der akademischen Berufsausbildung nach Kriterien der Wissenschaftlichkeit durch den demokratischen Gesetzgeber erfolgt, dann ist dieses Sachprinzip zur Ordnungsrichtschnur eines Lebensbereiches erhoben worden, an die der Gesetzgeber (bis zu einer möglicherweise durch den Wandel der Verhältnisse bedingten, mehrheitlich erwünschten Änderung des Gesetzes) selbst gebunden ist. Entscheiden sich die Hochschulgesetzgeber für eine akademische Berufsausbildung auf wissenschaftlicher Grundlage, so bedeutet diese gesetzliche Option, daß der in Art. 5 Abs. 3 Satz 1 GG enthaltene Schutzgedanke zugunsten freier Wissenschaft diesen Ausbildungsbereich erfaßt.

Das entscheidende Moment normativer Bewertung der nach verfassungsrechtlichen Kriterien „richtigen" Struktur der wissenschaftlichen Hochschule bleibt — auch im Rahmen der Behandlung der akademischen Berufsausbildung — die Verwirklichungschance für ein der Sachnähe zur Wissenschaftsproduktion und Wissenschaftsvermittlung entsprechendes unabhängiges Streben nach objektiver Erkenntnis. Je stärker die theoretisch-wissenschaftlichen Lehrinhalte in der akademischen Berufsausbildung auf die Erlernung von Methodik und Grundlagenwissen nach Maßgabe praxisorientierter Verwertbarkeit reduziert werden, desto weiter entfernt sich die wissenschaftliche Hochschule bei Wahrnehmung dieser Aufgabe vom Kernbereich wissenschaftlicher Tätigkeit, nämlich von der Forschung.

Da es unter dem Gesichtspunkt des Grundrechtsschutzes für eine freie Wissenschaft nicht darauf ankommt, die Funktionsfähigkeit der wissenschaftlichen Hochschule für eine Praxis und Theorie verknüpfende Berufsausbildung zu erhalten, vielmehr darauf, für die unterschiedlich strukturierten Handlungsbereiche von Wissenschaft die unerläßlichen, sachimmanenten Ausübungsbedingungen zu ermitteln[24], er-

---

[22] Trotz der Berufsbezogenheit der Grundstudienabschlüsse möchte auch der Wissenschaftsrat die Verbindung von Forschung und Lehre nicht nur den Aufbaustudien vorbehalten, vgl. Empfehlungen zur Differenzierung des Studienangebotes, 1978, S. 21.

[23] Vgl. § 3 Abs. 1 bwUG; Art. 2 Abs. 1 Satz 1 BayHSchG; § 4 Abs. 1 BerlHG; § 4 Abs. 1 BremHG; § 4 Abs. 1 Satz 2 - 4 HmbHG; § 3 Abs. 2 Satz 1 HHG; § 2 Abs. 1 NHG; § 3 Abs. 1 nwWissHG; § 2 Abs. 1 rpHochSchG; § 1 Abs. 1 SUG; § 2 Abs. 1 shHSG.

[24] Unter Beachtung des Gebotes der praktischen Konkordanz, das im vorliegenden Bezugsrahmen besonders wegen der die Berufsausbildung um-

laubt der Aufgabenkreis akademischer Berufsausbildung folglich trotz seiner gegenwärtig noch quantitativen Bedeutsamkeit nur insoweit eine verfassungsfeste Legitimation des Strukturprinzips der Einheit von Forschung und Lehre, als der Nachweis zu erbringen ist, daß ohne diese Strukturform die spezifisch wissenschaftlichen Komponenten der Ausbildung ihren wissenschaftlichen Charakter einbüßen würden.

II. Wissenschaftlichkeit der Ausbildungsinhalte

Zu den wissenschaftlichen Ausbildungsinhalten gehören in erster Linie die systematische Übermittlung von wissenschaftlichen Arbeitsmethoden und von fachlichem Grundlagenwissen.

Wissenschaftlichkeit der Ausbildung bedeutet jedoch noch ein weiteres:

Keine fachwissenschaftliche Berufsausbildung kann sich mit der Vermittlung von durch die Forschung bereitgestelltem Wissensstoff begnügen. Sie kann sich vor allem nicht damit zufriedengeben, daß die vermittelten Kenntnisse ja schließlich auf wissenschaftlicher Grundlage beruhen. Das Ausbildungsziel geht vielmehr über die Aneignung des vom Fach geforderten und für den Beruf nötigen Wissens und das Vertrautwerden mit den wissenschaftlichen Arbeitsmethoden insoweit hinaus, als der Studierende im Umgang mit Gegenstand und Methode der Wissenschaft seiner Fachrichtung erfahren soll, was wissenschaftliche Erkenntnis zu leisten vermag[25]. Ein solcher Einblick in wissenschaftliches Denken stellt den eigentlichen Rechtfertigungsgrund dafür dar, die akademische Berufsausbildung überhaupt der Wissenschaft anzuvertrauen.

Von einer wissenschaftlich orientierten Berufsausbildung wird erwartet, daß sie das Problem der Anpassung an die ständig im Wandel begriffenen Verhältnisse durch Anwendung stets neuer wissenschaftlicher Verfahren löst. Auf diese lebensnotwendige Aufgabe der zügigen, das Wesentliche vom Unwesentlichen trennenden Umsetzung wissenschaftlicher Erkenntnisse in gesellschaftliche Nutzanwendung kann die Ausbildung den zukünftigen Praktiker nur dann vorbereiten, wenn der wissenschaftliche Gehalt der Ausbildungsinhalte inspiriert und durchsetzt ist vom Geist der an den Grenzbereichen der Wissenschaft gesammelten Erfahrungen.

---

schließenden Regelung des Art. 12 Abs. 1 GG wirksam ist; vgl. allgemein zum Prinzip der Konkordanz *Konrad Hesse*, Grundzüge des Verfassungsrechts der Bundesrepublik Deutschland, § 2 III 2. c) bb, S. 28 ff.

[25] Empfehlungen des Wissenschaftsrates zur Neuordnung des Studiums an den wissenschaftlichen Hochschulen, 1966, S. 14 ff.

Der beschriebene Sinn und Zweck der wissenschaftlich fundierten Berufsausbildung würde verfehlt, wenn die Wahrnehmung der Berufsausbildungsaufgabe ausschließlich nichtforschendem „wissenschaftlichen" Lehrpersonal übertragen wäre. Zu groß wäre die Diskrepanz zwischen dem bereits erreichten Forschungsstand und den möglicherweise schon überholten, aber immer noch vermittelten wissenschaftlichen Methoden und Kenntnissen. Die Sicherstellung einer wissenschaftlichen Berufsausbildung setzt demnach Vorkehrungen für eine diesen Anforderungen entsprechende Organisationsstruktur der Ausbildungsinstitution voraus.

Die schnelle Vermittlung des jeweils letzten Standes wissenschaftlicher Erkenntnisse und Methoden an eine Vielzahl Studierender läßt sich aber auf keine andere Art und Weise verwirklichen[26], als dergestalt, den Unterricht in der Gruppe forschendem Lehrpersonal zu übertragen.

Für eine darüber hinausgehende direkte Einbeziehung von Forschungstätigkeiten in die Lehre findet sich indessen kein einleuchtender Rechtfertigungsgrund.

Daß eine aktive Beteiligung von Studierenden an Forschungsprozessen aus den mehrfach in anderen Zusammenhängen erwähnten Gründen[27] heutiger Forschungsgestaltung weder möglich noch für eine auf praktische, nicht wissenschaftliche Berufe ausgerichtete Ausbildung nötig ist, bedarf keiner wiederholenden Erläuterung.

Aus allem folgt:

1. An der wissenschaftlichen Hochschule als Stätte akademischer Berufsausbildung muß die Lehre unter der Leitung von Personen durchgeführt werden, die mit — nicht notwendig an der wissenschaftlichen Hochschule selbst wahrzunehmenden — Forschungs- und mit Lehraufgaben betraut sind (institutionell-organisatorische Einheit im engen Sinne).
2. Die Erstreckung des Aufgabenbereiches der wissenschaftlichen Hochschule als solcher auf die Forschung ist zur Erhaltung ihrer Funktionsfähigkeit im Aufgabenbereich akademischer Berufsausbildung nicht erforderlich.

---

[26] Eine Ausnahme bilden die verschiedenen Möglichkeiten des Fernstudiums, vgl. dazu *Dohmen* (Hrsg.), Zehn Jahre DIFF, Erfahrungen und Zukunftsperspektiven, passim, und *Rau*, Die neue Fernuniversität, passim.

[27] s. oben Teil III 1. Abschn. III. und Teil IV 1. Abschn.

4. Abschnitt: Der Bereich Weiterbildung

I. Grundsätzliche Anwendbarkeit des Art. 5 Abs. 3 Satz 1 GG

Zunächst sei zur Klarstellung vorangeschickt, daß infolge der veränderten bildungstheoretischen und bildungspolitischen Realitäten im Weiterbildungsbereich die Frage nach der Geltung des Art. 5 Abs. 3 Satz 1 GG für diesen Bereich nicht mehr pauschal unter Hinweis auf die freier gesellschaftlicher Initiative überlassene Erwachsenenbildungsarbeit verneint werden kann. Zwar ist es zutreffend, daß auf die weiten Bereiche der Erwachsenenbildung, die der Vermittlung von Bildung in einem allgemeinen Sinne dienen[28], der nicht verfassungsfeste Grundsatz allgemeiner Unterrichtsfreiheit Anwendung findet[29]. Wenn die neueren Weiterbildungsgesetze der Bundesländer wörtlich[30] oder sinngemäß[31] Freiheit der Lehre gewährleisten, so handelt es sich um Ausprägungen dieses allgemeinen Grundsatzes der Unterrichtsfreiheit, nicht um eine Inbezugnahme des in Art. 5 Abs. 3 Satz 1 GG enthaltenen Grundrechts freier (wissenschaftlicher) Lehre. Das erhellt eindeutig aus dem weiten, nicht auf wissenschaftliche Weiterbildungsaktivitäten eingegrenzten Anwendungsbereich der Weiterbildungsgesetze[32].

Die neuerliche Ausdehnung und Umstrukturierung der ehemaligen Erwachsenenbildung zu einem selbständigen quartären Bildungssektor Weiterbildung, ihre Erstreckung auf berufliche Fortbildung und gerade auch auf akademische Berufsfortbildung läßt das Argument, Weiterbildung sei keine Beschäftigung mit Wissenschaft[33] und deshalb unterfalle dieser Funktionskreis nicht dem Schutz des Art. 5 Abs. 3 Satz 1 GG, in dieser Allgemeinheit jedoch nicht mehr vertretbar erscheinen.

---

[28] Zur Differenzierung zwischen Erwachsenenbildung und Weiterbildung s. Teil II FN 46.

[29] Vgl. *Oppermann*, Kulturverwaltungsrecht, S. 68.

[30] § 4 Abs. 1 bwWBG; Art. 4 Abs. 3 Satz 2 bayErwachsBG; § 3 Abs. 7 Satz 1 breWBg.; § 4 Satz 2 ndsGFördErwB; § 4 Abs. 3 Satz 2 1. nwWBG; § 4 Satz 2 saEBG.

[31] § 1 Abs. 3 heEBG und § 3 Abs. 5 heVHG; § 3 Abs. 4 rpWeitBiG.

[32] z. B. § 1 Abs. 1 bwWBG; Art. 1 bayErwachsBG; § 1 Abs. 1 breWBg.; § 1 Abs. 1 heEBG; § 3 1. nwWBG; § 1 Abs. 3 rpWeitBiG; § 1 saEBG.

[33] In Anerkennung dieser Veränderungen ist auch *Oppermann*, Kulturverwaltungsrecht, S. 68, von der strikten Zuordnung der Erwachsenenbildung/Weiterbildung zum Bildungsbereich abgewichen. Unter kulturverwaltungsrechtlichem Aspekt siedelt er diesen Bereich nunmehr in einer Zone zwischen Bildung und Wissenschaft an, vgl. dens., in: von Münch (Hrsg.), Besonderes Verwaltungsrecht, Stichwort Bildung, S. 615 (661 ff.).

II. Wissenschaftlichkeit der Ausbildungsinhalte

Soweit der Bereich Weiterbildung heute systematische Formen der akademischen Berufsfortbildung einschließt, ist die Frage nach dem Geltungsumfang des Art. 5 Abs. 3 Satz 1 GG am ehesten durch einen Vergleich mit dem akademischen Erstausbildungsbereich zu beantworten.

Akademische Berufsfortbildung und akademische Erstausbildung stehen in einem wechselbezüglichen Verhältnis zueinander. Je kürzer die akademische Erstausbildung angelegt wird, desto häufiger wird mit Hilfe von akademischen Fortbildungsveranstaltungen der für die berufliche Praxis erforderliche Anschluß an den sich ständig verändernden wissenschaftlichen Erkenntnisstand herzustellen sein. Da derartige Kontaktstudiengänge ein vorangegangenes, abgeschlossenes Fachstudium ergänzen sollen, können die Curricula auf die Vermittlung von Grundlagenwissen einschließlich methodologischer Grundkenntnisse verzichten und sich auf die komprimierte Weitergabe des jeweiligen neuesten Erkenntnisstandes der Einzeldisziplinen konzentrieren.

Ein weiterer, den Inhalt der Curricula modifizierender Umstand liegt in der beruflichen Erfahrung des Adressatenkreises begründet, der eine vom Erststudienbereich abweichende, Problemkomplexe aus der Praxis stärker berücksichtigende didaktische Methode erzwingt.

Diese Faktoren leiten zu der Erkenntnis, daß akademische Berufsfortbildung nicht als Annex der Erstausbildung begriffen werden kann, mit dem einzigen Unterschied, daß der Kreis der Studierenden auf Erwachsene mit abgeschlossener Hochschulbildung und Berufspraxis erstreckt würde. Akademische Berufsfortbildung setzt vielmehr die Entwicklung und Gestaltung neuartiger Studiengänge voraus. Daher ist es folgerichtig, wenn Ausbildungsinstitutionen, die sich dieser Aufgabe widmen, einen neuen Funktionsbereich schaffen, in dem die aufgeführten Sachgesetzlichkeiten wirksam werden können[34].

Auf der anderen Seite ist natürlich die Verwandtschaft zwischen den beiden Funktionen unverkennbar, so daß ihre verfassungsrechtliche Gleichbehandlung — im Bereich ihrer Übereinstimmung — geboten erscheint.

Auch auf dem Gebiet der akademischen Berufsfortbildung entscheiden Anzahl und Stärke der wissenschaftlichen Komponenten über die Frage, ob das Prinzip der Einheit von Forschung und Lehre zum

[34] Empfehlungen des Wissenschaftsrates zur Neuordnung des Studiums an den wissenschaftlichen Hochschulen, 1966, S. 15; Bd. 2 der vorstehend genannten Empfehlungen, S. 99 ff., 228, 255 ff.; ferner Empfehlungen zu Umfang und Struktur des Tertiären Bereichs, 1976, S. 78 ff.

funktionsnotwendigen Minimum der Ausbildungsinstitution zu rechnen ist.

Aus dem Zweck aller weiterbildenden Studiengänge, Studienkenntnisse des Akademikers aufzufrischen, zu vertiefen und zu ergänzen, ergibt sich neben der Wiederholung von im Erststudium erworbenem Grundlagenwissen als wesentlicher Studieninhalt das Vertrautwerden mit dem jeweils neuesten wissenschaftlichen Erkenntnisstand. Da sich die wissenschaftliche Entwicklung allein demjenigen unvermittelt präsentiert, der selbst forschend tätig ist, bedingt die eigenverantwortliche Wahrnehmung der akademischen Berufsfortbildungsaufgabe ebenso wie die Lehrtätigkeit im Erststudienbereich den kontinuierlichen Kontakt der Lehrpersonen zur Forschung.

Im Vergleich zu den Lehraufgaben in der akademischen Erstausbildung gilt dies sogar in einem weitaus stärkeren Maße. Der innere Zusammenhang von Forschung und Lehre, der im Erstausbildungsbereich wegen der Vermittlung von Grundlagenwissen und Methodenkenntnis bejaht wurde, wird im akademischen Berufsfortbildungsbereich unumgänglich, weil es im Interesse sofortiger Praxisrelevanz von Wissenschaft auf die zügige Weitergabe des jeweils letzten Erkenntnisstandes in besonders eklatanter Weise ankommt.

Aus den genannten Erwägungen folgt, daß auch im Bereich der akademischen Berufsfortbildung forschenden Lehrern die Ausbildung anvertraut werden muß.

Hingegen lassen sich keine zwingenden Sachargumente für die Auffassung anführen, die Sicherstellung der akademischen Berufsfortbildung erfordere die Institutionalisierung der miteinander verbundenen Bereiche Forschung und Lehre. Die genannte Zielsetzung akademischer Berufsfortbildung, den Umsetzungsprozeß wissenschaftlicher Erkenntnisse in die Praxis zu beschleunigen, würde durch eine Beteiligung von Kontaktstudenten an Forschungsprozessen eher retardiert und gefährdet als erreicht.

Es bleibt daher festzuhalten:

> Vorausgesetzt, daß die wissenschaftliche Hochschule die Aufgabe akademischer Berufsfortbildung durchführt, muß organisatorisch sichergestellt sein, daß die Lehre unter der Leitung von Personen steht, die in Forschung — nicht notwendig an der wissenschaftlichen Hochschule selbst — und Lehre tätig sind (institutionell-organisatorische Einheit im engen Sinne).

Resümee

Die Bemühungen um eine rechtsbegriffliche Definition „freier Wissenschaft, Forschung und Lehre“ konnten — wie angesichts der komplexen und vielschichtigen Erscheinungsformen der Wissenschaft nicht anders zu erwarten — nicht mehr zutage fördern als eine die wechselnden, materiellen, dem metajuristischen Begriff jeweils zugerechneten Inhalte umschließende Hülle. Sie erwiesen sich insbesondere als unzureichend, das verfassungsrechtlich angedeutete Beziehungsgeflecht freier Wissenschaft, Forschung und Lehre zu erhellen.

Nutzbringender wirkte der Versuch, für Inhalt und Funktion der Einheit von Forschung und Lehre Maßstäbe aus der geschichtlichen Entwicklung zu gewinnen. Hier zeigte sich, daß die Betrachtung der Normvorläufer des Art. 5 Abs. 3 Satz 1 GG unweigerlich die Genese des Prinzips forschender Lehre im Deutschen Idealismus umfassen mußte. Trotz der Vielgestaltigkeit wissenschaftlicher Auffassungen der damaligen gelehrten Universitätsreformer blieb für alle die Idee einer freien Wissenschaft und einer in der Person des Lehrenden verwirklichten Verbindung zur Forschung Richtschnur der Universitätsgestaltung.

Der allmähliche Ablösungsprozeß der Idee freier wissenschaftlicher Lehre vom Bildungsideal *Wilhelm von Humboldts* ließ sich in den Schriften der Rechtsgelehrten des neunzehnten Jahrhunderts anschaulich nachweisen. Daß die nie zuvor gekannte Blüte der Wissenschaften in Deutschland mit einer positivistisch begrenzenden Verfassungsinterpretation einhergehen konnte, machte deutlich, wie stark die Ideen Wilhelm von Humboldts im Sinne einer Staat und Universität versöhnenden, auf Anerkennung des Prinzips freier wissenschaftlicher Lehre beruhenden Praxis unterschwellig weiterhin Einfluß ausübten.

Ohne diese Prämisse wäre es wohl *Smend* im Jahre 1927 nicht gelungen, mit geisteswissenschaftlicher Methode einem institutionellen Grundrechtsverständnis der Wissenschaftsfreiheit Bahn zu brechen, dessen ausufernde Wirkungen bis in die allgemeine Grundrechtsdeutung der Gegenwart feststellbar sind.

Gegen Ende der Weimarer Republik galt sonach das Interesse der Staatsrechtslehre vordringlicher der Frage nach einer institutionellen Garantie der Universität und der akademischen Selbstverwaltung.

Diese Richtung setzte sich zunächst unter der Geltung des Grundgesetzes fort, bis eine Rückbesinnung auf den individualrechtlichen Kern des Grundrechts freier Wissenschaft die verfassungsrechtliche Diskussion wieder neu entfachte.

In dieser Situation hat das Hochschulurteil des Bundesverfassungsgerichts den auch vorliegend eingeschlagenen Weg gewiesen, neu auftauchende Sachprobleme zu analysieren und unter Berücksichtigung der subjektiven und der objektiven Elemente des Grundrechts freier Wissenschaft, Forschung und Lehre verfassungsrechtlich befriedigenden Lösungen zuzuführen.

Unausweichlich ergab sich die Notwendigkeit, Veränderungen der traditionellen Gestalt der Universität und Lockerungen der engen Verbindung von Forschung und Lehre aufzuspüren. Das Augenmerk war dabei auf ihren kontinuierlich erweiterten Aufgabenkanon zu richten.

Anläßlich der Überlegung, welche Elemente das Grundrecht freier Wissenschaft, Forschung und Lehre zum Schutze des einzelnen Wissenschaftlers unter Beachtung der gegenwärtigen Erscheinungsform von Wissenschaft und wissenschaftlicher Hochschule enthalten muß, stellte sich die ungebrochene Tragweite des Prinzips der Einheit von Forschung und Lehre heraus. Da wissenschaftliche Lehre auch heute noch „aus der Forschung fließt", bleibt nach wie vor die in der Person des Lehrenden verwirklichte Einheit von Forschung und Lehre Abgrenzungskriterium des Grundrechts freier wissenschaftlicher Lehre zu anderen Formen des Unterrichtens.

Die neueren Entwicklungen lassen indessen bezüglich der institutionell-organisatorischen Verwirklichungsform der Einheit von Forschung und Lehre einen Rückgriff auf die Entstehungszeit der Idee zu Beginn des neunzehnten Jahrhunderts nicht zu. Gegenwärtiges pluralistisches Wissenschaftsverständnis und nach Größe und Struktur veränderte Forschungs- und Lehraufgaben erzwingen die Einführung neuer Struktur- und Organisationsformen, die das Prinzip der Einheit von Forschung und Lehre in seiner institutionell-organisatorischen Entfaltung notwendig mitergreifen.

Der dem Prinzip der Einheit von Forschung und Lehre innewohnende institutionell-organisatorische Gehalt betrifft zum einen die Verquickung der beiden Aufgabenbereiche an der Institution wissenschaftliche Hochschule. Zum anderen kennzeichnet er die wissenschaftliche Hochschule als Stätte der Lehre, die den Kontakt zur Forschung durch das Medium forschender Lehrpersonen sicherstellt.

Die vorgenommenen Untersuchungen haben die abschließende Erkenntnis vorbereitet, daß in einem von Verfassung wegen freiheitlich fundierten Hochschulwesen das Prinzip der Einheit von Forschung und Lehre in einer dem jeweiligen Aufgabenbereich der Hochschule angepaßten Sinn Geltung beansprucht.

Literaturverzeichnis

Abel, Gunther: Die Bedeutung der Lehre von den Einrichtungsgarantien für die Auslegung des Bonner Grundgesetzes, Berlin 1964 (Schriften zum Öffentlichen Recht, Bd. 15).

Achterberg, Norbert: Rechtstheoretische Grundlagen einer Kontrolle der Gesetzgebung durch die Wissenschaft, in: Rechtstheorie Bd. 1 (1970), S. 147 bis 155.

— Hans Kelsens Bedeutung in der gegenwärtigen deutschen Staatslehre, in: DÖV 1974, S. 445 - 454.

— Rechtsverhältnisse als Strukturelemente der Rechtsordnung, in: Rechtstheorie Bd. 9 (1978), S. 384 - 410.

— Reform der juristischen Ausbildung und Gesamthochschule, in: JZ 1974, S. 165 - 172.

— Die Gesellschaftsbezogenheit der Grundrechte, in: Recht und Gesellschaft. Festschrift für Helmut Schelsky zum 65. Geburtstag, hrsg. von Friedrich Kaulbach und Werner Krawietz, Berlin 1978, S. 1 - 29.

— Einwirkungen des Verfassungsrechts auf das Verwaltungsrecht (Teil 2), in: JA 1980, S. 273 - 279.

— Die verfassungsrechtliche Entwicklung der Westfälischen Wilhelms-Universität von 1918 bis zur Gegenwart, in: Die Universität Münster 1780 bis 1980. Festschrift, hrsg. von Heinz Dollinger, Münster 1980, S. 69 - 87.

Albach, Horst: Probleme einer wissenschaftlichen Politikberatung, in: Wirtschaftsordnung und Staatsverfassung. Festschrift für Franz Böhm zum 80. Geburtstag, hrsg. von Heinz Sauermann und Ernst-Joachim Mestmäcker, Tübingen 1975, S. 45 - 75.

Albert, Hans: Wertfreiheit als methodisches Prinzip. Zur Frage der Notwendigkeit einer normativen Sozialwissenschaft, in: Ernst Topitsch (Hrsg.), Logik der Sozialwissenschaften, 8. Aufl., Köln 1972 (Neue Wissenschaftliche Bibliothek, 6, Soziologie), S. 181 - 210.

— Traktat über kritische Vernunft, 3., erweiterte Aufl., Tübingen 1975 (Die Einheit der Gesellschaftswissenschaften, 9).

Anrich, Ernst (Hrsg.): Die Idee der deutschen Universität. Die fünf Grundschriften aus der Zeit ihrer Neubegründung durch klassischen Idealismus und romantischen Realismus, Darmstadt 1956.

Anschütz, Gerhard: Die gegenwärtigen Theorieen über den Begriff der gesetzgebenden Gewalt und den Umfang des königlichen Verordnungsrechts nach preußischem Staatsrecht, 2., vermehrte und umgearbeitete Aufl., Tübingen 1901.

— Die Verfassungs-Urkunde für den Preußischen Staat. Vom 31. Januar 1850. Ein Kommentar für Wissenschaft und Praxis, Berlin 1912.

— Die Verfassung des Deutschen Reiches vom 11. August 1919. Ein Kommentar für Wissenschaft und Praxis, 7. und 8. Aufl., Berlin 1928, 10. und 11. Aufl., Berlin 1929, unveränderter fotomechanischer Nachdruck der 14. Aufl., Berlin 1933, Bad Homburg v. d. H. 1960.

Arbeitskreis Strukturplan Weiterbildung: Strukturplan für den Aufbau des öffentlichen Weiterbildungssystems in der Bundesrepublik Deutschland, unter Mitarbeit von Wolfgang Schulenberg, Joachim Dikau, Hans-Dietrich Raapke u. a., Stuttgart 1975.

Arndt, Adolf: Die Verfassungs-Urkunde für den Preußischen Staat. Mit Einleitung, vollständigem Kommentar, Anlagen und Sachregister. 6., gänzlich umgearbeitete und verbesserte Aufl., Berlin 1907.

Avenarius, Hermann: Hochschulen und Reformgesetzgebung. Zur Anpassung der Länderhochschulgesetze an das Hochschulrahmengesetz, Berlin 1979 (Schriften zum Öffentlichen Recht, Bd. 369).

— Die Wissenschaftsfreiheit in den neuen Hochschulgesetzen. Die Rechtslage nach dem Hochschulrahmengesetz und den neuen Länderhochschulgesetzen, in: WissR Bd. 13 (1980), S. 43 - 59.

Azzola, Axel: Die Freiheit der Wissenschaft nach Art. 5 Abs. 3 Satz 1 GG. Versuch einer rechtsdogmatischen Klärung, Darmstädter Habilitationsschrift 1970 (unveröffentlicht).

Badura, Peter/*Bushe*, K.-A./*Haasen*, P. u. a.: Universitätsreform — Alternativen der Vernunft, Göttingen 1971.

Bauer, Tomas: Wissenschaftsfreiheit in Lehre und Studium. Zur Konkretisierung des Art. 5 Abs. 3 GG im geltenden Recht, Berlin 1980 (Schriften zum Öffentlichen Recht, Bd. 375).

Beck, Ekkehard: Die Geltung der Lehrfreiheit des Art. 5 Abs. 3 GG für die Lehrer an Schulen. Ein Beitrag zur Interpretation von Art. 5 Abs. 3 GG und Art. 7 Abs. 1 GG, rechtswissenschaftliche Diss. Bonn 1975.

Behrend, Jürgen: Untersuchungen zur Stufenbaulehre Adolf Merkls und Hans Kelsens, Berlin 1977 (Schriften zur Rechtstheorie, Heft 65).

Bericht: der Universität Bremen über den Stand der Studiengangplanung im Studiengang Juristenausbildung vom 28. März 1974 (unveröffentlicht).

Bettermann, Karl-August: Die Universität in der freiheitlich-demokratischen Grundordnung, in: Universitätstage 1963. Universität und Universalität, Berlin 1963, S. 56 - 71.

Binder, Bruno: Die verfassungsrechtliche Sicherung der Wissenschaftsfreiheit in Österreich, in: WissR Bd. 6 (1973), S. 1 - 26.

Binder, Julius: System der Rechtsphilosophie. Der „Philosophie des Rechts", 2., vollkommen neubearbeitete Aufl., Berlin 1937.

Bley, Helmar: Die Universitätskörperschaft als Vermögensträger. Dargestellt am Beispiel der Universität Freiburg/Br., Freiburg/Br. 1963 (Beiträge zur Freiburger Wissenschafts- und Universitätsgeschichte, Heft 28).

Blümel, Willi: Vom Hochschullehrer zum Professor. Neuere Entwicklungen im Recht der Hochschullehrer, in: Öffentlicher Dienst. Festschrift für Carl Hermann Ule zum 70. Geburtstag, hrsg. von Klaus König u. a., Köln 1977, S. 287 - 309.

Bluntschli, Johann Caspar: Bluntschli's Staatswörterbuch in drei Bänden auf Grundlage des deutschen Staatswörterbuchs von Bluntschli und Brater in elf Bänden, in Verbindung mit anderen Gelehrten, bearbeitet und hrsg. von Löning, Lehrfreiheit und Lernfreiheit, Bd. 2, Zürich 1871, S. 539 - 543.

Böckenförde, Ernst-Wolfgang: Die Bedeutung der Unterscheidung von Staat und Gesellschaft im demokratischen Sozialstaat der Gegenwart, in: Rechtsfragen der Gegenwart. Festgabe für Wolfgang Hefermehl zum 65. Geburtstag, hrsg. von Ernst-Wolfgang Böckenförde und Werner Knopp, Stuttgart 1972, S. 11 - 36.

— Grundrechtstheorie und Grundrechtsinterpretation, in: NJW 1974, S. 1529 bis 1538.

— Die Methoden der Verfassungsinterpretation — Bestandsaufnahme und Kritik, in: NJW 1976, S. 2089 - 2099.

Boehm, Laetitia: Universitäre Wissenschaftsorganisation und gesellschaftliche Bildungspostulate, in: Marburger Forum Philippinum. Wissenschaft und Gesellschaft. Herausforderungen und Wechselwirkungen in ihrer Zeit, hrsg. von Rudolf Schmitz, Stuttgart 1978, S. 61 - 72.

Bornhak, Conrad: Geschichte der preussischen Universitätsverwaltung bis 1810, Berlin 1900.

— Die Rechtsverhältnisse der Hochschullehrer in Preußen. Zum praktischen Gebrauche dargestellt, Berlin 1901.

Braun, Hubert: Modelle einer Gesamthochschule, 3. Aufl., Düsseldorf 1976.

Brockhaus: Enzyklopädie in 20 Bänden, Stichwort: Forschung, Bd. 6, 17. Aufl., Wiesbaden 1968.

Bull, Hans Peter: Die Staatsaufgaben nach dem Grundgesetz, 2., erweiterte Aufl., Kronberg/Ts. 1977.

Bundesassistentenkonferenz: Forschendes Lernen — Wissenschaftliches Prüfen, Bonn 1970 (Schriften der BAK, Heft 5).

Bundesminister für Bildung und Wissenschaft: Bildungsbericht '70. Bericht der Bundesregierung zur Bildungspolitik, Bonn 1970.

Burmeister, Joachim: Wandel der verfassungsgerichtlichen Hochschulrechtsprechung?, in: MittHV Bd. 27 (1979), S. 271 - 274.

Butenandt, Adolf: Wissenschaftliche Hochschulen und Max-Planck-Gesellschaft, in: MittHV Bd. 16 (1968), S. 47 - 52.

Cartellieri, Wolfgang: Die Großforschung und der Staat. Gutachten über die zweckmäßige rechtliche und organisatorische Ausgestaltung der Institutionen für die Großforschung — Teil II, München 1969.

Coing, Helmut: Juristische Methodenlehre, 2. Aufl., Berlin 1972.

Colloquium der Evangelischen Akademie Tutzing: Zum Thema „Die Fachhochschulen im Schatten des Studentenberges", Bericht (o. Namen), in: DUZ 1977, S. 797 - 798.

van den Daele, Wolfgang/*Krohn*, Wolfgang: in: Peter Weingart (Hrsg.), Wissenschaftsforschung. Eine Vorlesungsreihe mit Beiträgen von Ben-David u. a., Frankfurt a. M. 1975 (Kritische Sozialwissenschaft), S. 213 - 255.

Dahlmann, Friedrich Christoph: Die Politik auf den Grund und das Maß der gegebenen Zustände zurückgeführt, Bd. 1, 2., verbesserte Aufl., Leipzig 1847.

Dallinger, Peter: Der wissenschaftliche Mitarbeiter — ein Problemkind der Hochschulreform? Eine Zwischenbilanz zu den neuen Hochschulgesetzen, in: JZ 1980, S. 337 - 343.

— Bearbeiter von § 2, in: Peter Dallinger, Christian Bode und Fritz Dellian, Hochschulrahmengesetz. Kommentar, unter Mitarbeit von Ludwig Gieseke und Klausdieter Tschöpe, Tübingen 1978.

Dellian, Fritz: Bearbeiter von §§ 3, 43, ebd.

Denninger, Erhard: Das Hochschulrahmengesetz — Kernstück einer Bildungsreform?, Frankfurt a. M. 1972.

Deumeland, Klaus Dieter: Hochschulrahmengesetz (HRG), Baden-Baden 1979.

Deutscher Ausschuß für das Erziehungs- und Bildungswesen: Folge 4 der Empfehlung und Gutachten, „Zur Situation und Aufgabe der Erwachsenenbildung", in: Deutscher Volkshochschulverband (Hrsg.), Volkshochschule, Stuttgart 1961, S. 391 - 412.

Deutscher Bildungsrat: Empfehlungen der Bildungskommission. Strukturplan für das Bildungswesen, Stuttgart 1970.

Deutscher Volkshochschulverband (Hrsg.): Die Volkshochschule. Handbuch für die Praxis der Leiter und Mitarbeiter (Stand Dezember 1975), Frankfurt a. M. 1961.

Dieckmann, Bernhard/*Kuhl*, Jürgen/*Kunze*, Jürgen u. a.: Modellentwurf eines Weiterbildungsinformationssystems (WIS), in: Deutscher Bildungsrat (Hrsg.), Stuttgart 1974 (Gutachten und Studien der Bildungskommission, Bd. 33), S. 13 - 64.

Dittmann, Arnim: Anmerkung zur Entscheidung des Bundesverfassungsgerichts Bd. 37, S. 313 ff., in: DÖV 1974, S. 744 - 746.

Dohmen, Günther: Zehn Jahre DIFF. Erfahrungen und Zukunftsperspektiven, Tübingen 1978.

Dolff, Helmuth (Hrsg.): Die deutschen Volkshochschulen. Ihre Rechtsstellung, Aufgaben und Organisationen, 3. Aufl., Düsseldorf 1979 (Ämter und Organisationen der Bundesrepublik).

Dreier, Ralf: Einleitung zu: ders. und Friedrich Schwegmann (Hrsg.), Probleme der Verfassungsinterpretation. Dokumentation einer Kontroverse, Baden-Baden 1976 (Studien und Materialien zur Verfassungsgerichtsbarkeit, Bd. 3), S. 13 - 47.

Droysen, Johann Gustav: Die Verhandlungen des Verfassungsausschusses der Deutschen Nationalversammlung, Erster Theil, Leipzig 1849.

Dürig, Günter: Bearbeiter von Art. 3 (Stand 1973), in: Theodor Maunz, Günter Dürig, Roman Herzog, Rupert Scholz, Grundgesetz, Kommentar, Bd. 1, München 1979.

Edding, Friedrich: Verwirklichung des lebenslangen Lernens, in: Georg Picht und Friedrich Edding, Leitlinien der Erwachsenenbildung, Braunschweig 1972, S. 40 - 53 (Theorie und Praxis der Erwachsenenbildung, Bd. 92).

Ehmke, Horst: „Staat" und „Gesellschaft" als verfassungstheoretisches Problem, in: Staatsverfassung und Kirchenordnung. Festgabe für Rudolf Smend zum 80. Geburtstag, hrsg. von Konrad Hesse u. a., Tübingen 1962, S. 23 - 49.

Engisch, Karl: Die Relativität der Rechtsbegriffe, in: Murad Ferid (Hrsg.), Beiträge zur Rechtsforschung, Deutsche Landesreferate zum V. Internationalen Kongreß für Rechtsvergleichung in Brüssel 1958, Berlin 1958, S. 59 - 76.

— Einführung in das juristische Denken, 7., neubearbeitete Aufl., Stuttgart 1977.

Erbe, Walter: Was soll und kann die Universität für die Erwachsenenbildung leisten?, Stuttgart 1962.

Erbel, Günther: Inhalt und Auswirkungen der verfassungsrechtlichen Kunstfreiheitsgarantie, Berlin 1966.

Erichsen, Hans-Uwe: Staatsrecht und Verfassungsgerichtsbarkeit Bd. 1 (Juristischer Studienkurs), 2., völlig neubarbeitete Aufl., München 1976.

Erichsen, Hans-Uwe/*Krebs*, Walter: Stellung und Begriff des Hochschullehrers im Verfassungsrecht — zu den verfassungsrechtlichen Vorbedingungen der bevorstehenden Hochschulgesetzgebung, in: VerwArch. Bd. 68 (1977), S. 371 bis 388.

Evers, Hans-Ulrich: Die Befugnis des Staats zur Festlegung von Erziehungszielen in der pluralistischen Gesellschaft, Berlin 1979 (Soziale Orientierung, Bd. 1).

Ferber, Christian von: Der Werturteilsstreit 1909/1959. Versuch einer wissenschaftsgeschichtlichen Interpretation, in: Ernst Topitsch (Hrsg.), Logik der Sozialwissenschaften, 8. Aufl., Köln 1972 (Neue Wissenschaftliche Bibliothek, 6, Soziologie), S. 165 - 180.

Ferguson, John: The Open University from Within, London 1975.

Fichte's, (Johann Gottlieb): Sämmtliche Werke (in 8 Bänden). Hrsg. von Immanuel Hermann Fichte, Bd. 6, Berlin 1845 (Dritte Abtheilung, Populärphilosophische Schriften, Bd. 1: Zur Politik und Moral), 4. Ueber die einzig mögliche Störung der akademischen Freiheit (1812). Eine Rede beim Antritte seines Rektorats an der Universität zu Berlin, den 19. October 1811 gehalten, S. 451 - 476.

— Sämmtliche Werke. Hrsg. von Immanuel Hermann Fichte, Bd. 8, Berlin 1846 (Dritte Abtheilung, Populärphilosophische Schriften, Bd. 3, Vermischte Schriften und Aufsätze), 1. Deducirter Plan einer zu Berlin zu errichtenden höhern Lehranstalt (1807), S. 97 - 204.

Forsthoff, Ernst: Die Umbildung des Verfassungsgesetzes, in: Festschrift für Carl Schmitt zum 70. Geburtstag, hrsg. von Hans Barion u. a., Berlin 1959, S. 35 - 62.

— Der Staat der Industriegesellschaft. Dargestellt am Beispiel der Bundesrepublik Deutschland, München 1971.

— Lehrbuch des Verwaltungsrechts, 1. Bd. Allgemeiner Teil, 9., neubearbeitete Aufl., München 1966 und 10. Aufl., München 1973.

Fraenkel, Ernst: Universität und Demokratie (Vorträge), Stuttgart 1967.

Freyer, Hans: Die Idee der Freiheit im technischen Zeitalter, in: Festschrift für Carl Schmitt zum 70. Geburtstag, hrsg. von Hans Barion u. a., Berlin 1959, S. 63 - 70.

Fries, Gunter: Die Rechtsstellung des Studenten innerhalb der wissenschaftlichen Hochschule. Eine Untersuchung des studentischen Status aus verfassungsrechtlicher Sicht, Hamburg 1974 (Hamburger Abhandlungen, Bd. 63).

Friesenhahn, Ernst: Staatsrechtslehrer und Verfassung, in: Recht—Staat—Wirtschaft, Bd. 3, Düsseldorf 1951, S. 51 - 65.

— Der Wandel des Grundrechtsverständnisses, in: Verhandlungen des 50. Deutschen Juristentages, Bd. 2, Sitzungsberichte, München 1974, G 1 - 37.

Fuß, Ernst-Werner: Verwaltung und Schule — Mitbericht —, in: VVDStRL Heft 23 (1966), Berlin 1966, S. 199 - 248.

Gadamer, Hans-Georg: Wahrheit und Methode. Grundzüge einer philosophischen Hermeneutik, 4. Aufl., Tübingen 1975.

Gallas, Andreas: Die Staatsaufsicht über die wissenschaftlichen Hochschulen — unter besonderer Berücksichtigung der Staatsaufsicht über die Studentenschaften, Berlin 1976 (Schriften zum Öffentlichen Recht, Bd. 297).

Geck, Wilhelm Karl: Die Stellung der Studenten in der Universität — Mitbericht —, in: VVDStRL Heft 27 (1969), Berlin 1969, S. 143 - 187.

Geiger, Willi: Grundwertentscheidungen des Grundgesetzes, in: BayVBl. 1974, S. 297 - 299.

Gerber, Hans: Die Rechtsgestalt der Universität im Zusammenhang des staatlichen Lebens, in: Die Universität. Ihre Geschichte, Aufgabe und Bedeutung in der Gegenwart, Öffentliche Vorträge der Universität Tübingen Wintersemester 1932/33, Stuttgart 1933, S. 371 - 402.

— Hochschule und Staat, Göttingen 1953 (Schriften des Hochschulverbandes, Heft 5).

Gerlach, Walter: Forschung und Erziehung als Aufgaben der Hochschule, Göttingen 1953 (Schriften des Hochschulverbandes, Heft 4).

Giacometti, Zaccaria: Das Staatsrecht der Schweizerischen Kantone, Zürich 1941.

Giese, Friedrich: Verfassung des Deutschen Reiches vom 11. August 1919, 7., ergänzte und verbesserte Aufl., Berlin 1926 und 8. Aufl., Berlin 1931.

Goerlich, Helmut: Wertordnung und Grundgesetz. Kritik einer Argumentationsfigur des Bundesverfassungsgerichts, Baden-Baden 1973 (Studien und Materialien zur Verfassungsgerichtsbarkeit, Bd. 1).

Grabitz, Eberhard: Freiheit und Verfassungsrecht. Kritische Untersuchungen zur Dogmatik und Theorie der Freiheitsrechte, Tübingen 1976.

Grimmer, Klaus: Die Rechtsfiguren einer „Normativität des Faktischen". Untersuchungen zum Verhältnis von Norm und Faktum und zur Funktion der Rechtsgestaltungsorgane, Berlin 1971 (Schriften zur Rechtstheorie, Heft 24).

— Das Bundesverfassungsgericht und die Neuorganisation des Hochschulbereichs, in: RdJB 1974, S. 21 - 29.

Der Große Duden (in 10 Bänden): Vergleichendes Synonymwörterbuch, Stichwort „Lehren", bearbeitet von Paul Grebe, Wolfgang Müller, Bd. 8, Mannheim 1964.

Gutachten zur Hochschulreform 1948 „Blaues Gutachten": Studienausschuß für Hochschulreform, in: Dokumente zur Hochschulreform 1945 - 1959, bearbeitet von Rolf Neuhaus, Wiesbaden 1961, S. 289 - 368.

Habermas, Jürgen: Strukturwandel der Öffentlichkeit. Untersuchungen zu einer Kategorie der bürgerlichen Gesellschaft, Neuwied 1962 (politica, Bd. 4).

— Demokratisierung der Hochschule — Politisierung der Wissenschaft?, in: Merkur 23. Jg. (1969), S. 597 - 604.

— Protestbewegung und Hochschulreform, Frankfurt a. M. 1969.

— Die wissenschaftstheoretischen Begründungen der Teilnahme der Universität an den Entscheidungsprozessen der Universitätsorganisation, Referat, veröffentlicht in: WRK Dokumente zur Hochschulreform I/1969 o. Ort.

— Vorbereitende Bemerkungen zu einer Theorie der kommunikativen Kompetenz, in: Theorie-Diskussion Jürgen Habermas/Niklas Luhmann, Theorie der Gesellschaft oder Sozialtechnologie — was leistet die Systemforschung?, Frankfurt a. M. 1971, S. 101 - 141.

— Vom sozialen Wandel akademischer Bildung, in: Theorie und Praxis, 3. Aufl., Neuwied 1974, S. 359 - 375.

Häberle, Peter: Öffentliches Interesse als juristisches Problem. Eine Analyse von Gesetzgebung und Rechtsprechung, Bad Homburg v. d. H. 1970.

— Grundrechte im Leistungsstaat — Mitbericht —, in: VVDStRL Heft 30 (1972), Berlin 1972, S. 43 - 141.

— Die Wesensgehaltgarantie des Art. 19 Abs. 2 Grundgesetz. Zugleich ein Beitrag zum institutionellen Verständnis der Grundrechte und zur Lehre vom Gesetzesvorbehalt, 2. Aufl., Karlsruhe 1972 (Freiburger Rechts- und Staatswissenschaftliche Abhandlungen, Bd. 21).

— Die offene Gesellschaft der Verfassungsinterpreten. Ein Beitrag zur pluralistischen und „prozessualen" Verfassungsinterpretation, in: JZ 1975, S. 297 bis 305.

— Die Verfassung des Pluralismus. Studien zur Verfassungstheorie der offenen Gesellschaft, Königstein/Ts. 1980.

Hahn, Karl: Staat, Erziehung und Wissenschaft bei J. G. Fichte, München 1969.

Hailbronner, Kay: Bearbeiter von § 3 (Stand Oktober 1979), in: Peter Großkreutz, Kay Hailbronner, Knut Ipsen, Hannfried Walter, Kommentar zum Hochschulrahmengesetz, Hamburg 1978.

Hamann, Andreas/*Lenz*, Helmut: Das Grundgesetz für die Bundesrepublik Deutschland vom 23. Mai 1947. Ein Kommentar für Wissenschaft und Praxis, 3., völlig neubearbeitete und wesentlich erweiterte Aufl., Neuwied 1970.

Hartmann, Nicolai: Ethik, Berlin 1926.

— Die Philosophie des deutschen Idealismus 1. Teil. Fichte, Schelling und die Romantik, 3., unveränderte Aufl., Berlin 1974.

Hauck, Peter/*Lüthje*, Jürgen: Wissenschaftsfreiheit durch Mitbestimmung. Stellungnahme der Beauftragten der Bundesassistentenkonferenz zu Verfassungsbeschwerden, Bonn 1970 (Schriften der BAK, Heft 9).

Heckel, Johannes: Melanchthon und das heutige deutsche Staatskirchenrecht, in: Um Recht und Gerechtigkeit. Festgabe für Erich Kaufmann zu seinem 70. Geburtstag, hrsg. von Hermann Jahrreiß u. a., Stuttgart 1950, S. 83 - 102.

Heckel, Hans/*Seipp*, Paul: Schulrechtskunde, 5., neubearbeitete Aufl., Neuwied 1976.

Heimpel, Hermann: Probleme und Problematik der Hochschulreform, Göttingen 1956 (Schriften des Hochschulverbandes, Heft 8).

Heinen, Anton: Bildung des Arbeiters als Konsumenten, in: DA 1928, S. 564 bis 568.

Hennis, Wilhelm: Die deutsche Unruhe. Studien zur Hochschulpolitik. Hamburg 1969 (Zeitfragen Nr. 6).

Herzog, Roman: Bearbeiter von Art. 20 — Sozialstaatlichkeit — (Stand 1978), in: Theodor Maunz, Günter Dürig, Roman Herzog, Rupert Scholz, Grundgesetz, Kommentar, Bd. 2, München 1979.

Hesse, Konrad: Der Rechtsschutz durch staatliche Gerichte im kirchlichen Bereich. Zugleich ein Beitrag zur Frage des rechtlichen Verhältnisses von Staat und Kirche in der Gegenwart, Göttingen 1956 (Göttinger Rechtswissenschaftliche Studien, Bd. 19).

— Die verfassungsrechtliche Stellung der Parteien im modernen Staat — Bericht —, in: VVDStRL Heft 17 (1959), Berlin 1959, S. 11 - 52.

— Grenzen der Verfassungswandlung, in: Festschrift für Ulrich Scheuner zum 70. Geburtstag, hrsg. von Horst Ehmke u. a., Berlin 1973, S. 123 - 141.

— Bemerkungen zur heutigen Problematik und Tragweite der Unterscheidung von Staat und Gesellschaft, in: DÖV 1975, S. 437 - 443.

— Bestand und Bedeutung der Grundrechte in der Bundesrepublik Deutschland, in: EuGRZ 1978, S. 427 - 438.

— Grundzüge des Verfassungsrechts der Bundesrepublik Deutschland, 12., neubearbeitete Aufl.. Karlsruhe 1980.

Hirsch, Ernst E.: Die Universität als Körperschaft, in: Vom Geist der Universität. Akademische Ansprachen, Berlin 1955, S. 3 - 17.

Hirtschulz, Stefan U.: Numerus clausus und Verfassungsverwirklichung, Berlin 1979 (Schriften zum Öffentlichen Recht, Bd. 366).

Holstein, Günther: Hochschule und Staat, in: Das Akademische Deutschland, Bd. 3, Die deutsche Hochschule in ihren Beziehungen zur Gegenwartskultur, Berlin 1930, S. 127 - 142.

Horkheimer, Max: Gegenwärtige Probleme der Universität, Frankfurt a. M. 1953 (Frankfurter Universitätsreden, Heft 8).

Huber, Ernst Rudolf: Bedeutungswandel der Grundrechte, in: AöR Bd. 62 (1933), S. 1 - 98.

— Deutsche Verfassungsgeschichte seit 1789. Bd. 1, Reform und Restauration 1789 - 1830, 2. Aufl., Stuttgart 1967.

— Dokumente zur deutschen Verfassungsgeschichte, Bd. 1, Deutsche Verfassungsdokumente 1803 - 1850, 3., neubearbeitete und vermehrte Aufl., Stuttgart 1978.

Huber, Ludwig: Forschendes Lernen. Bericht und Diskussion über ein hochschuldidaktisches Prinzip, in: Neue Sammlung, Bd. 10 (1970), S. 227 - 244.

Hubrich, Eduard: Die Korporationsnatur der preußischen Universitäten, in: AöR Bd. 38 (1918), S. 219 - 258.

Hürten, Heinz: Struktur und Recht der deutschen Erwachsenenbildung, in: ders. und Heinz Beckel, Struktur und Recht der deutschen Erwachsenenbildung, Osnabrück 1966 (Beiträge zur Erwachsenenbildung, Bd. 14).

Hufen, Friedhelm: Gleichheitssatz und Bildungsplanung. Zum Funktionswandel der Grundrechte im modernen Sozialstaat, Baden-Baden 1975.

Humboldt, Wilhelm von: Ideen zu einem Versuch, die Gränzen der Wirksamkeit des Staates zu bestimmen (1792), in: Werke in fünf Bänden, hrsg. von Andreas Flitner und Klaus Giel, Bd. 1, Darmstadt 1961, S. 56 - 233, veröffentlicht auch in: Rudolf Weber-Fas (Hrsg.), Der Staat. Dokumente des Staatsdenkens von der Antike bis zur Gegenwart, Bd. 2, Pfullingen 1977, S. 39 - 64.

— Theorie der Bildung des Menschen, in: Werke in fünf Bänden, hrsg. von Andreas Flitner und Klaus Giel, Bd. 1, Darmstadt 1961, S. 234 - 240.

— Über die innere und äußere Organisation der höheren wissenschaftlichen Anstalten in Berlin, in: Werke in fünf Bänden, hrsg. von Andreas Flitner und Klaus Giel, Bd. 4, Darmstadt 1964, S. 255 - 266.

Isensee, Josef: Verfassungsgarantie ethischer Grundwerte und gesellschaftlicher Konsens. Verfassungsrechtliche Überlegungen zu einer sozialethischen Kontroverse, in: NJW 1977, S. 545 - 551.

Jaspers, Karl/*Rossmann*, Kurt: Die Idee der Universität. Für die gegenwärtige Situation entworfen, Berlin 1961.

Jellinek, Georg: System der subjektiven öffentlichen Rechte, 2., durchgesehene und vermehrte Aufl., Tübingen 1905, anastatischer Neudruck der Ausgabe von 1905, Tübingen 1919.

— Allgemeine Staatslehre, 3. Aufl., 7. Neudruck, Bad Homburg v. d. H. 1960.

Jellinek, Walter: Verwaltungsrecht, 3. Aufl., unveränderter Neudruck, Offenburg 1948.

Jochimsen, Reimut: Weiterbildung im Gesamtbildungssystem, in: Neue Sammlung, 7. Sonderheft, Weiterbildung, Göttingen 1975, S. 23 - 44.

Kant's (Immanuel): Gesammelte Schriften. Hrsg. von der Königlich Preußischen Akademie der Wissenschaften, Bd. 7, Erste Abtheilung, Der Streit der Fakultäten, Berlin 1917, S. 1 - 114.

Karpen, Ulrich: Lebenslanges Lernen und Verfassungsrecht, in: RdJB 1979, S. 430 - 447.

— Rechtsfragen des lebenslangen Lernens. Eine vergleichende Untersuchung zum deutschen, französischen, englischen und amerikanischen Verfassungsrecht, Tübingen 1979 (Recht und Staat in Geschichte und Gegenwart, Heft 490/491).

Kelsen, Hans: Allgemeine Staatslehre, Berlin 1925.

— Reine Rechtslehre. Mit einem Anhang: Das Problem der Gerechtigkeit, 2., vollständig neubearbeitete und erweiterte Aufl., Wien 1960.

Kempski, Jürgen von: Brechungen. Kritische Versuche zur Philosophie der Gegenwart, Reinbek b. Hamburg 1964.

Kerschensteiner, Georg: Grundfragen der Schulorganisation, 4. Aufl., Leipzig 1921.

Kimminich, Otto: Die deutsche Universität als verwaltungspolitischer Auftrag, in: DÖV 1968, S. 376 - 383.

— Die Rechtsstellung der Studenten im Wandel des Universitätsbegriffs, in: DVBl. 1968, S. 679 - 686.

— Grundgesetz und Gruppenuniversität, in: WissR Bd. 6 (1973), S. 193 - 218.

— in: Ingo von Münch (Hrsg.), Besonderes Verwaltungsrecht, Stichwort Wissenschaft, 5. Aufl., Berlin 1979, S. 679 - 722.

Kirchhof, Paul: Rechtsquellen und GG, in: BVerfG und Grundgesetz. Festgabe aus Anlaß des 25jährigen Bestehens des Bundesverfassungsgerichts, hrsg. von Christian Starck, Bd. 2, Verfassungsauslegung, Tübingen 1976, S. 50 - 107.

— Kooperationsvereinbarungen zwischen Hochschulen und Verbänden, in: ZRP 1976, S. 238 - 240, zugleich in: DUZ 1977, S. 9 - 10.

— Rechtsänderung durch geplanten Sprachgebrauch?, in: Gedächtnisschrift für Friedrich Klein, hrsg. von Dieter Wilke und Harald Weber, München 1977, S. 227 - 244.

Kitzinger, Friedrich: Art. 142 Satz 1. Die Freiheit der Wissenschaft und der Kunst, in: Hans Carl Nipperdey (Hrsg.), Die Grundrechte und Grundpflichten der Reichsverfassung. Kommentar zum zweiten Teil der Reichsverfassung, Bd. 2, Art. 118 - 142, Berlin 1930, S. 449 - 510.

Klein, Friedrich: Institutionelle Garantien und Rechtsinstitutsgarantien, Breslau 1934 (Abhandlungen aus dem Staats- und Verwaltungsrecht, Bd. 49).

Klein, Hans H.: Gedanken über neuere Entwicklungen im Hochschulrecht. Zur Auslegung des Art. 5 Abs. 3 Satz 1 des Grundgesetzes, in: AöR Bd. 90 (1965), S. 129 - 182.

— „Demokratisierung" der Universität?, 2. Aufl., Göttingen 1968 (Schriften des Hochschulverbandes, Heft 21).

— Die Grundrechte im demokratischen Staat. Kritische Bemerkungen zur Auslegung der Grundrechte in der deutschen Staatsrechtslehre der Gegenwart, 2. Aufl., Stuttgart 1974 (res publica. Beiträge zum öffentlichen Recht, Bd. 26).

Kloepfer, Michael: Grundrechte als Entstehungssicherung und Bestandsschutz, München 1970 (Münchener Universitätsschriften. Reihe der Juristischen Fakultät, 13).

Kluge, Alexander: Die Universitätsselbstverwaltung. Ihre Geschichte und gegenwärtige Rechtsform, Frankfurt a. M. 1958.

Knemeyer, Franz-Ludwig: Garantie der Wissenschaftsfreiheit und Hochschulreform. Eine Entgegnung zur Untersuchung Roelleckes „Wissenschaftsfreiheit als institutionelle Garantie?", JZ 1969, S. 726 ff., in: JZ 1969, S. 780 bis 783.

— Lehrfreiheit, Begriff der Lehre — Träger der Lehrfreiheit, Bad Homburg v. d. H. 1969.

— Neuere Entwicklungen im Hochschulverfassungsrecht, in: Alexander Hollerbach, Hans Maier, Paul Mikat (Hrsg.), Verfassungsprobleme des Hochschulwesens mit Beiträgen von Ulrich Karpen und Franz-Ludwig Knemeyer, Paderborn 1976 (Rechts- und Staatswissenschaftliche Veröffentlichungen der Görres-Gesellschaft, N. F., Heft 24), S. 45 - 92.

Knies, Wolfgang: Schranken der Kunstfreiheit als verfassungsrechtliches Problem, München 1967 (Münchener Universitätsschriften. Reihe der Juristischen Fakultät, Bd. 4).

— Sind Assistenzprofessoren „Hochschullehrer"?, in: JuS 1973, S. 672 - 679.

Knöpfle, Franz: Moderne Verfassungsinterpretation. Zum Lehrbuch des Staatsrechts von Ekkehart Stein, in: DVBl. 1971, S. 852 - 854.

— Aufgaben der Universität in unserer Zeit, in: Menschenwürde und freiheitliche Rechtsordnung. Festschrift für Willi Geiger zum 65. Geburtstag, hrsg. von Gerhard Leibholz u. a., Tübingen 1974, S. 591 - 609.

Knoll, Joachim H. (Hrsg.): Reformtendenzen im post-sekundären Bildungswesen, in: ders., Lebenslanges Lernen. Erwachsenenbildung in Theorie und Praxis, Hamburg 1974, S. 13 - 39.

Kochs, Michael/*Dandl*, Johann (Hrsg.): Kontaktstudium in der Bundesrepublik Deutschland. Ein Expertenkolloquium, Hamburg 1978 (Blickpunkt Hochschuldidaktik, Heft 47).

König, René: Vom Wesen der Deutschen Universität, Neudruck der Aufl. von 1935, Darmstadt 1970.

Köttgen, Arnold: Deutsches Universitätsrecht, Tübingen 1933.

— Die Freiheit der Wissenschaft und die Selbstverwaltung der Universität, in: Franz L. Neumann, Hans Carl Nipperdey, Ulrich Scheuner (Hrsg.), Die Grundrechte, Handbuch der Theorie und Praxis der Grundrechte, Bd. 2, Berlin 1954, S. 291 - 392.

— Vom Recht des Studenten, in: DUZ 1954, Heft 13, S. 3 - 6.

— Das Grundrecht der deutschen Universität. Gedanken über die institutionelle Garantie wissenschaftlicher Hochschulen, Göttingen 1959 (Göttinger Rechtswissenschaftliche Studien, Bd. 26).

Köttgen, Arnold/*Dolff*, Helmuth/*Küchenhoff*, Werner: Die Volkshochschule in Recht und Verwaltung, Stuttgart 1962.

Kollatz, Udo: Freiheit des Lehrers vom Grundgesetz?, in: DÖV 1970, S. 594 bis 595.

Kommer, Albert: Beteiligung der Hochschulen an der Weiterbildung, in: DUZ 1979, S. 368 - 369.

Krauch, Helmut: Die organisierte Forschung, Neuwied 1970.

Kreyenberg, Peter: Situation der Hochschulforschung angesichts steigender Studentenzahlen des kommenden Jahrzehnts, in: Die Rolle der Forschung in wissenschaftlichen Hochschulen, in: WissR (1979), Beiheft 7, S. 81 - 101.

Kriele, Martin: Theorie der Rechtsgewinnung, entwickelt am Problem der Verfassungsinterpretation, 2., durch ein Nachwort erweiterte Aufl., Berlin 1976 (Schriften zum Öffentlichen Recht, Bd. 41).

Krüger, Herbert: Verfassungsänderung und Verfassungsauslegung, in: DÖV 1961, S. 721 - 728.

— Allgemeine Staatslehre, Stuttgart 1966.

Krüger, Wolfgang: Universität und Erwachsenenbildung. Tendenzen und Perspektiven in Europa, in: ders. (Hrsg.), Universität und Erwachsenenbildung in Europa, Braunschweig 1978, S. 6 - 33.

Kübler, Friedrich: Kommunikation und Verantwortung. Eine verfassungstheoretische und rechtspolitische Skizze zur Funktion professioneller und kollegialer Autonomie in Presse, Funk und Hochschule, Konstanz 1973 (Konstanzer Universitätsreihe, 63).

Küchenhoff, Dietrich: Das Grundgesetz und die Hochschulreform, in: DÖV 1964, S. 601 - 605.

Kuhlen, Lothar: Typuskonzeptionen in der Rechtstheorie, Berlin 1977 (Schriften zur Rechtstheorie, Heft 66).

Kultusministerium Baden-Württemberg: Arbeitskreis Erwachsenenbildung, Gesamtplan für ein kooperatives System der Erwachsenenbildung, Empfehlungen zur Neugestaltung und Koordinierung, Stuttgart 1968 (Schriftenreihe des Kultusministeriums Baden-Württemberg zur Bildungsforschung, Bildungsplanung, Bildungspolitik, Reihe A Nr. 10).

Kultusminister des Landes Nordrhein-Westfalen: Erwachsenenbildung und Weiterbildung. Erster Bericht der Planungskommission, Ratingen 1972 (Strukturförderung im Bildungswesen des Landes Nordrhein-Westfalen. Eine Schriftenreihe des Kultusministers, Heft 19).

Kultusministerkonferenz: Erste Empfehlung zur Beteiligung der wissenschaftlichen Hochschulen an der Erwachsenenbildung, B. vom 28./29. Oktober 1965.

— Zweite Empfehlung zur Erwachsenenbildung, B. vom 4. März 1971.

Kuntz-Brunner, Ruth/*Schneider*, Werner: Kontaktstudium an den wissenschaftlichen Hochschulen der Bundesrepublik. Eine kommentierte Bestandsaufnahme, Hamburg 1974 (Blickpunkt Hochschuldidaktik, Heft 31).

Larenz, Karl: Methodenlehre der Rechtswissenschaft, 4., ergänzte Aufl., Berlin 1979.

Leder, Gottfried: Wissenschaft und Bildung, in: Deutsches Institut für wissenschaftliche Pädagogik, Wissenschaft und Bildung als spezifisches Problem der Pädagogischen Hochschule, Bochum 1966 (Untersuchungen pädagogischer Zeitfragen, Neue Folge der Ergänzungshefte zur Vierteljahresschrift für wissenschaftliche Pädagogik, Heft 3), S. 15 - 40.

Leibfried, Stephan: Zur Freiheit von submissiver Wissenschaft (Art. 5 Abs. 3 GG), Diskussionsbeitrag zum Urteil des BVerwG vom 26. September 1969: Zum „politischen Mandat der Studentenschaft", in: RdJB 1970, S. 180 - 183.

Leibholz, Gerhard/*Rinck*, Hans Justus: Grundgesetz für die Bundesrepublik Deutschland. Kommentar an Hand der Rechtsprechung des Bundesverfassungsgerichts, 6. Aufl. (Stand März 1980), Köln 1979.

Lenz, Werner: Grundlagen der Erwachsenenbildung, Stuttgart 1979.

Lerche, Peter: Übermaß und Verfassungsrecht. Zur Bindung des Gesetzgebers an die Grundsätze der Verhältnismäßigkeit und Erforderlichkeit, München 1961.

— Stiller Verfassungswandel als aktuelles Politikum, in: Festgabe für Theodor Maunz zum 70. Geburtstag, hrsg. von Hans Spanner u. a., München 1971, S. 284 - 300.

Litt, Theodor: Der Bildungsauftrag der deutschen Hochschule, Göttingen 1952 (Schriften des Hochschulverbandes, Heft 2).

Lobkowicz, Nikolaus: Zur hochschulpolitischen Bedeutung von Demokratie, in: MittHV Bd. 28 (1980), S. 104 - 109.

Lohmar, Ulrich: Wissenschaftsförderung und Politik-Beratung. Kooperationsfelder von Politik und Wissenschaft in der Bundesrepublik Deutschland, Gütersloh 1967 (Wissenschaftstheorie, Wissenschaftspolitik, Wissenschaftsgeschichte, Bd. 7).

Lompe, Klaus: Wissenschaftliche Beratung der Politik. Ein Beitrag zur Theorie anwendender Sozialwissenschaften, wirtschafts- und sozialwissenschaftliche Diss. Köln 1965.

Lorenz, Kuno: La Science pour la Science. Bemerkungen zur umstrittenen Autonomie der Wissenschaften, in: Friedrich Kambartel u. a. (Hrsg.), Zum normativen Fundament der Wissenschaft, Frankfurt 1973 (Wissenschaftliche Paperbacks Grundlagenforschung — Studien, Bd. 1), S. 79 - 90.

Lübbe, Hermann: Legitimationskrise der Wissenschaft. Über Ursachen anwachsender Wissenschaftsfeindschaft, in: Wirtschaft und Wissenschaft, Jg. 23 (1976), 4., S. 2 - 8.

— Planung oder Politisierung der Wissenschaft. Zur Kritik einer kritischen Wissenschaftsphilosophie, in: Kurt Hübner u. a. (Hrsg.), Die politische Herausforderung der Wissenschaft, Hamburg 1976.

Lübtow, Ulrich von: unter Mitarbeit von Manfred Harder, Autonomie oder Heteronomie der Universitäten, Frankfurt a. M. 1966.

Luhmann, Niklas: Selbststeuerung der Wissenschaft, in: Jb. f. Sozialwissenschaft, Bd. 19 (1968), S. 147 - 170.

— Grundrechte als Institution. Ein Beitrag zur politischen Soziologie, Berlin 1965, unveränderter Nachdruck 1974.

Mallmann, Walter: Das Recht der Kunsthochschulen und die Freiheit der Kunst, in: Festschrift für Hermann Jahrreiß zum 70. Geburtstag, hrsg. von Karl Carstens und Hans Peters, Köln 1964, S. 247 - 267.

Mallmann, Walter/*Strauch,* Hans-Joachim: Die Verfassungsgarantie der freien Wissenschaft als Schranke der Gestaltungsfreiheit des Hochschulgesetzgebers. Insbesondere zu den verfassungsrechtlichen Problemen der Zusammensetzung von Universitätsorganen und der Mitwirkungsrechte ihrer Mitglieder (Dokumente zur Hochschulreform XIV/1970), o. Ort.

Mangoldt, Hans von: Universität und Staat. Zur Lage nach dem Hochschulrahmengesetz, Tübingen 1979 (Recht und Staat in Geschichte und Gegenwart, Heft 488/489).

Mangoldt, Hermann von/*Klein,* Friedrich: Das Bonner Grundgesetz, erläutert von Friedrich Klein, Bd. 1, 2., neubearbeitete und vermehrte Aufl., Berlin 1957.

Marbach, Gotthard Oswald: Universitäten und Hochschulen im auf Intelligenz sich gründenden Staate. Eine wissenschaftliche Abhandlung, Leipzig 1834.

Marcuse, Herbert: Der eindimensionale Mensch. Studien zur Ideologie der fortgeschrittenen Industriegesellschaft, 8. Aufl., Neuwied 1976.

Martens, Wolfgang: Grundrechte im Leistungsstaat, — Bericht —, in: VVDStRL Heft 30 (1972), Berlin 1972, S. 7 - 42.

Martin, Gottfried: Idee und Wirklichkeit der Universität, Bonn 1967 (Akademische Vorträge und Abhandlungen, Heft 28).

Matz, Werner: Entstehungsgeschichte der Artikel des Grundgesetzes, in: JöR N. F. Bd. 1 (1951), hrsg. von Gerhard Leibholz und von Hermann von Mangoldt, Tübingen 1951, Bearbeiter von Art. 1 - 37, zu Art. 1: S. 48 - 54 und zu Art. 5: S. 79 - 92.

Maunz, Theodor: Bearbeiter von Art.7 (Stand 1968), in: Theodor Maunz, Günter Dürig, Roman Herzog, Rupert Scholz, Grundgesetz, Kommentar, Bd. 1, München 1979.

— Verfassungsinhalt und Verfassungswirklichkeit, in: BayVBl. 1969, S. 1 - 3.

— Deutsches Staatsrecht. Ein Studienbuch, 22., neubearbeitete Aufl., München 1978.

Mayer, Franz: Von der Rechtsnatur der Universität, Regensburg 1967.

Mayer, Otto: Deutsches Verwaltungsrecht, Bd. 2, 3. Aufl., Leipzig 1924.

Menger, Christian-Friedrich: Moderner Staat und Rechtsprechung. Eine historische und systematische Studie über Stellung und Bedeutung der Dritten Gewalt im modernen Staate, Tübingen 1968 (Recht und Staat in Geschichte und Gegenwart, Heft 361).

— Zu den Auswirkungen der Wissenschaftsfreiheit auf die Hochschulorganisation, in: VerwArch. Bd. 65 (1974), S. 75 - 85.

— Deutsche Verfassungsgeschichte der Neuzeit. Eine Einführung in die Grundlagen, 2., überarbeitete Aufl., Heidelberg 1979.

Menze, Clemens: Die Bildungsreform Wilhelm von Humboldts, Hannover 1975 (Das Bildungsproblem in der Geschichte des europäischen Erziehungsdenkens, Bd. 13).

— Die philosophische Idee der Universität und ihre Krise im Zeitalter der Wissenschaften, in: Vierteljahresschrift für wissenschaftliche Pädagogik (1976), S. 44 - 58.

Merkl, Adolf: Prolegomena einer Theorie des rechtlichen Stufenbaues, in: Gesellschaft, Staat und Recht. Untersuchungen zur reinen Rechtslehre. Festschrift Hans Kelsen zum 50. Geburtstage gewidmet, hrsg. von Alfred Verdross, Wien 1931, S. 252 - 294, zugleich veröffentlicht in: Hans Klecatsky u. a. (Hrsg.), Die Wiener rechtstheoretische Schule (Augewählte Schriften von Hans Kelsen, Adolf Julius Merkl und Alfred Verdross), Bd. 2, Wien 1968, S. 1311 - 1361.

Merton, Robert K.: Social Theory and Social Structure, 12th pr., New York 1967.

Der Minister für Wissenschaft und Forschung des Landes Nordrhein-Westfalen (Hrsg.): Handbuch Hochschulen in Nordrhein-Westfalen, Düsseldorf 1979.

Mohl, Robert von: Die Polizei-Wissenschaft nach den Grundsätzen des Rechtsstaates, Bd. 1, 2., umgearbeitete Aufl., Tübingen 1844.

— Die Polizei-Wissenschaft nach den Grundsätzen des Rechtsstaates, Bd. 1, 3., vielfach veränderte Aufl., Tübingen 1866.

— Politik, Bd. 2, Tübingen 1869 (Staatsrecht, Völkerrecht und Politik, Monographien von Rudolf von Mohl, Bd. 3, Politik, Bd. 2).

Mommsen, Theodor: Universitätsunterricht und Konfession (1901), in: Reden und Aufsätze, Berlin 1905, S. 432 - 436.

Morkel, Arnd: Die Universität auf dem Weg zur Fachhochschule, in: DUZ 1979, S. 546 - 549.

Müller, Friedrich: Normstruktur und Normativität. Zum Verhältnis von Recht und Wirklichkeit in der juristischen Hermeneutik, entwickelt an Fragen der Verfassungsinterpretation, Berlin 1966 (Schriften zur Rechtstheorie, Heft 8).

— Freiheit der Kunst als Problem der Grundrechtsdogmatik, Berlin 1969 (Schriften zum Öffentlichen Recht, Bd. 102).

— Arbeitsmethoden des Verfassungsrechts, in: Enzyklopädie der geisteswissenschaftlichen Arbeitsmethoden, 11. Lieferung, Methoden der Rechtswissenschaft Teil I, München 1972, S. 123 - 190.

— Juristische Methodik, 2., neu bearbeitete und stark erweiterte Aufl., Berlin 1976.

— Die Einheit der Verfassung. Elemente einer Verfassungstheorie III, Berlin 1979 (Schriften zur Rechtstheorie, Heft 76).

Müller, Max: Die Lehr- und Lernfreiheit. Versuch einer systematisch-historischen Darstellung mit besonderer Berücksichtigung der französischen, deutschen und schweizerischen Verhältnisse, staatswissenschaftliche Diss. Zürich 1911.

— in: Staatslexikon, Bd. 3, Recht—Wirtschaft—Gesellschaft, Stichwort Freiheit, 6., völlig neubearbeitete und erweiterte Aufl., Freiburg/Br. 1959, Sp. 528 - 529.

Münch, Ingo von: Die pädagogische Freiheit des Lehrers, in: DVBl. 1964, S. 792 - 795.

— (Hrsg.): Grundgesetz-Kommentar, Bd. 1, Bearbeiter von Art. 5 Abs. 3 GG: Ingo von Münch, München 1974.

Mutius, Albert von: Grundrechte als „Teilhaberechte" — zu den verfassungsrechtlichen Aspekten des „numerus clausus", in: VerwArch. Bd. 64 (1973), S. 183 - 195.

— Bearbeiter von Art. 19 Abs. 3 (Zweitbearbeitung Stand Oktober 1974), in: Kommentar zum Bonner Grundgesetz, Bd. 1, Hamburg 1950.

Niehues, Norbert: Schul- und Prüfungsrecht, München 1976 (Schriften der Neuen Juristischen Wochenschrift, Heft 27).

Nitsch, Wolfgang/*Gerhardt*, Uta/*Offe*, Claus u. a. (unter Mitarbeit von Heinz Großmann und Peter Müller): Hochschule in der Demokratie. Kritische Beiträge zur Erbschaft und Reform der deutschen Universität, Berlin 1965.

Oppermann, Thomas: Kulturverwaltungsrecht. Bildung—Wissenschaft—Kunst, Tübingen 1969.

— Praktische Konsequenzen der Entscheidung des Bundesverfassungsgerichts zur Wissenschaftsfreiheit, in: JZ 1973, S. 433 - 441.

— in: Ingo von Münch (Hrsg.), Besonderes Verwaltungsrecht, Stichwort Bildung, 5., neubearbeitete Aufl., Berlin 1979, S. 615 - 677.

Ossenbühl, Fritz: Die Interpretation der Grundrechte in der Rechtsprechung des Bundesverfassungsgerichts, in: NJW 1976, S. 2100 - 2107.

Parlamentarischer Rat: Verhandlungen des Hauptausschusses, Bonn 1948/49.

Paulsen, Friedrich: Geschichte des gelehrten Unterrichts auf den deutschen Schulen und Universitäten vom Ausgang des Mittelalters bis zur Gegenwart. Bd. 2, 3., erweiterte Aufl., Berlin 1921.

Perschel, Wolfgang: Die Lehrfreiheit des Lehrers, in: DÖV 1970, S. 34 - 40.

Pestalozza, Christian von: Kritische Bemerkungen zu Methoden und Prinzipien der Grundrechtsauslegung in der Bundesrepublik Deutschland, in: Der Staat Bd. 2 (1963), S. 425 - 449.

Peters, Hans: Die Satzungsgewalt innerstaatlicher Verbände, in: Gerhard Anschütz und Richard Thoma (Hrsg.), Handbuch des Deutschen Staatsrechts, Bd. 2, Tübingen 1932, S. 264 - 274.

— Auslegung der Grundrechtsbestimmungen aus der Geschichte, in: Historisches Jb., 72. Jg. (1953), S. 457 - 473.

— Geschichtliche Entwicklung und Grundfragen der Verfassung, bearbeitet von Jürgen Salzwedel und Günter Erbel, Berlin 1969.

Pieroth, Bodo: Störung, Streik und Aussperrung an der Hochschule. Ein Beitrag zur Konkretisierung von Grundrechten und zum Hochschulverwaltungsrecht, Berlin 1976 (Schriften zum Öffentlichen Recht, Bd. 289).

Plessner, Helmuth/*Strzelewicz*, Willy: Universität und Erwachsenenbildung, in: Volkshochschule. Handbuch für Erwachsenenbildung in der Bundesrepublik, hrsg. vom Deutschen Volkshochschulverband, Stuttgart 1961, S. 97 - 109.

Pöggeler, Franz (Hrsg.): Erwachsenenbildung. Einführung in die Andragogik, Bd. 1 des Handbuches der Erwachsenenbildung, Stuttgart 1974.

Poetzsch-Heffter, Fritz: Handkommentar der Reichsverfassung vom 11. August 1919. Ein Handbuch für Verfassungsrecht und Verfassungspolitik, 3., völlig neubearbeitete und stark vermehrte Aufl., Berlin 1928.

Popper, Karl R.: Conjectures and Refutations. The Growth of Scientific Knowledge, 3rd pr., London 1969.

— Logik der Forschung, 6., verbesserte Aufl., Tübingen 1976 (Die Einheit der Gesellschaftswissenschaften, 4).

Preuß, Ulrich K.: Demokratisierung der Hochschule, in: Stephan Leibfried (Hrsg.), Wider die Untertanenfabrik. Handbuch zur Demokratisierung der Hochschule, Köln 1967 (Stimmen zur Zeit, 6).

— Das politische Mandat der Studentenschaft, Frankfurt a. M. 1969.

— Zum staatsrechtlichen Begriff des Öffentlichen, untersucht am Beispiel des verfassungsrechtlichen Status kultureller Organisationen, Stuttgart 1969.

— Gruppenpluralistische Hochschule und Amtsstruktur. Öffentlichkeitsformen in den deutschen Hochschulen, in: Michael Kittner, Bernhard Nagel, Ulrich K. Preuß u. a., Mitwirkung in der Hochschule. Gutachten, Braunschweig 1974 (Demokratisierung und Mitwirkung im Bildungswesen Schwedens und der Bundesrepublik Deutschland, Bd. 2), S. 285 - 346.

Pröpper, Stefan/*Schlünder*, Georg/*Schweisfurth*, Helmut/*Starke*, Marie-Theres: Zur Situation der Weiterbildung in der Bundesrepublik Deutschland, als Manuskript vervielfältigt, Münster 1973.

Raapke, Hans-Dietrich/*Skowronek*, Helmut: unter Mitarbeit von Horst von Gizycki und Joachim Leuschner, Seminarkurse. Die Mitarbeit der Universität an der Erwachsenenbildung, Hannover 1962.

Raiser, Ludwig: Die Universität im Staat, Heidelberg 1958 (Schriften des Hofgeismarer Kreises).

— Aufgaben der Universität im europäischen Vergleich, in: Andreas Flitner und Ulrich Herrmann (Hrsg.), Universität heute, München 1977.

Rau, Johannes: Die neue Fernuniversität. Ihre Zielsetzung, ihr Aufbau und ihre geplante Arbeitsweise, 2. Aufl., Düsseldorf 1978.

Reinhardt, Rudolf: Universität und Staat, Selbstverwaltung oder Staatsverwaltung als Ziel der Hochschulreform, Marburg 1961.

— Autonomie, Selbstverwaltung, Staatsverwaltung in der Universität, in: WissR Bd. 1 (1968), S. 6 - 27.

Reuhl, Günter: Die Rechtsbeziehungen zwischen Staat und Hochschule auf dem Gebiet der wissenschaftlichen Berufsvorbildung und Prüfungen in der Form der Staats- und Diplomprüfungen, rechtswissenschaftliche Diss. Marburg 1970.

Richter, Ingo: Bildungsverfassungsrecht. Studien zum Verfassungswandel im Bildungswesen, Stuttgart 1973 (Texte und Dokumente zur Bildungsforschung).

Richter, Wilhelm: Der Wandel des Bildungsgedankens. Die Brüder von Humboldt, das Zeitalter der Bildung und die Gegenwart, Berlin 1971.

Riedel, Manfred: Wilhelm von Humboldts Begründung der „Einheit von Forschung und Lehre“ als Leitidee der Universität, in: Zeitschrift für Pädagogik, 14. Beiheft, Historische Pädagogik, Weinheim 1977, S. 231 - 247.

— Forschung und Bildung. Wilhelm von Humboldts ursprünglicher Begriff der Wissenschaft, in: Recht und Gesellschaft. Festschrift für Helmut Schelsky zum 65. Geburtstag, hrsg. von Friedrich Kaulbach und Werner Krawietz, Berlin 1978, S. 419 - 433.

Rinken, Alfred: Verfassungsrechtliche Aspekte zum Status des Studenten, in: JuS 1968, S. 257 - 263.

Roellecke, Gerd: Diskussionsbeitrag, in: VVDStRL Heft 27 (1969), Berlin 1969, S. 211 f.

— Wissenschaftsfreiheit als institutionelle Garantie?, in: JZ 1969, S. 726 - 733.

Rönne, Ludwig von: Das Staatsrecht der Preußischen Monarchie, Bd. 2 Verfassungsrecht, 4. Aufl., Leipzig 1882.

Röper, Erich: Hochschulautonomie, Ministerverantwortung und parlamentarische Regelungsbefugnis, in: MDR 1974, S. 265 - 271.

Roth, Hans-Georg: 25 Jahre Bildungsreform in der Bundesrepublik. Bilanz und Perspektiven, Bad Heilbronn 1975.

Rothenbücher, Karl: Das Recht der freien Meinungsäußerung — Bericht —, in: VVDStRL Heft 4 (1928), Berlin 1928, S. 6 - 43.

Rüegg, Walter: Hat die klassische Universität noch eine Zukunft?, in: Marburger Forum Philippinum. Wissenschaft und Gesellschaft. Herausforderungen und Wechselwirkungen in ihrer Zeit, hrsg. von Rudolf Schmitz, Stuttgart 1978, S. 173 - 186.

Rupp, Hans Heinrich: Die Stellung der Studenten in der Universität — Bericht —, in: VVDStRL Heft 27 (1969), Berlin 1969, S. 113 - 141.

— Die Universität zwischen Wissenschaftsfreiheit und Demokratisierung, in: JZ 1970, S. 165 - 168.

— Rechtsprobleme der neuen Lehrkörperstruktur an wissenschaftlichen Hochschulen, in: Rechtsfragen im Spektrum des Öffentlichen. Mainzer Festschrift für Hubert Armbruster, hrsg. von Franz Burkei und Dirk-Meints Polter, Berlin 1976, S. 287 - 300.

— Vom Wandel der Grundrechte, in: AöR Bd. 101 (1976), S. 161 - 201.

Ryffel, Hans: Grundprobleme der Rechts- und Staatsphilosophie, Philosophische Anthropologie des Politischen, Neuwied 1969.

Salzwedel, Jürgen: Staatsaufsicht in der Verwaltung — Bericht —, in: VVDStRL Heft 22 (1965), Berlin 1965, S. 206 - 263.

Savigny, Friedrich Carl von: Wesen und Werth der Deutschen Universitäten, in: Vermischte Schriften, Bd. 4, Berlin 1850, S. 270 - 308.

Siebert, Horst: Probleme der Erwachsenenpädagogik, in: Joachim H. Knoll (Hrsg.), Lebenslanges Lernen. Erwachsenenbildung in Theorie und Praxis, Hamburg 1974, S. 268 - 279.

Smend, Rudolf: Das Recht der freien Meinungsäußerung — Mitbericht —, in: VVDStRL Heft 4 (1928), Berlin 1928, S. 44 - 74.

— Staat und Kirche nach dem Bonner Grundgesetz, in: ZevKiR Bd. 1 (1951), S. 4 - 14.

— Verfassung und Verfassungsrecht, in: Staatsrechtliche Abhandlungen und andere Aufsätze, 2., erweiterte Aufl., Berlin 1955, S. 119 - 276.

— Die Göttinger Sieben. Rede zur Immatrikulationsfeier der Georgia Augusta zu Göttingen am 24. Mai 1950, 2. Aufl., Göttingen 1958.

Sontheimer, Kurt: Der politische Bildungsauftrag der heutigen Universität, in: Moderne Demokratie und ihr Recht. Festschrift für Gerhard Leibholz zum 65. Geburtstag, Bd. 1 Grundlagen, hrsg. von Karl Dietrich Bracher u. a., Tübingen 1966, S. 283 - 295.

Spranger, Eduard: Das Wesen der deutschen Universität, in: Das Akademische Deutschland Bd. 3, Die deutsche Hochschule in ihren Beziehungen zur Gegenwartskultur, Berlin 1930, S. 1 - 38.

— Grundlegende Bildung, Berufsbildung, Allgemeinbildung, Heidelberg 1965 (Grundlagen und Grundfragen der Erziehung, 9/10.).

Scheible, Konrad: Die Offene Universität in Großbritannien. Ein Beispiel für das Fernstudium im Medienverbund, Tübingen 1975 (Studien und Berichte zum Fernstudium im Medienverbund, Bd. 12).

Scheler, Max: Der Formalismus in der Ethik und die materiale Wertethik. Neuer Versuch der Grundlegung eines ethischen Personalismus, 5. Aufl., Bern 1966.

Schelling's (Friedrich Wilhelm Joseph) Werke: Nach der Originalausgabe in neuer Anordnung herausgegeben von Manfred Schröter, 3. Hauptbd., Schriften zur Identitätsphilosophie 1801 - 1806. Unveränderter Nachdruck des 1927 erschienenen Münchner Jubiläumsdruckes, München 1965. Vorlesungen über die Methode des akademischen Studiums (1802), S. 229 - 374.

Schelsky, Helmut: Der Mensch in der wissenschaftlichen Zivilisation, in: ders., Auf der Suche nach Wirklichkeit. Gesammelte Aufsätze, Düsseldorf 1965, S. 439 - 480.

— Abschied von der Hochschulpolitik oder Die Universität im Fadenkreuz des Versagens, Bielefeld 1969.

— Einsamkeit und Freiheit, 2., um einen Nachtrag erweiterte Aufl., Düsseldorf 1970.

Scheuner, Ulrich: Pressefreiheit — Bericht —, in: VVDStRL Heft 22 (1965), Berlin 1965, S. 1 - 91.

— Die Funktion der Grundrechte im Sozialstaat. Die Grundrechte als Richtlinie und Rahmen der Staatstätigkeit, in: DÖV 1971, S. 505 - 513.

— Normative Gewährleistungen und Bezugnahme auf Fakten im Verfassungstext. Ein Beitrag zur Auslegung des Grundgesetzes, in: Öffentliches Recht und Politik. Festschrift für Hans-Ulrich Scupin zum 70. Geburtstag, hrsg. von Norbert Achterberg, Berlin 1973, S. 323 - 341.

Schick, Walter: Bonner Grundgesetz und Weimarer Verfassung heute, in: AöR Bd. 94 (1969), S. 353 - 387.

Schleiermacher, Friedrich Ernst Daniel: Werke, Bd. 4, Neudruck der 2. Aufl., Leipzig 1928, Aalen 1967, Gelegentliche Gedanken über Universitäten im deutschen Sinn. Nebst einem Anhang über eine neu zu errichtende (1808), S. 533 - 642.

Schlink, Bernhard: Das Grundgesetz und die Wissenschaftsfreiheit. Zum gegenwärtigen Stand der Diskussion um Art. 5 Abs. 3 GG, in: Der Staat Bd. 10 (1971), S. 244 - 268.

— Die Wissenschaftsfreiheit des Bundesverfassungsgerichts, in: DÖV 1973, S. 541 - 545.

— Abwägung im Verfassungsrecht, Berlin 1976 (Schriften zum Öffentlichen Recht, Bd. 299).

— Bemerkungen zum Stand der Methodendiskussion in der Verfassungsrechtswissenschaft, in: Der Staat Bd. 19 (1980), S. 73 - 107.

Schluchter, Wolfgang: Auf der Suche nach der verlorenen Einheit. Anmerkungen zum Strukturwandel der deutschen Universität, in: Sozialtheorie und soziale Praxis, Festschrift für Eduard Baumgarten zum 70. Geburtstag, Meisenheim a. d. Gl. 1971, S. 257 - 280.

Schmidt, Rainer: Fehldeutungen der Wissenschaftsfreiheit. Vorläufige Bedenken zum Grundrecht der deutschen Universität, in: Hans Maier und Michael Zöller (Hrsg.), Die andere Bildungskatastrophe. Hochschulgesetze statt Hochschulreform, Köln 1970, S. 136 - 161.

— Bundesverfassungsgericht und institutionelle Garantie der Universität, in: BayVBl. 1974, S. 99 - 102.

Schmidt, Walter A. E.: Die Freiheit der Wissenschaft. Ein Beitrag zur Geschichte und Auslegung des Art. 142 der Reichsverfassung, Berlin 1929 (Abhandlungen zur Reichsverfassung, Heft 3).

Schmidt-Bleibtreu, Bruno/*Klein*, Franz: Kommentar zum Grundgesetz für die Bundesrepublik Deutschland, 4. Aufl., Neuwied 1977.

Schmidt-Jortzig, Edzard: Die Einrichtungsgarantien der Verfassung. Dogmatischer Gehalt und Sicherungskraft einer umstrittenen Figur, Göttingen 1979.

— Kommunale Organisationshoheit, Göttingen 1979 (Göttinger Rechtswissenschaftliche Studien, Bd. 102).

Schmitt, Carl: Die Grundrechte und Grundpflichten des deutschen Volkes, in: Gerhard Anschütz und Richard Thoma (Hrsg.), Handbuch des Deutschen Staatsrechts, Bd. 2, Tübingen 1932, S. 572 - 606 (Das Öffentliche Recht der Gegenwart, Bd. 29).

— Verfassungslehre, unveränderter Neudruck der Aufl. von 1928, Berlin 1954.

— Der Hüter der Verfassung, 2. Aufl., Berlin 1969 (Beiträge zum öffentlichen Recht der Gegenwart, Bd. 1).

— Freiheitsrechte und institutionelle Garantien der Reichsverfassung (1931), in: Verfassungsrechtliche Aufsätze aus den Jahren 1924 - 1954. Materialien zu einer Verfassungslehre, 2. Aufl., Berlin 1973, S. 140 - 173.

Schmitt Glaeser, Walter: Die Freiheit der Forschung, in: WissR Bd. 7 (1974), S. 107 - 134 und S. 177 - 192.

Schmitz, Enno: Zur Begründung von Weiterbildung als einer „recurrent education“, in: Neue Sammlung, 7. Sonderheft, Weiterbildung, Göttingen 1975, S. 69 - 95.

Schnabel, Franz: Deutsche Geschichte im neunzehnten Jahrhundert, Bd. 2, 2. Aufl., Freiburg/Br. 1949.

Schneider, Peter: Pressefreiheit und Staatsicherheit, Mainz 1968.

— Wissenschaftstheorie und Verfassungsinterpretation, in: DUZ 1971, S. 381 bis 383.

Schneider, Werner: Weiterbildung als Aufgabe der Hochschulreform, in: Arbeitskreis Universitäre Erwachsenenbildung (Hrsg.), Universitäre Erwachsenenbildung, wissenschaftliche Weiterbildung, Kontaktstudium. Konzepte und Versuche, Hamburg 1972, S. 86 - 88 (Blickpunkt Hochschuldidaktik, Heft 26).

Scholz, Rupert: Die Koalitionsfreiheit als Verfassungsproblem, München 1971 (Münchener Universitätsschriften. Reihe der Juristischen Fakultät, Bd. 18).

— Bearbeiter von Art. 5 Abs. 3 (Stand 1977), in: Theodor Maunz, Günter Dürig, Roman Herzog, Rupert Scholz, Grundgesetz, Kommentar, Bd. 1, München 1979.

Schrödter, Wolfgang: Die Wissenschaftsfreiheit des Beamten. Dargestellt am Recht der wissenschaftlichen Nebentätigkeit, Berlin 1974 (Schriften zum Öffentlichen Recht, Bd. 258).

Schulz, Rüdiger: Zur Lage der Forschung an deutschen Universitäten. Werkstattbericht über eine Repräsentativumfrage unter Professoren, Assistenten und Doktoranden, in: Die Rolle der Forschung in wissenschaftlichen Hochschulen, WissR (1979), Beiheft 7, S. 67 - 80.

Schumacher, Manfred: Wissenschaftsbegriff und Wissenschaftsfreiheit. Zur Auslegung von Art. 5 Abs. 3 GG, rechtswissenschaftliche Diss. Mainz 1973.

Schuster, Hermann-Joseph/*Stenbock-Fermor*, Friedrich Graf: Überlegungen zur Eigenart der Hochschulverwaltung, in: WissR Bd. 1 (1968), S. 28 - 46.

Staa, Meinhard von: Aufbau und Bedeutung der deutschen Universitätsinstitute und Seminare, in: Das Akademische Deutschland, Bd. 3, Die deutsche Hochschule in ihren Beziehungen zur Gegenwartskultur, Berlin 1930, S. 263 - 276.

Staff, Ilse: Schulaufsicht und pädagogische Freiheit des Lehrers, in: DÖV 1969, S. 627 - 630.

Starck, Christian: Staatliche Schulhoheit, pädagogische Freiheit und Elternrecht, in: DÖV 1979, S. 269 - 275.

Starke, Marie-Theres: in: dies., Josef Speck und Gerhard Wehle (Hrsg.), Handbuch pädagogischer Grundbegriffe, Bd. 1, Artikel Erwachsenenbildung, München 1970, S. 352 - 384.

Statistisches Bundesamt (Hrsg.): Statistisches Jahrbuch 1969 für die Bundesrepublik Deutschland, Stuttgart 1969.

— Statistisches Jahrbuch 1979 für die Bundesrepublik Deutschland, Stuttgart 1979.

Stein, Ekkehart: Staatsrecht, 6., neubearbeitete Aufl., Tübingen 1978.

Stier-Somlo, Fritz: Universitätsrecht, Selbstverwaltung und Lehrfreiheit, in: AöR Bd. 54 (1928), S. 360 - 392.

Struck, Gerhard: Topische Jurisprudenz. Argument und Gemeinplatz in der juristischen Arbeit, Frankfurt a. M. 1971.

Strzelewicz, Willy: Wissenschaftlichkeit und Erwachsenenbildung, in: Erwachsenenbildung und Universität, Beilage 4 zu „Volkshochschule im Westen" Heft 4/1963, S. 7 - 10.

Strzelewicz, Willy/*Raapke*, Hans-Dietrich/*Schulenberg*, Wolfgang: Bildung und gesellschaftliches Bewußtsein. Eine mehrstufige soziologische Untersuchung in Westdeutschland, Stuttgart 1966 (Göttinger Abhandlungen zur Soziologie, Bd. 10).

Stuby, Gerhard: Disziplinierung der Wissenschaft. Zur Rechtmäßigkeit studentischer Kampfmaßnahmen, Frankfurt a. M. 1970.

Sturmfels, Wilhelm: Der heutige Auftrag der Universität. Über Wissenschaft und Bildung, Frankfurt a. M. 1950.

Tenbruck, Friedrich H.: Regulative Funktionen der Wissenschaft in der pluralistischen Gesellschaft, in: Herbert Scholz (Hrsg.), Die Rolle der Wissenschaft in der modernen Gesellschaft, Berlin 1969, S. 61 - 85.

Thieme, Werner: Deutsches Hochschulrecht. Das Recht der wissenschaftlichen Hochschulen in der Bundesrepublik Deutschland und im Lande Berlin, Berlin 1956.

— Das Hochschulrahmengesetz, in: WissR Bd. 9 (1976), S. 193 - 221.

— Wissenschaftsfreiheit und Hochschulrahmengesetz, in: Hamburg, Deutschland, Europa. Beiträge zum deutschen und europäischen Verfassungs-, Verwaltungs- und Wirtschaftsrecht. Festschrift für Hans Peter Ipsen zum 70. Geburtstag, hrsg. von Rolf Stödter und Werner Thieme, Tübingen 1977, S. 189 - 206.

— Bildungsziele der Universität als Rechtsproblem, in: DÖV 1979, S. 73 - 81.

Thoma, Richard: Grundrechte und Polizeigewalt, in: Verwaltungsrechtliche Abhandlungen. Festgabe zur Feier des 50jährigen Bestehens des Preußischen OVG 1925, Berlin 1925, S. 183 - 223.

— Die juristische Bedeutung der grundrechtlichen Sätze der deutschen Reichsverfassung im allgemeinen, in: Hans Carl Nipperdey (Hrsg.), Die Grundrechte und Grundpflichten der Reichsverfassung. Kommentar zum 2. Teil der Reichsverfassung, Bd. 1, Allgemeine Bedeutung der Grundrechte und die Art. 102 - 117, Berlin 1929, S. 1 -53.

— Die Lehrfreiheit der Hochschullehrer und ihre Begrenzung durch das Bonner Grundgesetz, Tübingen 1952 (Recht und Staat in Geschichte und Gegenwart, Heft 166).

Tietgens, Hans: Das Problem der Verschulung, in: Ernst Prokop und Georg M. Rückriem (Hrsg.), Erwachsenenbildung — Grundlagen und Modelle, Weinheim 1969, S. 151 - 165.

Topitsch, Ernst: Die Freiheit der Wissenschaft und der politische Auftrag der Universität, Neuwied 1968.

Triepel, Heinrich: Staatsrecht und Politik, Berlin 1927 (Beiträge zum ausländischen öffentlichen Recht und Völkerrecht, Heft 1).

Turegg, Kurt Egon von: Lehrbuch des Verwaltungsrechts, 3., neubearbeitete Aufl., Berlin 1956.

Turegg, Kurt Egon von/*Kraus*, Erwin: Lehrbuch des Verwaltungsrechts, 4., neubearbeitete Aufl., Berlin 1962.

Viehweg, Theodor: Topik und Jurisprudenz. Ein Beitrag zur rechtswissenschaftlichen Grundlagenforschung, 5. Aufl., München 1974.

Waibel, Wolf-Wilhelm: Die Rechtsprechung auf dem Gebiet des Hochschulrechts seit 1945. Zugleich ein Beitrag zur wissenschaftlichen Bearbeitung des Hochschulrechts, Freiburg/Br. 1966.

Watrin, Christian: Die Universität als politische Anstalt, in: Ordo Bd. 23 (1972), S. 153 - 173.

Weber, Hermann: Rechtsprechung zum Verfassungsrecht, Bd. 1, Die Grundrechte (Art. 1 - 6 Grundgesetz), München 1977 (Schriftenreihe der Juristischen Schulung, Heft 48).

— Rechtsprechung zum Verfassungsrecht, Bd. 2, Die Grundrechte (Art. 7 - 19 Grundgesetz), München 1977 (Schriftenreihe der Juristischen Schulung, Heft 49).

Weber, Max: Wissenschaft als Beruf, in: Gesammelte Aufsätze zur Wissenschaftslehre, 4., erneut durchgesehene Aufl., Tübingen 1973, S. 582 - 613.

Weber, Werner: Die Neugestaltung der Universitätsstruktur, in: Festschrift für Hermann Jahrreiß zum 70. Geburtstag, hrsg. von Karl Carstens und Hans Peters, Köln 1964, S. 473 - 486.

— Die Rechtsstellung des deutschen Hochschullehrers, 2. Aufl., Göttingen 1965 (Schriften des Hochschulverbandes, Heft 1).

— Die Gegenwartslage des Staatskirchenrechts, in: VVDStRL Heft 11 (1954), Berlin 1954, S. 153 - 176.

— Neue Aspekte der Freiheit von Forschung und Lehre. Die verfassungsrechtlichen Grenzen der Mitbestimmung im akademischen Bereich, Göttingen 1969, zugleich erschienen in: Festschrift für Felgentraeger zum 70. Geburtstag, überreicht von Max Kaser u. a., Göttingen 1969, S. 225 - 258.

Wegener, Wilhelm (Hrsg.): Die neuen deutschen Verfassungen, Essen 1947.

Wehrhahn, Herbert: Lehrfreiheit und Verfassungstreue. Freiheit und Schranken wissenschaftlichen Lehrens nach Artikel 5 Abs. 3 des Grundgesetzes für die Bundesrepublik Deutschland, Tübingen 1955 (Recht und Staat in Geschichte und Gegenwart, Heft 183/184).

Weingart, Peter: Verwissenschaftlichung und Reflexivität der Praxis als Strukturprinzipien von Lernprozessen, in: Neue Sammlung, 7. Sonderheft, Weiterbildung, Göttingen 1975, S. 96 - 114.

Welcker, Carl: Artikel: Akademische Lehrfreiheit, in: Das Staats-Lexikon, Encyklopädie der sämmtlichen Staatswissenschaften für alle Stände. In Verbindung mit vielen der angesehensten Publicisten Deutschlands hrsg. von Carl von Rotteck und Carl Welcker. Neue, durchaus verbesserte und vermehrte Aufl., Bd. 8, Altona 1847.

Wende, Erich: Grundlagen des preußischen Hochschulrechts, Berlin 1930.

Wernicke, Kurt Georg: Bearbeiter von Art. 5 (Erstbearbeitung) in: Kommentar zum Bonner Grundgesetz, Bd. 1, Hamburg 1950.

Willke, Helmut: Stand und Kritik der neueren Grundrechtstheorie. Schritte zu einer normativen Systemtheorie, Berlin 1975 (Schriften zum Öffentlichen Recht, Bd. 265).

Wissenschaftsrat (Hrsg.): Empfehlungen zum Ausbau der wissenschaftlichen Einrichtungen, Teil III: Forschungseinrichtungen außerhalb der Hochschulen: Akademien der Wissenschaften, Museen und wissenschaftliche Sammlungen, Bd. 1, vorgelegt im April 1965, Tübingen 1965.

— Empfehlungen zur Neuordnung des Studiums an den wissenschaftlichen Hochschulen, Bd. 1 und 2, Tübingen 1966.

— Empfehlungen zum Ausbau der wissenschaftlichen Hochschulen bis 1970, Tübingen 1967.

— Empfehlungen zur Struktur und zum Ausbau des Bildungswesens im Hochschulbereich nach 1970, Bd. 1 und 2, vorgelegt im Oktober 1970, Tübingen 1970.

— Empfehlungen zu Umfang und Struktur des Tertiären Bereichs, Tübingen 1976.

— Empfehlungen zur Differenzierung des Studienangebots, verabschiedet am 16. November 1978, Tübingen 1978.

Wolf, Ernst: Das Grundrecht der Freiheit der Wissenschaft. Ein Beitrag zu den anhängigen Verfassungsbeschwerden, in: WissR Bd. 3 (1970), S. 193 - 218.

Wolff, Hans J.: Die Rechtsgestalt der Universität, Köln 1956 (Arbeitsgemeinschaft für Forschung des Landes Nordrhein-Westfalen, Heft 52).

— Verwaltungsrecht II (Organisations- und Dienstrecht), 3., durchgesehene und ergänzte Aufl., München 1970.

Wolff, Hans J./*Bachof*, Otto: Verwaltungsrecht II (Organisations- und Dienstrecht), 4., überarbeitete Aufl., München 1976.

— Verwaltungsrecht III (Ordnungs-, Leistungs- und Verwaltungsverfahrensrecht), 4., völlig neubearbeitete Aufl., München 1978.

Wussow, Ulrich: Garantiert das Grundgesetz die Einheit von Forschung und Lehre?, in: WissR Bd. 13 (1980), S. 1 - 9.

Zachariae, Heinrich Albert: Deutsches Staats- und Bundesrecht, Theil I, 2. Aufl., Göttingen 1853 - 54.

Zacher, Hans Friedrich: Hochschulrecht und Verfassung. Stellungnahmen zu den beim Bundesverfassungsgericht erhobenen Verfassungsbeschwerden gegen Hochschulgesetze der Länder Baden-Württemberg, Hamburg, Hessen, Niedersachsen und Nordrhein-Westfalen, abgegeben im Auftrag des Hochschulverbandes, Göttingen 1973 (Schriften des Hochschulverbandes, Heft 26).

Zippelius, Reinhold: Allgemeine Staatslehre (Politikwissenschaft), 7. Aufl., München 1980.

Zwirner, Henning: Zum Grundrecht der Wissenschaftsfreiheit, in: AöR Bd. 98 (1973), S. 313 - 339.

Personen- und Sachregister

FSC
www.fsc.org
MIX
Papier | Fördert gute Waldnutzung
FSC® C083411

Kolibri 360 GmbH
Ferdinand-Jühlke-Straße 7
99095 Erfurt, Deutschland
produktsicherheit@kolibri360.de

Druck:
CPI Druckdienstleistungen GmbH
im Auftrag der
Kolibri 360 GmbH
Ferdinand-Jühlke-Str. 7
99095 Erfurt